中国石油海外安全管理纪实

中国石油国际勘探开发有限公司　编著

石油工業出版社

内容提要

本书收录了多篇海外安全管理实践案例，分别从海外风险分级管控、HSE管理体系建设与实践等方面介绍了中国石油海外安全管理相关工作经验。

本书适用于中国石油海外员工参考学习，可用于指导海外项目进一步提升健康应急管理水平。

图书在版编目（CIP）数据

中国石油海外安全管理纪实 / 中国石油国际勘探开发有限公司编著 .—北京：石油工业出版社，2022.3

ISBN 978-7-5183-5167-1

Ⅰ.①中… Ⅱ.①中… Ⅲ.①石油企业–海外企业–工业企业管理–安全管理–中国 Ⅳ.①F426.22

中国版本图书馆CIP数据核字（2022）第000923号

出版发行：石油工业出版社

（北京安定门外安华里2区1号 100011）

网　址：www.petropub.com

编辑部：（010）64523552　图书营销中心：（010）64523633

经　销：全国新华书店

印　刷：北京晨旭印刷厂

2022年3月第1版　2022年3月第1次印刷

787×1092毫米　开本：1/16　印张：18.5

字数：420千字

定价：89.00元

（如出现印装质量问题，我社图书营销中心负责调换）

《中国石油海外安全管理纪实》

编 委 会

编 写 组

主　　　编：赵成斌

副　主　编：彭继轩　赵　潇

成　　　员：李　伟　党希波　杨意峰　刘丽萍　胡显伟

王红涛　刘　峰　刘建辉　汪华成　田慧颖

冯军伟　谷红军　史宝成　李洪忠　陈昌明

邱智辉

PREFACE
序

这是中国石油海外油气业务贯彻习近平总书记关于安全生产重要论述的成功实践。

这是中油国际公司落实集团公司健康安全环保理念的生动实践。

这是全体海外员工抗击新冠肺炎疫情取得的阶段性成果。

作为中国石油天然气集团有限公司（以下简称集团公司）开展国际化经营的先行者和主力军，自 1993 年“走出去”以来，中国石油国际勘探开发有限公司（以下简称中油国际公司）始终秉持互利共赢的合作原则，牢固树立“以人为本、质量至上、安全第一、环保优先”的 HSE 管理理念，对标国际石油公司安全管理经验，吸收国内成熟做法和优秀案例，逐步建立起安全风险分级防控和隐患排查治理双重预防控制机制，突出源头控制，注重超前预防，全力抓好重大工程、重点领域、高危作业、关键环节、要害部位、特殊时段的安全监督保障工作，形成了一整套具有海外石油特色的安全管理体系，实现了安全风险可控、受控、在控、能控，为海外油气业务高质量发展提供了强有力的基础保障。

近两年来，面对百年变局和世纪疫情，中油国际公司用实际行动深入贯彻落实习近平总书记“坚持人民至上、生命至上”的重要指示精神，严格执行集团公司党组“始终把员工生命安全与身心健康放在第一位”的部署要求，通过健全疫情防控标准流程，创造性构建海外疫情防控体系、方法和制度，持续强化疫情防控措施，探索出了“安全岛”“缓冲区”“网格化管理”等 12 条成功经验和做法，取得了海外疫情防控遭遇战和阻击战的阶段性胜利，实现了“三零”目标，为集团公司打好海外疫情防控持久战积累了宝贵经验。

纵观中国石油海外油气业务近三十年波澜壮阔的发展历程，从安全生产到安全发展，从“党政同责、一岗双责、齐抓共管”到“管业务必须管安全、管生产经营必须管安全”，安全生产地位节节攀升，“安全生产，人人有责”意识日益深入人心，成为全员共识。党的十八大以来，习近平总书记多次对安全生产作出重要论述，系统回答了如何认识安全生产工作、如何做好安全生产工作等重大理论和现实问题，成为推动我国经济高质量发展的强大思想动力。2021 年 9 月 1 日起正式施行的新《中华人民共和国安全生产法》，将习近平总书记关于安全生产工作一系列重要指示批示精神固化为法律规定，充分体现了安全生产的重要地位，也为做好今后一个时期的安全生产工作提供了根本遵循和行动指南。

回望过去能够积累经验，查找不足，不断汲取前进的力量。为深入学习贯彻习近平总书记关于安全生产的重要论述，进一步提升海外油气业务安全管理水平，总结疫情防控实践经验，营造安全生产的浓厚氛围，中油国际公司健康安全环保部编纂出版了《中国石油海外安全管理纪实》一书。本书回顾和见证了中国石油海外油气业务发展历程中安全生产工作始终贯彻“员工生命高于一切”“安全第一”等理念的实践探索，以及为实现“零事故、零伤害、零污染、零缺陷、零疫情”目标而付出的不懈努力，更从侧面展现出海外石油人四海为家、艰苦创业、为国加油争气的精神风貌。可以说本书为从事海外油气业务的广大员工提供了海外 QHSE 管理方面的翔实资料和经验总结，具有非常高的学习和参考价值，也是中油国际公司健康安全环保部献给海外油气业务“走出去”30 周年的一份精美而厚重的礼物。

梦想，离不开安全保驾护航；发展，需要安全托起希望。当前，新冠肺炎疫情、国际形势的复杂变化对世界格局和安全发展都产生了深刻影响，也对保障员工安全、作业安全、环境安全提出了更高要求。要学好用好习近平总书记关于安全生产重要论述精神，坚决贯彻“四个坚持”兴企方略和“四化”治企准则，按照集团公司党组关于安全生产工作的系列指示要求，时刻把广大员工安危放在最重要位置，以更加严格的管理、更加严细的作风、更加完善的措施，持之以恒全面推进安全治理能力提升，努力创建资源节约型、环境友好型和安全生产型企业，行稳致远走好安全发展、绿色发展之路，为中国石油建设基业长青的世界一流综合性国际能源公司更多更好贡献海外力量！

2022 年 3 月

FOREWORD
前　言

中国石油海外油气业务点多面广，在全球 30 个国家运营管理 87 个项目，涵盖勘探、开发、管道、炼化和销售等业务。合作模式多样，不同合作模式对质量健康安全环保（以下简称 QHSE）管理有不同的要求，安全基础不一，QHSE 管理不平衡、不统一，与国内现场安全管理工作也存在较大差异。在中国石油将近 30 年走出去的历程中，海外油气业务克服重重困难，建立了“基于风险、预防为主、提前计划、全员参与、过程管理、持续改进”为原则的管理体系，在中国石油整体管理框架下，形成了具有海外特色的安全管理模式，近几年连续实现百万工时综合损工伤害率和总可记录伤害率好于国际油气生产商协会指标的好成绩。

2020 年初，一场突如其来的新冠肺炎疫情在全球爆发蔓延。对国家而言，疫情防控是对国家治理能力和治理水平的重要检验，是非常状态下国家治理的重要内容，对保障人民群众生命财产安全、服务国家发展战略、提升国际影响力具有重要作用。从公司来看，做好疫情防控是企业安全管理的重要组成部分，考量企业危机处理能力，也是促进企业发展的客观需要。在“抗疫”过程中，海外油气业务贯彻落实“一国一策、一地一策、一项目一策”，通过提前预测，全面规划，建立了“安全岛”等一系列新型工作模式，全力打造健康安全的工作环境，研究有序倒班机制，海内外多渠道补充防疫物资，建立联防联控，研究心理健康支持机制，创新开展关心关爱，统筹构建信息化支持体系，全面落实公司疫情防控措施，有效保障生产作业有序运行，实现工作平稳可持续。

以史为鉴，可以知兴替。回首过去，在发展长河及时总结优秀经验，是对历史的记录与致敬，也是未来管理提升的重要手段。经过资料收集、整理编辑，本书共收录了 50 篇专业文章，既有海外油气业务现场安全管理案例剖析，又有疫情防控体系的生动展现，还有海外员工工作的真实感受。本书以安全生产风险管控和疫情防控理论为主线，以现场管理实践为重点，充分结合国内安全生产和抗击疫情的成熟经验，积极探索适应海外现场的管控模式，系统介绍了海外安全生产优秀做法及防控疫情“第二战场”专业知识和实用技术，针对安全生产案例及疫情抗击取得成效和存在问题提出了对策和建议，有助于提高海外项目安全生产和疫情防控管理水平。本书既可作为石油企业海外工作人员的学习读物，也可作为 QHSE 管理人员的参考资料。

为了确保海外油气业务持续健康高质量发展、重点关键项目平稳运行，由中国石油国际勘探开发有限公司健康安全环保部组织编写了本书，旨在为海外业务安全生产和疫情防控提供指导，提高海外项目安全生产和疫情防控能力，保障海外油气业务高效高质量发展。

本书编写过程中，得到了中国石油国际勘探开发有限公司副总经理、安全总监黄先雄的悉心指导，海外项目的大力支持，同时，还得到了相关单位和专家的热心帮助，在此表示诚挚的谢意。由于编写时间仓促，加之编者水平有限，书中难免存在疏漏，敬请读者予以指正。

编写组

2022 年 3 月

CONTENTS
目 录

基于“纵深防御”理论，发挥桥头堡作用，构建中国石油全球防疫共同体

■ 健康安全环保部

【摘　要】2020 年，中国石油海外业务面临疫情蔓延、油价低迷、社会动荡等多重压力。在海外项目分布零散、资源国医疗资源匮乏、国际航运停摆的不利环境下，中油国际本部、6 个海外地区公司（协调组）、52 家海外投资业务项目发挥承上启下的桥头堡作用，在疫情防控过程中运用核安全学的“纵深防御（Defense in depth）”理论，构建起涵盖 80 个国家的防疫共同体。防疫共同体采用预防策略与缓解策略，补偿“人”“物”“设计”环节中由于认知能力等局限而产生的不确定性，创建高效有力的领导机制和交流平台，创立“涓流式”资源流转策略，创新应用领结（Bow–Tie）模型，实现了高效组织协同、资源协同、政策协同，有力保障了 52 家投资业务单位和责任区内 73 家工程技术服务单位的员工健康安全和生产经营逆势发展，展现了中国石油的良好品牌形象。

【关键词】纵深防御；领结模型；防疫共同体

1　背景

新冠疫情这一全球范围的重大公共卫生事件对于各国的疾病控制体系和应急处置能力而言都是一场大考，对于中国石油天然气集团有限公司（以下简称中国石油）的海外业务而言，不仅要切实保障员工生命安全，还要保证各项生产经营工作有序运行，保护国家资产、维护国家利益，这无疑是个巨大的挑战与考验。要打这样一场毫无经验可循的硬仗，中国石油海外各地区的投资业务变压力为动力、化危为机，牢牢把握防疫主动权，充分发挥出桥头堡的支点、引领和统筹作用，深度开拓甲乙方一体化措施，其协同范围之广、力度之大、影响力之深是史无前例的。在全球范围内抗击新冠疫情的过程中，中国石油国际勘探开发有限公司（以下简称中油国际）各地区公司创新管理，因地制宜多措并举，认真贯彻落实中国石油海外“同一面旗帜、同一个品牌”的精神，在海外项目分布零散，协同防疫亟待加强，资源国疫情意识弱，防疫资源普遍匮乏，全球疫情闭锁政策，国际航运能力失稳，海外疫情迷雾重重，防控压力有增无减等重重困难下，全力协调组织各地区中国石油甲乙方共同防疫，并在实践中不断完善、不断进步，最终取得了令人骄傲的成绩，为“十三五”成功收官保驾护航。

2 主要措施及做法

2.1 应用“纵深防御”理论践行海外防疫共同体

在1973年发布的WASH-1250报告《核电厂轻水反应堆和相关设施的安全》中，原委会将“纵深防御”概括为确保核安全的基本哲学，其中隐含着三个基本的假设。将核安全学“纵深防御”理论应用于构建中国石油海外防疫共同体的过程中，基于“人们偶尔会出错、设备有时会出故障、设计可能不完美”等切合实际的前提，对应地将海外业务防疫共同体划分为组织协同、资源协同、政策协同三个维度，在每个维度中使用预防策略或缓解策略，尽最大可能避免“人”“物”“设计”环节出现失误或控制事故后果，实现疫情防控“双零”目标，如图1所示。

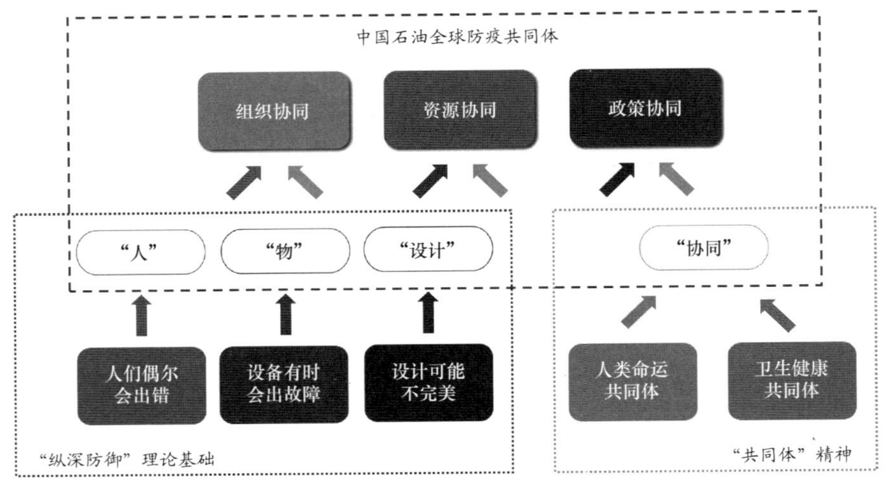

图1 应用“纵深防御”理论践行海外防疫共同体

2.2 迅速创建各级联防联控领导机制，实现组织协同

面对突发的新冠疫情，在对这款新型病毒仍不完全了解的情况下，中油国际各地区公司面对疫情没有丝毫犹豫，果断建立联防联控领导机制，发挥党员模范带头作用坚守岗位、联系群众，创新思路激发党员同志抗击疫情的使命担当；运用疫情防控例会制度及时、有效收集、分析和传递疫情有关政策信息，科学决策、精准施策，为各项防疫措施的有效落地提供了重要的制度保障。

2.2.1 发动疫情防控红色引擎，保证执行网络坚韧有力

逐级压实责任，充分发挥出各级党组织作用的第一步是搭建科学合理的管理架构。中油国际各地区公司按照集团公司党组授权，建立完善了以投资业务为主导、由党工委统一领导，探索形成了“建强一个领导中枢、搭建两个议事决策平台、建立三级管理体系、构建四位一体格局”的党工委一体化管理模式，这套独具特色的党工委一体管理模式实现了各地区运行高效的区域化集中协调管理，是实现疫情防控期间有力的红色引擎，是海外

油气业务协同发展的基础。

2.2.2 加速信息流转大小循环，保证沟通平台高效运转

疫情伊始，人们对新冠病毒的了解十分有限，中油国际各地区公司在全球大部分国家还未对新冠病毒给予应有重视的时候，就率先建立起了疫情防控例会制度，并利用例会实现各片区各单位之间的信息交流传递的小循环，以及海内外各地区之间的信息流转大循环。根据充分交流后所掌握的信息制定应对策略，根据疫情变化形势，从如何预防员工感染病毒，到如何在预防的同时保证生产；从如何治愈新冠，到如何配备足量能够治愈新冠的药品等各类物资；从学习、借鉴防疫措施，到制定适应项目具体情况的防控措施并向合作伙伴分享输出，充分体现了各地区公司在抗疫关键环节所发挥出的巨大作用。

2.3 执着推动“涓流式”全球资源流转，实现资源协同

2.3.1 统筹航线，实现人力流转协同，保证队伍凝聚力

中国石油在国际航班停航、断航、屡次发生熔断的情况下，大力组织商业包机、紧盯商业航班、共享中转航班信息，不仅实现了本单位人员轮换，保障了队伍战斗力；还为兄弟企业的中方人员送去回家的希望，这是海外的中方人员命运与共的升级体现，开始于同胞血脉，发展于感同身受，升华于命运与共。

2.3.2 涓流成海，实现物资流转协同，提升队伍战斗力

疫情物资的内外联动最难攻克的一点是物流的限制，世界卫生组织宣布国内疫情升级为全球突发卫生事件后，很多前往中国的国际航班都停航，部分政府禁止出口口罩等医疗物资。各个地区公司面对物流难题，一边利用可能的物资渠道，开创“涓流式”物资运输方式，想尽一切办法将物资运送至目的地；一边创新思路，积极筹措所辖片区中医疗条件相对发达地区的当地医疗资源，再进行统一调配，以最高效率配齐足量的防疫物资。

在国内防疫物资短缺时，广大海外项目积极响应，中东公司、中亚公司、拉美公司、西非公司、俄罗斯公司和所属项目及加拿大公司、新加坡公司、泰国项目、缅甸凯尔公司、英国赛宁公司、澳大利亚公司、印度尼西亚公司和欧信公司等 23 个海外单位克服困难，联系使馆、打通运输渠道，为集团公司和中油国际公司筹措了外科一次性口罩 1041132 只，N95 口罩 28553 只，FFP2 防尘口罩 40646 只，乳胶手套 200600 只，体温计 2000 只，防护服 408 套，护目镜 600 个，测温枪 33 个。

随着海外疫情不断恶化，中油国际本部开创提出“涓流式”运送物资的方式，为海外项目采购物资提供思路、创造条件。通过积极跟踪包机信息和与 EMS、顺丰和 DHL 等快运公司多次问询，找到国内向非洲、拉美、欧洲、中亚部分地区等地的小包裹寄送药品途径，先后寄出 83 个防疫应急药品包裹、24 个个人基础药品包裹，最大程度地为海外员工提供健康保障。通过小批量邮寄、商业航班和包机携带等各种方式，向海外项目累计捐赠 38.1 万只口罩，审批预算 900 万元，有效保障了海外防疫物资储备充足。

尼罗河地区针对当地医疗资源日益短缺的情况多措并举，补充物资。坚持“手中有粮、心中不慌”，提前部署，在市场价格还没有急剧上涨之前，提前储备了足够半年使用的物资。之后通过南苏丹包机运输国家援南、援非、企业捐赠及企业生产物资 11t。在苏

丹限制口罩、药品进出口的情况下，通过苏丹中国商会、国内医疗供货商购齐 N95 口罩、紫外线灯、阿比朵尔等物资。中东地区针对许多项目现场医疗支持短缺、社会依托差的实际情况，在阿联酋及国内紧急采购连花清瘟胶囊、硫酸羟氯喹片等防疫药品近 3 万盒，按需分配给各单位。中亚公司统一在国内紧急采购两批防疫药品运到哈萨克斯坦，并根据中方员工分布情况和疫情形势，通过当地快递公司将药品分发到阿克纠宾、阿克套、克孜奥尔达、奇姆肯特等油气作业区，为各单位疫情防控工作提供了物资保障。管道公司以新疆分公司为支点紧急向中亚地区运送防疫物资 8 万余件。

2.3.3 两步策略，助力疫苗资源协同，提高队伍免疫力

由于新冠病毒变异和冬季特殊环境所造成的第二波传播愈演愈烈，疫苗无疑被视为战胜新冠疫情的“法宝”。国内实施的新冠病毒疫苗接种策略是“两步走”方案，即首先针对部分感染风险比较高的重点人群开展接种，然后再全面铺开。出国公干人员可以优先接种。公司总部积极与疫苗生产厂家国药、科兴联系，落实疫苗资源，安排国内员工有序接种，确保出国人员 100% 完成疫苗接种，为员工赴境外工作提供底层保护。

各地区公司及时通知国内人员，秉持自愿原则，坚持做到应接尽接。根据中油国际的统一部署，对国内人员通知到位，对京外接种疫苗困难人员进行点对点协调与帮扶，目前按照集团公司疫情防控要求，所有国内返回项目人员均已接种疫苗。当地卫生和预防部周三（12 月 9 日）宣布，给予由中国国药集团研发的新冠病毒灭活疫苗正式注册，公布的最后一期临床试验数据的中期分析结果显示，该疫苗的总有效率为 86%，当地民众对疫苗效果很有信心。中东公司组织长期滞留阿联酋的员工及家属，按照阿联酋当地的接种政策，申请接种国药新冠疫苗。截至目前，除个别人员因身体原因无法接种疫苗，中东公司境外及国内人员已全部完成新冠疫苗接种。

2.3.4 全球布网，实现医疗资源协同，增强队伍复原力

中国石油海外项目所在的资源国，大多存在医疗技术不足、医疗物资匮乏等问题，在疫情压力下，中方人员如突发健康问题不能完全依赖当地饱受疫情冲击的医疗系统。国内单位迅速组建了涵盖防疫、呼吸、检验、中医等专业领域的专家团队进行远程会诊，但这也仅能解决一部分问题，现场人员普遍无法有效获得当地医疗资源的情况下，处理一起又一起的突发事件让局面变得更为被动。面对这一问题，最有效可靠的办法就是组建一支能赴现场支持的专业健康医疗队伍，对防疫工作进行指导并同时解决现场人员病患医疗支持问题。这一想法迅速在中东、中亚和西非地区落实，这些最美逆行者除了给项目带去专业的医疗技术、健康知识外，还以点点星光照亮周围，逐渐织起全球医疗网。

支援中亚地区的医疗队由 6 位专家组成，于 2020 年 7 月 25 日至 10 月 24 日在哈萨克斯坦开展了疫情防控培训、指导、问诊工作。他们带去的防疫物资、药品共计 128 箱。专家组在哈期间，为中国石油在哈 27 个单位员工开展防疫知识培训 5860 余人次，对 659 名员工进行了健康状况调查，其中对患有高血压、糖尿病、冠心病、胆结石等慢病 52 人进行了健康改进指导，按新冠肺炎管理员工 36 人，隔离 61 人，核酸和抗体检测 148 人次；远程健康知识咨询 1600 余人次，诊治常见病 288 人次，双抗体检测 191 人次，健康评估 114 人，解除隔离 61 人；制定适度规章制度 10 余项。专家组在哈期间，成功抢救糖尿病

昏迷休克重病 1 人，会诊并紧急转运溃疡性结肠炎急性发作大出血 1 人。迅速扭转了各单位在哈疫情防控工作的艰难被动局面，对疫情防控工作起到了极大的促进作用。

支援中东地区的宝石花医疗队着重于在伊拉克各片区进行防疫巡检工作指导，对发现的问题进行分析梳理，并对共性问题进行内部分享。中东地区的医疗队先后对鲁迈拉、艾哈代布及哈法亚片区进行防疫巡检，在巡检过程中专家针对门禁管理登记、外来物资消杀、餐厅厨房卫生、供水设施安全、员工体温健康监测、垃圾储存处理、医疗防护物资和药品储备、各类隔离区设置及设施等情况进行现场督导检查，为伊拉克片区内各所属项目提出完善建议和指导意见。在对鲁迈拉项目的巡检中共发现了 13 项问题，现已全部整改完毕；在对艾哈代布项目的巡检中一共 26 项问题，已经整改完成 20 项。巡检中发现的问题让项目能够重新审视疫情防控体系，进一步提高防控能力。

西非公司专门邀请了宝石花医疗集团分别向乍得和尼日尔地区派出医疗队，以增强两个重点地区疫情防控的技术力量。在此基础上，西非公司还建立了由宝石花医疗集团以及西非地区项目医疗团队共同构建的远程（视频）医疗支持体系。今年以来，西非公司统筹协调内外部资源为西非地区中国石油单位提供远程（视频）医疗支持 20 余次。

提供医疗队资源，支援兄弟企业，充分展示中国石油品牌内涵。7 月中旬，国机集团在伊拉克卡尔巴拉的施工项目大营地发生了人员聚集感染疫情，多名中方人员核酸检测阳性，其中有个别员工病情较重。中东公司立即组织伊拉克项目全力支援国机集团卡尔巴拉项目。由哈法亚项目提供各种医疗支持，由艾哈代布项目巴格达办事处提供与驻伊拉克使馆和伊拉克政府相关部门协助国机集团办理包机和紧急药品运输事宜。在防疫工作日益吃紧的情况下，哈法亚项目专门抽调一名呼吸专业和一名防疫专业的专家组成医疗支援专家小组，由安保车队护卫远赴卡尔巴拉驰援国机集团，专家小组于当天下午抵达卡尔巴拉营地，同时车队还带去了 1000 片磷酸氯喹、500 片对乙酰氨基酚片、200 盒阿比多尔等大量防疫药品，以及 1 万只医用口罩、150 套防护服和若干护目镜、医用隔离服等其他防疫物资。中亚地区的疫情防控专家组在哈工作期间为中国工商银行在阿拉木图分行的员工进行两次疫情防控工作指导、远程诊断工作。

2.4 应用“纵深防御”思路方法，实现政策协同

2.4.1 因地制宜，应用领结（Bow–Tie）模型实现常态化疫情防控

为将“新冠病毒”作为生产经营中的“常态风险”来应对，各地区公司创新引入在过程安全管理中的领结图（Bow–Ties），通过识别危险源、顶上事件、威胁和后果，构建出满足组织要求的疫情防控领结模型基本框架，并从威胁到顶上事件及从顶上事件到后果的路径上确立必要的屏障，以阻止威胁经由顶上事件发展演变为不期望的后果（图 2）。

中东地区的伊朗片区严守中方人员“零感染”的底线。目前所有伊朗地区的中方员工都坚守在四个安全岛中，他们以长城钻探的阿瓦兹基地作为最终的安全岛。对油田现场大量当地员工，出台了雇员管理办法，设立两个层级管理组织，对疫情期间雇员行为做出管理规定，并利用手机软件建立了员工交流群并可随时跟踪定位当地员工的位置。针对现场大批人员倒班，持续与伊业主方沟通，最终形成健康有效的倒班机制，倒班人员返回需

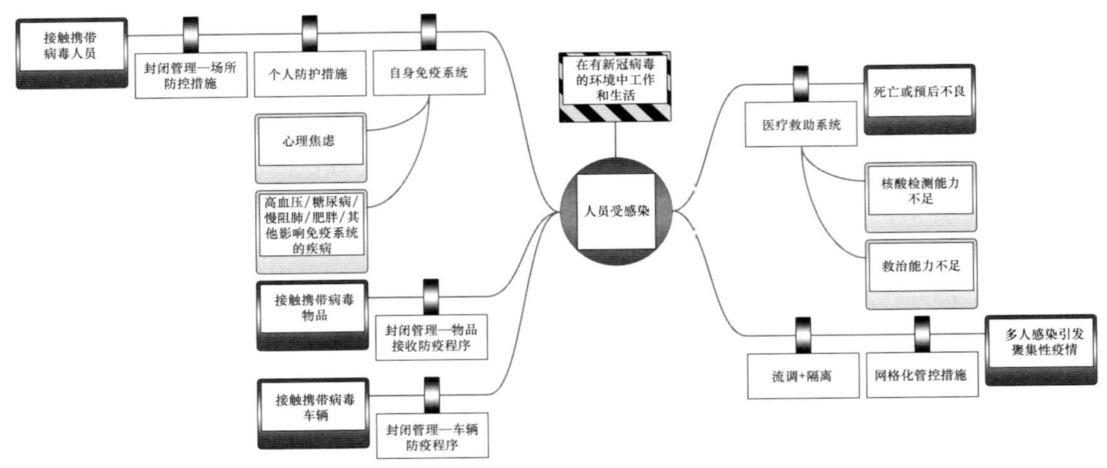

图2　领结图

要经营地现场医生筛查，可疑人员送往当地医院做进一步检查，其余人员安排在生产营地隔离。哈法亚片区的安全岛注重合理布局和医疗资源配备，以切实保障员工生命安全。哈法亚项目以现场主营地作为安全岛，并持续升级营地核心区安全岛的建设，同时严格控制从外部进入安全岛的物品。其安全岛设立缓冲区与隔离区，达到“三区两通道”的隔离标准。布置了16间隔离病房，其中5间病房配备相关医疗设备，并配备一台抢救推车，并且完成摄像监控设备及电话的安装。排气扇被胶带封闭，制定印发了详细隔离程序及介绍。升级岛内医疗资源，增加了2名SOS急救员，并多渠道采购口罩、防护设备、药品等急救物资。伊拉克北部库区的安全岛主要由乙方员工建立，并为多家企业提供保障。选用大庆钻探库尔德项目部机关综合楼及基地作为安全岛，可为库区中国石油所属三家单位现有所有中方及国际雇员提供安全庇护场所。安全岛内食品、油料、防疫物资等储备充足，并采取了人员管理，会议管理，访客管理，用餐管理，场所管理等多种并行管理措施，落实了基地和办公室的安保、防疫双层管控。

阿尔及尔炼油厂以强大的执行力，让管控措施不断加码：营地与办公室全封闭管理，营地门卫24h在岗测温，办公区域全天候视频播放防疫宣传片，及时进行文件精神的传达和贯彻；配备3个月用量的生活保障物资和应急防疫物资，并通过演练教会全员如何科学、正确地使用应急设备设施。同时，通过宣传和培训带动当地雇员，使他们增长防疫意识和防疫知识，创造了共同抗击疫情的良好局面。

尼罗河地区坚定执行一体化防疫策略，甲乙方一盘棋共同抗疫。苏丹宾馆院区安全岛在疫情期间接纳了确有困难的乙方单位员工，甲乙方员工共同生活、共同抗疫。苏丹宾馆驻地针对宾馆驻地特点专门制定了“两页十条”防疫规定，加强安全岛的建设与管理。设置专门楼宇作为隔离用楼，并在安全岛内设置缓冲区、安全区，并对每个区域制定相应措施、配备专人负责。安全岛动态补充各类物资，在保障安全的同时，做到中方员工生活标准不降。同时，开展歌唱祖国、拍摄小视频等符合防疫要求且积极向上的文娱活动，尽最大可能地满足了员工的精神文化需求。各油田现场建立以物理隔绝为屏障的安全岛。苏丹

6区巴里拉油田现场中油测井服从甲方要求，顾全大局，将自家基地小院作为安全岛，为中技开、管道局等多家单位提供安全庇护场所，保障了中方人员的饮食起居。南苏丹37区法鲁杰基地以中方食堂为核心，建立安全岛，补充生活物资和药品，为中方人员的身心健康提供保障。

拉美公司及所属项目，以“黑箱”理论检查安全岛的“漏洞”，从“人、物、环境”三个因素双向查找可能引发感染的途径，确定了第一时间辞退所有当地帮工帮厨司机等外部感染源、暂停所有进入驻地的维修作业和送货、送水等后勤服务；制定了保安轮换制度和保安家庭成员健康检测和报备制度；确定了保安人员的工作物理范围和公共区域、门窗设施消毒制度；设立了物资交接区、外来人员接待区、岛内废弃物集中区；制定了人员外出报批和返回自我隔离制度，建立了驻地周边和所在城市每日疫情信息通报制度，关注居民疫情防控情况进而调整中方人员疫情防控策略。进入常态化疫情防控阶段后，制定了紧急维修作业疫情防控管理指南，鼓励员工不断识别“安全岛”漏洞，将安全岛建成最后的“保命岛”。

2.4.2 合作共赢，强化资源国政府纽带，践行“命运共同体”

面对疫情，中油国际海外队伍时刻牢记肩负的社会责任，无论在哪个资源国，都坚持建设一个项目，惠及一方百姓，树立一座丰碑，锤炼一支队伍，用实际行动展示中国石油良好企业和品牌形象。中国石油作为央企，在疫情这场没有硝烟的战斗中，更是携手共同开拓国际市场的各行业兄弟单位，守望相助、共克时艰。山川异域，风月同天。新冠疫情以一种特殊的形式告诉人们建立命运共同体的必要性，无论是应对眼下的危机，还是共创美好的未来，都需要各方同舟共济、团结合作。各地区公司作为中国石油海外业务的桥头堡，通过向当地政府捐赠物资、深入当地社区培训的方式拉近与资源国政府的距离，建立起良好的双向沟通桥梁，为中国石油提升品牌价值的同时，也为后期取得政府认同起到了巨大的作用。各地区公司将通过各种渠道获得的宝贵防疫物资赠予当地政府，借此进一步巩固与当地政府的沟通渠道。疫情在南北苏丹爆发后，尼罗河公司认真履行企业社会责任，组织向南北苏丹政府共捐赠价值20万美元防疫物资，获得大使馆和南北苏丹政府的高度赞扬。西非公司利用包机倒班轮换时机，携带大量防疫物资并向资源国捐助，以支持资源国政府和民众抗疫。通过资源国主流媒体宣传和报道，树立了中国石油的良好形象。中亚公司向哈国人民慈善基金会、奇姆肯特市政府、阿克纠宾州政府供捐赠资金，25.18亿闪戈，并向防疫局在内的8个当地政府机构捐赠制氧机100台、救护车3台、呼吸机20台及大量口罩、防护服。中东公司艾哈代布项目代表与伊拉克瓦西特省政府代表在油田现场就向当地医疗卫生部门捐赠医用防护服和防护手套等医疗物资举行了简短的交接仪式，瓦西特省政府代表对艾哈代布公司“雪中送炭”的义举表示衷心感谢，并代表政府在当前极端困难情况下，对仍能坚持履行企业社会责任的中资企业表示深深的谢意。管道公司在哈地区各项目组织向哈国医疗机构捐赠约26万元，中吉项目向当地政府及机构捐赠医用口罩和数批生活物资。

公司通过编制12语种《员工新冠肺炎疫情防控指南》，将国内的优秀经验，包括个人防护、场所管控、通勤倒班管理等分享给联合公司，为联合公司中方员工管理提供依据，全面构建联防联控防线。

各地区公司在积极为资源国排忧解难的同时，不忘紧紧把握住宣传阵地，向当地民众积极宣传，组织专业人员深入当地社区，开展防疫知识宣贯和培训，将整个社区建设为一个抗疫共同体，对各项目的疫情防控起到了事半功倍的效果。为做到中外方员工一视同仁，体现人文关怀，伊拉克片区群策群力，想方设法教育和引导当地员工，努力做到联防联控、群防群控，伊拉克项目编制了中、英、阿三语的新型冠状病毒预防手册，在营地、场站大门、室内等各处张贴阿语版的宣传画。结合 SOS 和 WHO 资料，编制口罩的正确佩戴方式、七步洗手法等宣传材料，向当地承包商人员进行分发，并组织优秀当地雇员向其他当地员工普及疫情防控知识。管道公司中缅项目通过网络平台发表文章邀请明星科普，正向引导当地舆论，AGP 突破语言障碍，拍摄日常个人防护视频，取得良好效果，为中国石油树立负责任勇担当的国际油公司形象做出了积极贡献。俄罗斯公司员工代表接受中央广播电视总台“华语环球”栏目专访，亚马尔项目故事《镶嵌在北极圈的能源明珠》随“一带一路”故事丛书《共同梦想》在第三届中国国际进口博览会展出，亚马尔项目宣传走进进口博览会。尼罗河地区各油田主营地大门口及营区多处设立移动洗手站，为现场全员配发口罩，并在各站点及办公室配发消毒洗手液，为医生团队配备专用防护服、护目镜、面罩、N95 口罩等高等级防护用品。现场防疫物资按照七周用量进行储备，切实做到“中方员工与外籍员工并重”。南苏丹 1/2/4 区油田现场因绝大多数附近村民为了到诊所看病而进入营地，在诊所门口增设额外洗手点，张贴中英阿语海报，要求候诊人员保持社交距离，对进入诊室的人员提前检测体温，并发放一次性口罩。

中国石油在海外建立的沟通桥梁是双向的，中方企业无偿向当地资源国政府捐赠物资提供，终于也收到了当地政府提的反馈。新冠疫情引发原油需求受创，国际油价断崖式下跌，许多项目陆续接到限产通知，低油价给公司生产经营带来直接挑战。在 OPEC 组织严格限产的情况下，伊拉克各项目及时组织开展限产补偿研究工作，并积极与资源国政府沟通，最终获得了当地政府的限产补偿产量确认，为实现全年效益指标提供了有力保障。在尼罗河地区，时任苏丹能矿部长对中国人民和仍然坚守在苏丹工作的中国石油员工表示衷心的感谢，并坚信只要按照中国国家主席习近平的倡议，各国人民团结协作、共同抗疫，就一定能取得最后的胜利。南苏丹石油部秘书长高度赞扬了中国政府和中国石油对南苏丹的无私帮助并表示患难见真情，长期以来，中国政府和中国石油对南苏丹的帮助和支持都是真切的、实在的。

2.4.3 优势互补，开展全球经验交流，强化“共建共享”机制

各个地区公司除了承上启下打通信息纵向交流途径的同时，也在与其他地区公司的横向沟通等方面，起到了良好的作用。各地区公司通过“共建共享”机制，分享中国石油人的智慧，凝聚海外石油人的力量，摸索最适合项目实际的做法。

5 月 18 日，中东公司组织哈法亚项目、伊朗北阿项目，拉美地区组织安第斯项目、秘鲁项目等 5 个项目分享了当地员工在疫情期间的倒班做法、倒班过程中所面临的困难和对策。7 月，国内疫情已经基本得到控制，包机、商业航班逐步开放，已在海外工作半年以上的中方人员急需回国轮休。7 月 12 日中东公司组织伊朗、阿联酋、伊拉克包机的项

目负责人，尼罗河公司组织搭乘苏丹使馆包机的有关人员、管道公司组织中缅管道进行包机或商业航班倒班经验进行分享，为其他地区提供了宝贵经验。9月，全球累计确诊病例超2600万例，公司海外项目所在国家确诊病例超800万例。为促进经验成果转化，提高各单位大型突发事件应急处置能力、决策部署能力和危机管理能力，搭建项目间交流平台，探讨疫情防控各项做法，中亚公司组织曼格什套项目、阿克纠宾项目、西非公司组织乍得上游项目召开疫情防控应急经验交流会，为其他项目提供疫情防控参考和相关问题的解决思路。12月，为预防需接触冷链食品的项目人员感染新冠病毒，中东公司、中亚公司、尼罗河公司、西非公司、管道公司和俄罗斯公司纷纷参与交流，为加强员工食堂新冠新管肺炎疫情防控，严防发生重大食品安全事件，消除食品安全风险隐患起到了积极作用。

3 结论

2020年，面对新冠肺炎疫情全球暴发的严峻形势，中国石油各单位始终把员工生命安全和身心健康放在首位，积极发挥中国石油海外疫情防控桥头堡作用，在80个国家构建中国石油防疫共同体，创新并细化防控措施，培训提升中外员工风险意识和防控能力，组织员工回国轮休，加强员工心理疏导，积极援助当地政府和兄弟单位，构建中国石油全球防疫共同体，保障125个中国石油甲乙方单位实现了“两稳、两不”目标，疫情防控取得中方人员“零感染”，工作场所“零疫情”的阶段性成果。

在疫情冲击、油价低迷、政府限产、地缘政治突变等种种不利的外部环境下，中油国际各项目、各单位主动担责，积极探索，精准施策，保持了海外各项生产施工平稳运行，逆势发展、提升品牌，保持海外油气权益产量当量1亿吨，为公司“十三五”圆满收官作出了重要贡献，也为公司“十四五”开局之年，开好头起好步打下坚实基础。

研究部署疫情防控管理体系，有力保障亿吨权益产量当量

■ 健康安全环保部

【摘　要】2020 年 1 月新冠肺炎疫情在国内全面爆发，面对防疫工作经验缺乏、物资和药品短缺、部分海外项目所在国医疗基础薄弱、航班阻断动迁受阻、员工身心健康风险日益显现、应急处置能力较差等复杂严峻形势，中油国际公司领导高度重视，按照党中央、国务院和集团公司的决策部署迅速启动了疫情防控工作，迎难而上，开拓思路，提升自主创新能力，科学部署，全力推进，基于 PDCA 循环理论，研究部署了疫情防控管理体系。通过提前预测，全面规划，史无前例建立了安全岛等一系列新型工作模式，全力打造健康安全的工作环境，保障生产作业有序运行，研究有序倒班机制，海内外多渠道补充防疫物资，建立联防联控，研究心理健康支持机制，创新开展关心关爱，统筹构建信息化支持体系，全面落实公司疫情防控措施，保障工作平稳可持续，海内外齐心协力取得了中方员工零感染，工作场所零疫情，作业者项目零聚集性感染的胜利。

【关键词】PDCA；安全岛；联防联控

1　工作背景

2020 年 1 月，新冠肺炎疫情在国内全面爆发，中油国际公司作为在全球五大洲不同时区 30 个国家运营管理 87 个项目，大部分海外项目分布在社会安全极高风险的国家，以及某些公共医疗基础薄弱国家。在了解到武汉初期疫情时，便提前研判形势、发布预警，成立疫情防控领导小组，正式打响公司疫情防控攻坚战。公司始终坚持人本理念、始终把员工人身安全放在首位，强调“员工生命高于一切”和“以人为本”的管理理念，在防疫伊始便做好了打两场战役的准备，提前行动，随疫情形势及防疫工作的推进研究适用于海外项目的防控措施，克服了项目全球分布，管理范围广、隐患多，项目所在国公共医疗基础参差不齐，生产作业需求与疫情防控措施存在冲突，疫情防控专业知识和专业力量不足，文化差异和利益相关方协同防疫大等重重困难，对疫情发展阶段进行预测，分阶段、有重点进行整体谋划，有效应对各类突发事件，为员工创造安全稳定的生产生活环境，全面提高员工健康管理水平，为公司各项生产经营活动提供基础保障，为公司团结稳定和员工身心健康保驾护航。

2 理论基础

PDCA 循环是美国质量管理专家休哈特博士首先提出的，由戴明采纳、宣传，获得普及，所以又称戴明环。PDCA 是英语单词 plan（计划）、do（执行）、check（检查）和 act（处理）的第一个字母，PDCA 循环就是按照这样的顺序进行管理并且循环不止地进行下去的科学程序。计划包括方针和目标的确定，以及活动规划的制订。执行是根据已知的信息，设计具体的方法、方案和计划布局；再根据设计和布局，进行具体运作，实现计划中的内容。检查是总结执行计划的结果，分清哪些对了，哪些错了，明确效果，找出问题。处理是对总结检查的结果进行处理，对成功的经验加以肯定，并予以标准化；对于失败的教训也要总结，引起重视。对于没有解决的问题，应提交给下一个 PDCA 循环中去解决。以上四个过程不是运行一次就结束，而是周而复始地进行，一个循环完了，解决一些问题，未解决的问题进入下一个循环，这样阶梯式上升的。

3 疫情防控管理体系

3.1 加强顶层设计，开展全球疫情预测分析

3.1.1 研究海外项目所在国疫情发展趋势

海外疫情暴发之后，公司及时组织开展了疫情形势预测分析工作，以国家确诊、死亡、治愈病例数为基础，综合考虑项目所在国政府追踪、排查能力，医疗体系检测、救治能力，政府阻断、隔离能力，气候条件，民众行为因素等情况，将海外项目所在国疫情发展划分为四个阶段，分别为疫情缓慢发展阶段、全面爆发阶段、高位徘徊阶段和逐步下降阶段。

以 A 国为例，A 国作为海外最早暴发疫情的国家之一，自 2 月 19 日出现首例病例以来，每日新增确诊病例在 3 月 30 日到达小高峰，之后持续波动至高位徘徊；在国内全面复工复产，政府阻断措施不到位的情况下，9 月开始每日新增确诊病例激增，在 11 月达到顶峰，此后随着政府严加管控，12 月开始每日新增病例逐步下降至高位徘徊。

在 4 月份，海外疫情防控体系逐步成熟的阶段，公司完成了第一版全球疫情预测分析报告。在该报告中，综合 A 国国家政府正开始全面排查，有追踪能力；医疗条件差，物资、药品缺乏，以捐赠为主；政府已建立方舱医院；国内日产口罩约 400 万只；受制于检测能力不足，每日仅能检测 1～2 万例；隔离相对到位，政府已发布交通管制措施，航班停止，无省际交通，国家处于封闭状态，但市内出门不受控，道路、商场有军警执勤等情况，精准预测伊朗新增确认病例近期会持续下降，但随着该国的全面复工，以及民众聚集性活动增多，受制于医疗体系薄弱，不排除近期有可能出现小高峰的情况。应该持续注意公共卫生和个人卫生，保持社交距离。

通过对项目所在国的疫情分析预测，得以精准把握疫情走势，部署疫情防控工作重点，为制定防控方案、编写防疫指南、全面落实防疫管控提供了坚实基础。

3.1.2 编制疫情风险地图

疫情期间，公司多次结合形势修订《公共卫生突发事件应急预案》。在2月21日明确风险响应和预警分级标准后，公司迅速开展风险分级分析，绘制海外项目风险地图。2月28日完成了第一版风险分级，当时35个海外项目所在国中，处于一级响应的有2个，处于二级响应的有1个，处于三级响应的有12个，处于四级响应的有2个，其他国家暂未发现新冠肺炎确诊病例。

5月1日，35个海外项目所在国中，34个国家均有新冠肺炎确诊病例，处于一级响应的有29个，2级5个。通过风险分级，对风险响应等级高的国家项目进行重点巡检，把握疫情防控走势，有针对性实现全局管控。

3.2 创新工作模式，保障生产作业有序运行

中油国际研究适用于海外项目的《新冠肺炎疫情防控工作方案》，创新提出“离岛、安全岛、缓冲区、隔离区、网格化、有序倒班、居家观察、旅途防护、油区隔离、隔离跟踪、核酸检测、安全接机、疫苗接种、经验交流”的全链条管控模式并全面推广应用，员工到岗位前需严格进行居家隔离、现场硬隔离及核酸检测，通过后方可通过缓冲区进入安全岛，若出现异常情况则需要进入隔离区观察确认，进入安全岛后不同网格人员原则上在本网格内活动，杜绝因为倒班将新冠肺炎病毒带到工作场所，最大限度保障工作场所安全，杜绝交叉感染，确保油田现场生产、生活的高质量运行，切实做到防疫、生产两不误，两手抓，两手硬。

3.2.1 建立安全岛、缓冲区办公模式

安全岛的概念最先源于“离岛”办公理念，在这一阶段，安全岛还局限为物理上的岛，当疫情升级至红色预警时，员工将迁至“离岛”进行办公，并对离岛进行封闭式管理。

疫情在海外爆发之后，3月份，A国成为海外项目所在国最早沦陷的国家之一，公司迅速在伊朗进行“安全岛”工作模式的试点工作，用“安全岛”作为保障项目人员安全的重要手段。在这一阶段，安全岛发展成为了涵盖生活办公楼以及油田现场营地有边界的区域。为保证这一区域的安全，人员严格实行以“只出不进”为主要原则的管理方案。为保证安全岛中人员正常的生活，开始探索在安全岛外围建立缓冲区，用于放置安全岛内员工必须定期补充的生活和防疫物资及一些必须签署的文件，经由安全岛内人员进行消毒后带进安全岛；另一方面可将安全岛内产生的垃圾等放置其中，由安全岛外的人员带离。

B国毗邻A国，拥有两千余名中国石油员工，但医疗资源却极其匮乏，B国各项目纷纷效仿A国片区建立起安全岛，但人员人数更多的B国项目无法和伊朗片区一样完全实施只出不进的策略，因此在原有的安全岛的基础上，进一步建立并充分发挥缓冲区的功能，在此区域内完成人员消毒，并将可能带有病毒的衣物留在缓冲区，实现了安全岛工作模式的优化。

对于项目人数较少的国家尤其是比较发达的国家，防疫物资主要依赖当地补充，无需以项目为整体集中力量进行统一调配。因此这些地区的项目的管理模式是以“家”或“个人”为单位进行隔离，可以将一个宿舍或者家庭视为一个“安全岛”，将房屋门口安置柜子、衣架的区域视为一个缓冲区，起到一个过渡的效果，达到进入家庭之内全部为安全状态。

在日常管理方面，安全岛主要分为核心安全区、缓冲区和隔离区三个区域，其中隔离区可根据项目情况进行调整。核心安全区是相对而言最为安全的区域，此区域为人员办公和生活区。缓冲区是用于连接核心安全区与外界环境。必须由外界进入的物品需在此区域内经过处理后再运入安全岛；外界人员必须与安全岛内人员当面交流时，会客区也应设置在此区域内。隔离区是如果安全岛内人员出现发热、咳嗽、核酸检测异常等症状时，应将其安置的区域以避免交叉感染。

安全岛和外界只有一个出口，与外界的必须交流均提前做好防护和消毒；基地关闭期间，大门上锁，任何人不得随意进出。凡是外出的中方人员和基地长期留守雇员，一旦外出不允许返回基地。如有特殊情况，必须提前通知，说明理由，经同意后才能进出，并做好登记；紧急采购物资或重要文件由外部人员采购，送入安全岛缓冲区，在缓冲区无人接触下放置至少 1 个小时并做消毒处理，之后隔离区人员再取走物资；生活垃圾将由隔离区人员在缓冲区无人情况下放入缓冲区，之后回隔离区，收垃圾的人员将到缓冲区收走。组织专人对寝室的公共空间、食堂、走廊定期消毒。

安全岛内储备可使用 3 个月以上的口罩、消毒剂等防疫物资和 3 个月以上的米面油等便于长时间保存的生活物资，一是“手中有粮、心中不慌”，二是减少物资交接带来的风险。现场检查工作如图 1 所示。

图 1　现场检查工作

3.2.2　划分网格化管理杜绝交叉感染

网格化管理指的是将工作生活区域按照一定的标准划分成为单元网格，通过加强对单元网格的人员、作业巡查实现联防联控，最大程度上避免交叉感染（图 2）。网格划分基本原则为覆盖整个营区，根据“功能定界、规模适度、无缝覆盖、动态调整”的原则，按照“划多阵地、划短距离、划全功能、划明责任、划活资源”的要求，对营地进行网格划分。主要做法可概括为划分区域，即将整体划分为若干的小区域，并根据人员接触外界或相互接触的程度，对各个区域的风险进行分级；每个区域都选择负责人，督促该区域做好相应等级的防护；并掌握员工的行动轨迹，需要记录好所辖员工每天去了哪里，接触了什么人，一起做了什么事。网格化管理中，需要尽量减少暴露于高风险区域的人数。因此对于倒班雇员，需首先进行流行病学背景调查；之后在隔离区隔离 14 天，隔离期间每天需测温；隔离期满后，未有不适症状的员工方可回到岗位开展工作。

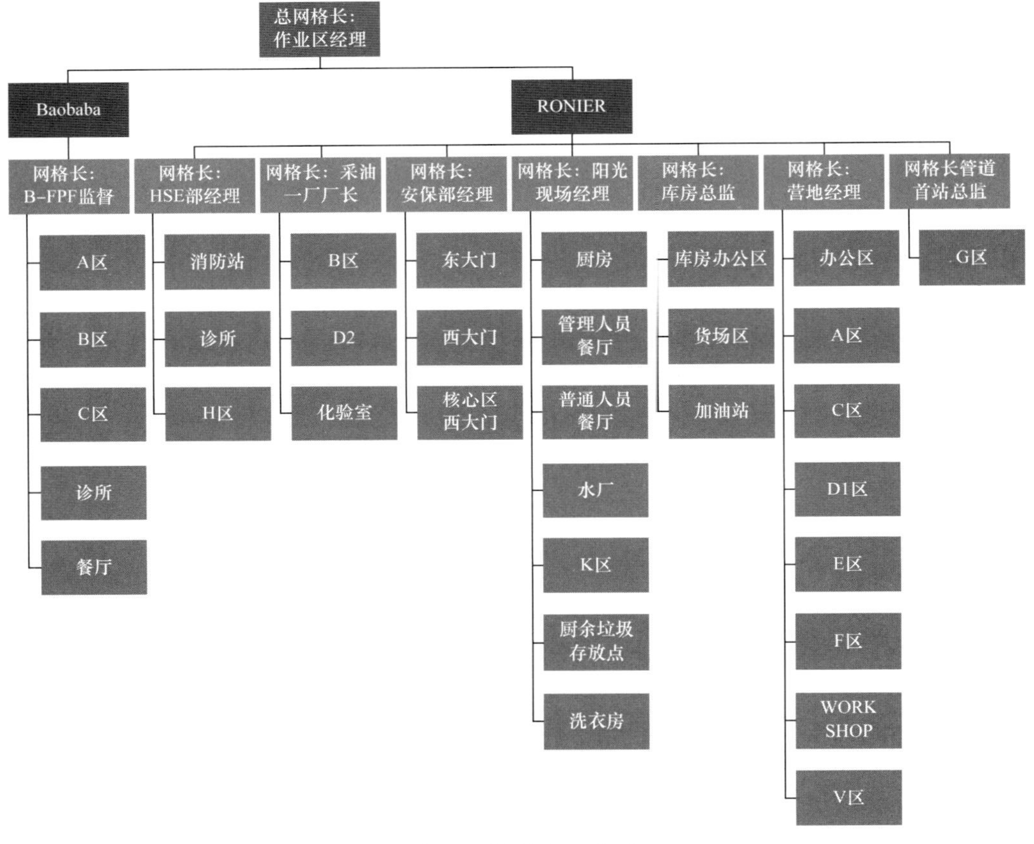

图 2　网格化管理范例

网格化管理并不意味着无法进行跨网格流动，而是跨网格流动需要更严格的管控，以在实现网格化管理初衷的基础上保障生产作业活动。一方面，跨网格流动人员（后勤服务、内部监督检查等）和活动范围有明确的限制。另一方面，跨网格活动需要严格落实申报制度，获得授权后方可进入不同网格。

通过网格化管理，海外项目得以在海外疫情全面蔓延、长期存在的严峻形势下，保障油田现场生活质量水平，使得项目科学、精准、有效开展疫情常态化防控工作，确保油田现场生产、生活的高质量运行，切实做到防疫、生产两不误，两手抓，两手硬。

3.2.3 调整当地员工和利益相关方的管理协调模式

倒班轮休机制作为维持海外项目平稳生产的必备条件，也成为了工作场所疫情防控的薄弱点，人员流动将带来未知风险，也将为“安全岛、缓冲区、网格化管理”工作模式带来未知数。为保障海外项目生产作业工作有序进行，同时降低承受巨大工作强度和压力的当地雇员和中方人员身心健康风险，避免产生安全生产并行风险，加强与合作伙伴的协同合作，推动当地雇员倒班新模式势在必行。公司充分考虑到人员倒班需求，开展倒班过程中的关键环节的研究分析，针对当地雇员及中方雇员的独特性提出差异性管理办法，并将成功经验与 BP、美孚等外资合作伙伴分享，达到文化输出的效果。

在新冠疫情影响下，针对外籍雇员倒班过程中如何依托资源国的医疗条件，制定合理的方案，杜绝因为倒班将新冠肺炎病毒带到工作场所，在保证防疫效果的基础上进行人员轮换，是各项目面临的难点和重点问题。面对疫情防控属地化员工管理的难题，公司坚持按照“工作场所和生活场所、中方员工和外籍员工、员工和家属”三个并重的原则，坚持属地化员工疫情防控措施要向中方看齐，统一要求、统一标准。其中，安第斯公司最先建立了外籍雇员倒班轮换模式，对员工倒班前 14 天的体温和活动轨迹等进行筛查，筛查合格者进行集中隔离观察 14 天，最后在集中隔离结束前做核酸检测，检测合格者由专车送往油区作业现场。在集团公司所有海外项目中最先实现了中外员工统一管理的模式，摸索出最安全可行的管理经验，6 名属地化员工在倒班前被准确检测出来，有效切断了疫情输入油区内部的风险。

公司结合海外项目工作制度和安第斯倒班管理模式，梳理中、英双语版的当地雇员倒班准备手册，将每次倒班区分为区分居家隔离阶段、动迁路途阶段、到达现场阶段，分阶段排查过程中的风险点，严抓“隔离管控、防护措施、核酸检测”三大关键要素，在海外项目全面推广，规避当地员工倒班带来的交叉感染风险。

居家隔离阶段员工需要严格居家隔离，到达现场阶段后需要接受健康检查（包括核酸检测）等，考虑到本质安全的理念在项目所在国的客观条件限制下难以实施，因此将条件放宽为保证三个阶段中的两个能够完全按照要求实施即可，也因此分为“硬隔离”（居家隔离 14 天 + 现场隔离 14 天）、“软隔离”（7 天营地现场隔离加核酸检核和抗体检测或同等效力检测结果为阴性）等多种防控措施，项目更容易结合自身情况在满足疫情防控要求的情况下，最大限度节省人力、物力，实现计划的防疫效果。

针对需每日通勤的当地雇员，公司根据通勤员工所处的不同等级的风险区域，建立《每日通勤的当地员工管理办法》，办法提出中风险地区人员需持一个月内核酸检测阴性证明上岗，高风险地区人员不建议返岗等要求，指导项目进行人员管理。以秘鲁项目为例，由于油区与城镇和村庄高度融合，属地化员工来自附近城镇和村庄，项目公司密切跟踪油区周边疫情信息，为每日通勤员工配发口罩，培训员工及家属疫情防控知识，细化油区现场防控措施，网格到边，细化到人，充分发挥当地员工管当地员工的作用，在原有三级防控体系的基础上划分片区，资源共享，安全岛外出审批，返回隔离，全员签订防控责任书，关口前置，建立员工基础信息库，报送健康日报和活动轨迹，收集属地化员工返岗前两周内信息跟踪，每日排查感冒发烧症状员工及时安排检测排查，反复培训提高防范意识，充分引起属地化员工及家属的高度重视，主动进行自我防护，达到了返岗员工抗体检测均为阴性的良好效果。

公司将以上海外项目经实践检验、总结出的优良实践，积极分享给如 BP、美孚等外资企业，有了合作伙伴的配合各海外项目的防疫管理能达到事半功倍的效果，也同时助力中方员工提升文化自信，更好地坚持各种防疫措施。

3.2.4 推动中方人员安全高效倒班轮换

公司以包机与商业航班双并重为原则，积极配合国资委和集团公司推动包机事宜，跟踪商业航班通航情况，全力推动海外人员实现正常倒休。结合各有关政府机构、机关部门的具体要求及伊朗、伊拉克、拉美、中亚等地区的成功经验，融合项目人员对动迁的建议，编制完成两个版本《新冠疫情期间中方人员动迁小手册》（以下简称《小手册》）。《小手册》考虑出国、回国、包机、商业航班四种条件，就动迁准备、旅途防护、到达后的隔离三个阶段分别梳理注意事项及需要文件、手续，并同时附上人员动迁流程说明及已顺利完成动迁项目的经验总结等 10 个附件，为动迁人员提供清晰明确的动迁标准。

3.3 加强物资储备，多渠道补充个人防护用品

在疫情发展的不同阶段，公司发挥海外业务的优势实现物资流动，保障员工个人防护用品充足。公司总部协助海外进行国内采购及运送，海外各单位通过当地采购、国际快运、包机和商业航班携带等方式积极加强物资动态储备。同时，发挥公司海外业务点多面广的优势，各地区互动交流经验，同地区内的兄弟单位物资应急共享，保证项目必备应急药品需求得到满足。

在疫情初期，国内口罩等个人防护物资异常紧缺，公司利用海外业务优势，抢占航班尚未阻断的窗口期，1 月底及时发动海外单位，克服物资采购、包装、运输、出入库记录和质量监控等各个环节困难与挑战，为集团公司和公司筹措 90 万只口罩、橡胶手套 19 万只、体温计 2000 个及若干防护服、护目镜、测温枪，极大缓解了防疫物资短缺的严峻形势，保障了未来半年多时间国内员工的物资使用。

随着海外疫情不断恶化，航班阻断、物流不通等使得项目物资和药品日渐紧缺，公司积极为海外项目采购物资提供思路、创造条件，通过随轮换包机携带等方式向海外项目累计捐赠 38.1 万只口罩，有效保障了海外防疫物资储备（图 3）。各海外项目升级应急物资储备，按照 3～6 个月储备疫情防护物资和必要的生活物资，通过各种渠道，加大口罩、消毒液、额温枪、防护服等防疫物资的储备力度，最大限度保障防护需求，同时按照极端情况储备 3～6 个月的生活物资，确保长期“抗疫”过程的物资储备到位，保障员工工作生活基本需求。

另一方面，针对长期无法轮换，部分海外项目超期工作员工无法在当地买到防疫药品和日常基础用药，且国内药品无法送达海外现场的情况，公司与 EMS、顺丰和 DHL 等快运公司多次问询，寻找到国内向海外小包裹寄送药品的途径，寄出防疫药品 83 个包裹，个人基础药品 24 个包裹，最大程度保障员工工作期间健康状态。

图 3　物资捐赠

3.4　推广优秀做法，建立联防联控工作机制

由于国内疫情暴发较早，且全国迅速进入“全民防疫”状态，最短时间内积累了大量行之有效的防疫经验和典型做法。公司及时通过编制英法俄西等多语种防疫工作指南，将国内的优秀经验，包括个人防护、场所管控、通勤倒班管理等分享给联合公司，全面构建联防联控防线。各地区公司想方设法教育和引导当地员工，努力做到联防联控、群防群控，例如在园区张贴、向当地承包商人员分发当地语言版本宣传画，组织优秀当地雇员向其他当地员工普及疫情防控知识。

3.5　创新关心关爱，保卫国内后方稳定

海外疫情防控战线拉长，海外员工超期在岗工作形势严峻，部分员工国内家中出现困难，即使心急如焚也无法亲身解决。为了保障前方将士的后方稳定，公司举全公司之力，全面开展员工关心关爱活动及家属困难帮扶工作，创造了多个“第一次”，以实际行动有力践行习近平总书记“以人为本、生命至上”理念和“把人民群众生命安全和身体健康放在第一位”指示精神，为实现疫情防控阻击战和效益实现保卫战“双胜利”做贡献。

一是切实加强对员工的关心关爱和心理健康管理。2020 年，公司创建了由中油国际员工组成的第一支心理健康团队，与外部团队一起扎实开展员工，尤其是海外员工的心理健康保障工作。制定《海外员工心理健康管理办法》，开发海外单位心理健康网页和测评问卷，并进行各项问卷、功能测评 6 次，编制完成了《心理健康工作指导手册》。开展了员工年度心理测评及首次开展外派准备度访谈，共约 3200 名员工参加了年度测评，976 名回国休假员工参加了外派准备度访谈，入职员工测评、访谈约 100 人次。

二是强化对员工的远程健康支持。针对疫情防控期间轻症慢病的看病及护理需求，公司联合社会资源开展远程线上“极速问诊”的义诊活动，使员工全家可以全时段、不限次地视频咨询全科医生，助力公司员工共同抗疫（图 4）。自 2 月 9 日起通过义诊平台服务咨询人数超过 140 人次，切实有效的缓解前往医院造成交叉感染、减轻医院就诊压力。同

时针对“急、难、重”病员工提出的需求，解决挂号难和手术难问题。中东公司因地制宜，在疫情初期就创新提出了“微诊所”的理念并加以实践，邀请国内防疫、呼吸、检验、中医等专业领域专家组成的远程问诊支持团队，开设“在线微诊所”，由中东公司HSSE部负责管理运营（截至目前还在维护运营）。微诊所的设立，及时处置了一些急症，反响良好，为海外员工提供了及时的在线问诊、心理安抚咨询、疫情防控难点知识解答等服务。让现场员工真切感受到了及时、方便、快捷、高水平的健康防护，也最大限度地减少员工前往医院这一疫情高危场所的感染风险。一年来，“微诊所”专家们累计为35名员工进行了远程诊疗，进行了62人次的一对一远程健康咨询和指导，在疫情最困难的时期，为稳在当地、稳住人心发挥了重要作用。

图4　远程医疗会诊

除“微诊所”之外，公司首次签订远程健康支持合同，联合国内医院专业医疗资源，针对员工身体状况异常情况，组织国内专家通过远程视频的方式进行问诊。

三是深化对海外员工家属的困难帮扶工作。为畅通海外员工家属联络渠道，加强疫情期间海外员工家属与公司、家属与家属之间的联络沟通，了解海外员工家属的困难和需求，力所能及地帮助员工及家属解决一些实际困难，公司搭建了海外员工家属联络沟通平台。为了便于家属了解海外项目疫情防控情况，缓解海外员工家属的担忧及压力，及时向家属介绍海外疫情防控情况。通过QQ群、微信群定期向海外员工家属推荐正能量宣传文摘等。

为把公司的关爱传达到每一个海外员工家庭，全面细致地掌握海外员工家属的基本情况，了解他们的困难需求，疫情期间，公司开展了两轮海外员工困难摸底和帮扶，共解决员工及家属困难诉求91项；收集了坚守海外的1195名员工家属的信息，对员工家属逐一电话慰问，了解家属近况、询问困难情况，电话联系不上，通过短信、邮件方式补充慰问，争取海外员工家属关心关爱一个也不落、一个也不掉。许多员工家属通过电话表达了感谢和支持。电话慰问共收集家属困难诉求74项，已全部分类处理。

4 结论

通过精准性管理与创新模式，顺利全面实现 QHSE“六个杜绝”，疫情防控取得年度胜利，为各项生产经营活动正常运行提供了坚实基础，为维护员工“双稳”工作保驾护航，疫情防控平稳有序，为公司树立了良好的企业形象。

注重管理创新　依靠科学技术 成功化解疫情突发事件

■ 健康安全环保部

【摘　要】2020 年，新冠疫情给中油国际勘探开发有限公司（以下简称公司）海外经营生产带来了巨大困难与挑战，严重威胁海外员工生命安全。面对海外疫情严峻形势，基于安全管理的“奶酪原理”，公司通过专业性调整公共卫生应急预案、果断建立疫情动态分析和匹配防疫措施策略、搭建远程会诊平台、研发防疫物资药品方案、推动医疗队派驻海外、协调危重病例国际航空转运、全程伴随心理健康服务和组织开展跨地区防疫措施交流等全新举措，构建起多重的疫情突发事件应对体系，成功应对了 246 例当地员工出现感染、40 余例中方员工发热、17 例员工突发危重疾病和动迁受阻、由于恐惧感染、超期在岗、长期远离亲人等产生心理问题等一系列突发事件，有效保障了员工生命安全和身心健康，守住了疫情防控的最后一道防线，实现了公司疫情防控和生产经营双胜利。

【关键词】奶酪原理；突发事件应对；最后防线

1　前言

2020 年，突如其来的新冠疫情在世界范围爆发蔓延，给中国石油国际勘探开发有限公司（以下简称公司）海外油气经营生产带来了巨大困难与挑战，也严重威胁到海外员工生命安全。疫情期间先后发生了当地员工出现感染、中方员工发热、员工突发危重疾病、动迁受阻、由于恐惧感染、超期在岗、长期远离亲人等产生心理问题等一系列突发事件，在困难重重的疫情期间，其应对尤为艰难。为有效应对疫情期间突发事件，确保员工生命安全与身体健康，公司疫情防控领导小组超前筹划、科学组织、全面部署，各层级齐心协力、迎难而上，基于安全管理的“奶酪原理”，创新管理举措，依靠信息技术，统筹资源国政府、国家部委和疫情联防联控机制等内外部资源，通过专业性调整公共卫生应急预案、果断建立疫情动态分析和匹配防疫措施策略、搭建远程会诊平台、研发防疫物资药品方案、推动医疗队派驻海外、协调危重病例国际航空转运、全程伴随心理健康服务和组织开展跨地区防疫措施交流等全新举措，构建起多重的疫情突发事件应对体系，成功应对了突发事件，有效保障了员工生命安全和身体健康，守住了疫情防控最后一道防线，实现了公司疫情防控和生产经营双胜利。

2　疫情中突发事件应对的主要思路

2.1　面临的困难和挑战

在全球疫情持续蔓延的严峻形势下，公司海外项目疫情防控工作面临着诸多的困难：疫情突如其来，对疫情缺乏了解且应对经验与知识不足，带来巨大的身心压力；当地雇员防护意识薄弱，日常通勤、工作外生活的疫情防护难以受控，带来工作场所疫情感染的突出风险；海外项目所在国家和地区通常医疗水平落后、缺乏医疗救治和疫情防控物资设备，不具备疫情发生时的有效应对条件；再加上全球多个国家由于疫情原因执行国际航线切断、举国隔离等政策，中方员工长期滞留海外，超期在岗压力和慢性病药品供应不足等问题，显著影响到员工的身体健康……这些困难给疫情防控突发事件的发生“营造”了更大的发生概率，也给突发事件的应对造成了极大的难度。

2.2　突发事件应对的主要思路

新冠疫情本身具有突发性、群体性、不确定性及危险性大的特点，疫情期间突发事件的应对更加具有极大困难和高度复杂性，经过深入分析，基于安全管理的“奶酪原理”，科学组织、全面部署，构建起疫情突发事件的科学应对体系。

2.2.1　“奶酪原理”

安全管理中的“奶酪原理”又叫作“累积行为效应”，由英国曼彻斯特大学精神医学教授 James Reason 等提出。“奶酪原理”认为，在一个组织中事故的发生有 4 个层面（4 片奶酪）的因素，包括：组织的影响、不安全的监管、不安全行为的先兆、不安全的操作行为。每一片奶酪代表一层防御体系，每片奶酪上存在的孔洞代表防御体系中存在的漏洞或缺陷，这些孔的位置和大小都在不断变化。当每片奶酪上的孔排列在一条直线上时，就形成了“事故机会弹道”，危险就会穿过所有防御措施上的孔，导致事故发生（图 1）。4 片奶酪上的孔洞随时在动态变化中，其大小和位置完全吻合的过程，就是过失行为累积并产生事故的过程，就是“累积行为效应”。

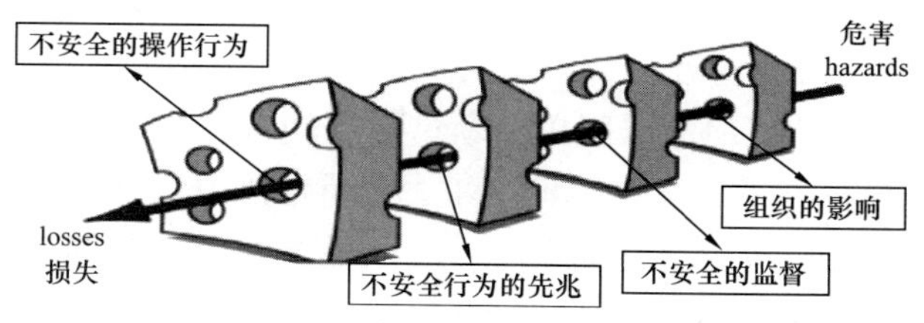

图 1　奶酪原理示意

James Reason 教授的“奶酪原理”强调不良事件发生的系统观，认为事故发生的主要原因在于系统缺陷，并提出，在一个组织中如果建立多层防御体系，各个层面的防御体系对于缺陷或漏洞互相拦截，系统就不会因为单一的不安全行为出现故障，可以降低不良事件的发生概率。这一理论经过不断的优化完善，目前已广泛应用于人机工程学、医学、核工业和航空航天等领域。

2.2.2 “奶酪原理”对疫情突发事件应对的启发

如前所述，疫情期间的一系列压力与困难——海外现场疫情感染风险突出，缺少疫情了解带来的恐慌，所在资源国医疗水平落后，国际航班熔断导致动迁受阻，员工超期在岗导致的身心健康问题等——均是“奶酪理论”中的危害元素，如何能够有效填补“4片奶酪上的孔洞”，通过建立有效的多种防御，实现危害元素的多层面互相拦截，是疫情突发事件应对的重点研究内容，建立有效的多重防御，才能够实现不良事件削减，提高突发事件的应对能力。

2.2.3 疫情防控突发事件应对的主要思路

因此，疫情期间突发事件的应对，重点应在于针对健康威胁、心理压力等危害元素形成有效防御，应对的主要思路如下：

（1）预防为主，超前发布全球预警，开展疫情演变趋势分析，将国内成功的疫情防控措施推广至中方控股联合公司和小股东项目的西方合作伙伴，做好各项疫情防控“预”“防”措施的宣传与落实，形成疫情“联防联控”机制，进行人员健康状况跟踪，构建疫情“突发事件”的预防防线，最大程度避免突发事件发生。

（2）提前筹措，针对疫情期间可能发生的突发事件，做好应急处置流程准备并开展演练，做好医疗资源、药品物资筹备，构建“突发事件”的应急与医疗防线，做好突发事件发生的应急准备。

（3）周密应对，在危机或突发事件应对中多角度、全方位协调社会资源，落实支持力量，疏通绿色通道，全力做好疫情非常时期事件应对，守住“突发事件”最后一道防线。

（4）心理疏导，主动应对疫情期间海外现场员工可能发生的心理问题，组织防疫知识宣讲和心理沙龙活动，提供远程咨询和心理疏导服务，建立疫情“突发事件”应对的心理防线。

3 疫情期间突发事件应对的创新管理

3.1 构建疫情“突发事件”预防防线

3.1.1 超前发布预警，做好“预”“防”落实

2020年1月20日，北京协和医院关于新型冠状病毒感染肺炎的办公会会议资料引起了公司健康安全环保部的注意，随后迅速搜集、分析全国疫情相关报道，经短期评估认为新冠疫情具有传播快、范围广、致病致死率高、无有效治疗方法等特点，预测很快会波及公司国内、海外大部分单位，即迅速根据公司《公共卫生突发事件应急预案》触发条件，于2020年1月24日发布了疫情“黄色预警”，提示全球各单位做好疫情“预”“防”措施宣传与落实，强调重视“个人防护”，利用疫情暴发前的时间窗口有序撤离疫情高风险地区患有基础病的易感人员，同时督促做好医疗资源、药品物资的提前筹措与准备。

3.1.2 开展疫情分析，针对性制订防疫措施

新冠疫情具有其自身的传播与发展特殊性，同时也在部分方面符合严重呼吸道传染病的一般规律。公司结合疫情数据分析和呼吸道传染病传播规律，开展新冠疫情发展趋势分

析，将其划分为四个阶段：缓慢增长期、快速爆发期、高位徘徊期、逐步下降期，并针对性归纳出适用于企业的20余防控措施（防控工具），具体包括：宣传培训、个人防护、避免接触、保持社交距离、行动轨迹排查、健康报告、避免公共交通、居家办公、封闭营地、体温筛查、核酸抗体检测等。随着海外疫情的蔓延发展，公司将疫情走势分析研究成果迅速推广至海外项目，通过项目所在资源国病例数量、政府管控措施、居民认知情况等信息，动态分析海外项目所在资源国疫情走势，依据所处疫情阶段针对性指导海外项目开展疫情防控工作，帮助海外项目了解疫情发展、有效开展疫情防控。

3.1.3　推广防疫指南，有效建立联防联控

面向海外项目全面推广集团公司“新冠疫情防控指南”，积极将国内成功疫情防控经验推广至海外。通过与海外中方员工共同梳理“指南”条款、向项目公司当地雇员 / 国际雇员耐心解答“指南”条款的设置目的和实施方式、组织开展“指南”对标分析等，使“指南”更加适合海外生产现场实际；将“指南”翻译为英、法、俄、西等12种语言，多次面向外籍员工开展“指南”宣传、培训，加深其对“指南”内容的理解和接受，实现中国疫情防控经验的有效输出。“指南”中“三个并重”“八类人员”等防控理念得到项目联合公司合作伙伴的认同，其中的个人防护、场所管控、通勤倒班管理等措施得到有效推广，对于实现“当地人管理当地人”，建立中方员工与外籍员工疫情联防联控机制，保证海外项目边防疫、边生产等发挥了重要作用。

3.1.4　创建诊所平台，密切跟踪员工健康

疫情期间，人员健康信息的完整性、可靠性和实时性是提前预警、管理决策的重要参考依据，为解决传统人工或工具统计的碎片化和滞后性，同时满足疫情期间很多中方员工居家隔离的工作情况，公司创建推广了“海外项目诊所信息化平台”，海外项目通过在信息化平台上填报诊所基本信息、医务人员信息和医疗设备信息，实时更新诊疗记录，实现海外项目人员健康情况的及时报送。2020年7月，公司健康安全环保部通过“诊所信息化平台”跟踪到乍得上游项目出现发热病例，第一时间与项目沟通、确认，介入到发热事件应对，实现了事件的有效处理。

3.2　构建疫情“突发事件”应急防线

结合新冠肺炎疫情特点，及时组织开展公司《公共卫生突发事件应急预案》的修订完善并于2020年2月20日正式发布，创新开发密切接触者等级和对应的隔离措施，并在预案中落实了突发事件应对中协调社会资源、落实支持力量的重要内容。公司《公共卫生突发事件应急预案》（国际勘探公司函〔2020〕72号）修订发布后，海外地区公司、各海外项目逐级开展了疫情突发应急文件的制修订。

在完善各级“公共卫生突发事件应急预案”的基础上，公司、海外地区公司和各海外项目结合集团公司防疫要求、所在地防疫政策和各自的疫情防控需求，共计组织制定了18项“应急处置流程”，并通过桌面推演、组织流调、现场模拟等方式开展应急演练。公司机关先后建立了“楼宇疫情防控应急处置流程”等应急处置方案，并组织防疫应急演练3次，模拟“发现发热访客”“办公楼员工核酸检测阳性”等情景下各专业、全流程处

置过程，开展“办公楼因出现核酸检测阳性而封闭”情况下的各项办公业务应对的应急桌面推演，模拟疫情突发情况下的疫情报告、流行病学调查、现场采样、病人转运、现场消毒、办公业务安排等事项。乍得上游项目于2020年5月组织开展了“基地出现新冠肺炎确诊病例应急演练”，模拟开展了员工发热、基地医生初步诊断、启动应急预案、第一时间向公司总部（北京）报告、员工转运至当地医院隔离治疗、生活营地消杀、员工治愈后返回基地继续隔离观察、员工痊愈的全过程模拟演练，验证了乍得上游项目应急预案流程的可操作性，为疫情处置实战做好准备。

3.3 构建疫情“突发事件”医疗防线

3.3.1 依托信息技术，构建“国内＋海外现场”联合医疗体系

疫情全球蔓延以来，海外员工不仅面临着新冠肺炎感染的高风险，居家隔离、地域阻隔、交通熔断等，也给海外员工的正常生产和生活造成了巨大的影响，给海外员工的生病就医、慢性病治疗等都带来了不便。为有效应对这些困难，公司建立了依托信息化技术的远程医疗模式，为海外员工治病就医困难提供了有效的解决对策，还为海外项目所在社区提供了医疗服务，树立了公司的良好形象。

3.3.1.1 远程医疗平台选择与应用

远程医疗是信息通信技术与传统医疗模式的深度融合，能够克服地域限制，最大程度地向海外现场支援医疗资源，改善海外现场就医困难、医疗资源不足的问题。公司从2015年就开始远程医疗的研究和试点，受网络条件、远程设备、医疗资源的组织等因素限制，未能发挥重要作用。2019年，公司开始尝试使用中油易连视频会议系统开展远程医疗，由于这个系统具有兼容性好、保密性强、对网络要求不高、可共享影像资料等优势，可以在PC、平板和手机等多种终端运行、操作简单，具备在海外推广使用的基本条件，因此在2020年疫情发生以来被迅速应用于海外现场远程医疗，覆盖至全球各单位，成为公司远程医疗平台。

3.3.1.2 宝石花医疗和北医三院的远程医疗支持专家团队

疫情暴发后，海外现场员工对远程医疗的需求更加迫切，公司协调宝石花医疗和北医三院相关专业专家，与海外项目诊所、现场医生联合，建立起“国内＋海外现场”联合医疗体系，为现场员工提供医疗服务。目前公司已经与前述两家国内医疗机构签订的订单合同，诊疗时段扩展至全天候24h，诊疗内容由看病问诊扩展至健康知识咨询，疫情期间，共协调宝石花、北医三院向海外现场员工提供医疗支持30余次，会诊55人次，为海外现场员工提供了及时、有效的医疗资源支持。

3.3.1.3 北大国际医院体检＆住院一体化支持

北大国际医院是国内（北京）高标准的股份制三甲医院，能够使用社会医疗保险和公司商业医疗保险。公司与北大国际医院建立合作关系，可以方便地实现体检后就诊和海外转运回国人员住院就诊，疫情期间乍得紧急转运回国员工即顺利入院并得到有效救治。

3.3.2 研究防疫应急药方，构建现场医疗支援

有效的药品是新冠肺炎疫情防控的重要物质基础和应对保障，公司与宝石花医院、北

医三院、地坛医院等多家医院专家共同研究，结合海外现场实际应用效果，开发应急和保健药品方案，为海外现场可能的突发病情提供支撑。

3.3.2.1　发热必备药品和设备

海外项目所在资源国医疗条件和药品资源通常无法满足防疫要求，为避免出现海外现场员工发热、感染时无药可用的情况，公司积极组织国内专家摸索、调研，研究制定了发热应急药品及设备方案（详见表1），包括：连花清瘟胶囊、莫西沙星片、阿比朵尔、强的松和吸氧设备，并提出了5类药品或设备无法具备时的同类药效替代药品，督促海外项目通过各种方式按照人数配齐药品。药品的配备能够向在线远程医疗形成良好的支撑作用，一旦发生疫情危机，能够最大程度地缓解员工不良症状、降低海外员工外出就医可能带来的感染风险，同时增强了现场人员的防疫信心，缓解了心理压力。

表1　应急药品方案

人数	防疫药品储备量（建议值）					
	人份数	连花清瘟胶囊 0.35g×24S	莫西沙星片 0.4g×3T	阿比多尔 0.1g×6S×2板	强的松 5mg×100T	吸氧管、湿化瓶、氧气瓶
1～5	按人数配	人数 ×7盒	人数 ×2盒	人数 ×2盒	人数 ×1盒	人数 ×1套
6～10	5	35盒	10盒	10盒	5盒	5套
11～50	5～10	35～70盒	10～20盒	10～20盒	5～10盒	5～10套
51～100	10～15	70～105盒	20～30盒	20～30盒	10～15盒	10～15套
101～300	15～30	105～210盒	30～60盒	30～60盒	15～30盒	15～30套
301～600	30～60	210～420盒	60～120盒	60～120盒	30～60盒	30～60套

备注：如当地公共医疗条件较好且很方便采购到必备防疫药品，可在储备数量标准上适当调减。

3.3.2.2　中医药方保障方案

同时，公司还积极与宝石花专家互动，充分吸取国内新冠疫情诊治的宝贵用药经验，结合员工中医体质调查，开发了祛湿、清胃、泻热、增免、通窍、疏肝理气和活血化瘀七方中药，帮助海外现场员工调理常见身体症状，增强免疫力；开发了“新冠肺炎三方”，作为海外现场发热应急药物。中医药方帮助现场员工有效缓解了乏力、疲劳，湿沉重，反酸、腹胀，血淤和焦虑、高血脂症状，更在现场员工发生鼻塞、流涕和发热疑似症状时发挥了良好的治疗作用，帮助员工恢复健康，减轻了疫情感染的担忧与压力。

3.3.2.3　建设发热隔离病房

各海外项目提前准备，结合新冠肺炎易传播特征和病情发展特点，提前做好感染病例的隔离病房准备和药品、设备准备，设置独立于主要居住区域的隔离病房或隔离单间，并配备连花清瘟、磷酸氯喹、阿比多尔、莫西沙星、肺炎中药方等治疗药物和吸氧设备、血氧仪、救护车等，与国内远程医疗指导、现场医生治疗相互配合，对可能发生的感染病例做好治疗条件准备。

3.3.3 疏通外交途径，医疗队前往海外现场支援

2020年3月开始，疫情全球肆虐，感染病例持续上涨，部分海外项目出现发热、核酸检测阳性情况；由于公司所属各海外项目医疗能力不足、医疗资源有限，现场员工因此陷入了面对疫情的极大压力与恐慌。为有效应对海外现场的防疫压力、实现发热等突发情况的有效处理，急需派遣宝石花医疗团队赴海外现场。但是，受所在国对医疗资质要求的限制，企业派遣医疗队并无先例。公司经过多方协调、研究，通过大使馆提出照会，医疗队首次获取了所在国卫生部门颁发的资质许可，以“防疫专家”的身份，携带所在国急需的防疫物资，前往海外现场。医疗队由呼吸科、感染科、中医科、保健科、健康管理科、心外科等19位专业医生组成，分别前往中东公司、中亚公司、乍得项目和尼日尔项目现场，对现场的疫情防控与健康管理发挥了“定海神针”的支持与保障作用。

3.3.3.1 中东公司医疗队

2020年7月，华北油田总医院5名医师前往疫情形势严峻的中东哈法亚油田，进行现场医疗支持（图2）。5名医生按照项目HSE管理的总体要求和现场的SOS医疗团队合作，帮助项目持续完善营地新冠疫情防控方案，面向复工人员和重点人员开展疫情防控培训，开展生产现场疫情防控工作督导检查，协助开展员工抗体检测和健康跟踪，向鲁迈拉、艾哈代布等在伊项目提供在线培训和防控指导，并向在伊的其他中资企业重症病例提供诊治、帮助转危为安并顺利回国，卓有成效地开展新冠肺炎的各项疫情防控工作，有力地保护了油田员工身体健康和现场生产平稳运行。

图2 中东公司医疗队

宝石花医师刘君主任还曾向哈法亚项目所在地使馆转介的感染新冠肺炎的巴格达将军提供了远程诊疗，帮助其获得康复，巴格达将军表达了对中国石油、中国大使馆的感谢和后续相互支持的意愿。远程医疗为海外现场员工提供常态化远程医疗服务，极大地解决了疫情期间海外现场员工就医难问题，降低了健康事件的发生概率；同时也为海外项目所在社区及所在国家大使馆等提供了医疗支持，构建起良好的政府、社区沟通、协调机制与连接。

3.3.3.2　中亚公司医疗队

在哈萨克斯坦疫情肆虐、出现不明肺炎、多个海外现场出现发热且员工焦虑状态难以平复之际，中国石油中心医院疫情防控专家组一行 6 人，高举“生命至上”的中国抗疫旗帜，携带防疫和药物物资，赶赴中亚现场，先后前往阿拉木图、阿克套和阿克纠宾地区，通过“HSE 管理 + 医学支持”的工作模式，“防治结合以防为主”的分级防疫战略，同时对在哈各项目提供疫情防控专家咨询，科学有序地开展了海外员工新冠肺炎防控工作，迅速地稳定了海外现场员工情绪，确保了现场疫情受控和生产运行的平稳有序开展。

3.3.3.3　乍得上游医疗队

2020 年 9 月，盘锦辽油宝石花医院 4 名医师前往西非公司乍得上游项目，进行现场防疫支持。在现场期间，共会诊 15 名患者，包括恶性疟疾患者、发热患者等重症病例，提供了有效治疗，帮助患者恢复了健康。医疗队还同时支持项目及非洲各项目开展疫情防控巡检和指导、培训，给 Baobab 基地诊所日常诊疗和营地消毒指导，配合基地诊所医生开展当地员工返岗抗体检测和解读，为项目及非洲各项目中国石油员工提供在线远程会诊，有效地支持了西非地区疫情防控措施落实和员工的身体健康、心情稳定。

3.3.3.4　尼日尔医疗队

2020 年 10 月，甘肃宝石花医院 4 名医师前往条件艰苦、疫情蔓延的尼日尔项目，进行现场疫情防控与医疗支持。在当地医疗资源受限、检测手段受限、当地雇员管理困难和当地疫情形势严峻的困难下，4 名医师深入项目疫情防控“战役”，与现场医生密切配合，按照项目“人、物、环境同防”防控原则，优化落实“早发现、早报告、早隔离、早治疗”的防控措施，指导、规范、整改疫情防控中发现的问题，严格落实员工健康跟踪监测，注重疫情防控与员工健康管理兼顾，强化当地员工卫生习惯管理等，共组织开展 5 次、2800 人次的现场培训，开展双抗检测 296 人次，诊疗患者 30 人次，提供在线健康咨询 43 例次，疟原虫检测 19 例次，为海外员工的身体健康和队伍稳定发挥了重要的作用；医疗队还在项目的安排下，并前往尼日尔大使馆进行了医疗援助，帮助大使馆度过了严峻的疫情挑战，获得了赞誉和感谢。

3.3.4　摸索航空转运途径，打通生命绿色通道

公司海外项目通常地处偏远、不发达地区，当地医院医疗条件较差，现场员工发生危重病时需要具备远距离快速转移到医疗条件较好地区的条件，病患人员的快速转移在很大程度上决定着医疗应急救助的成功与否。疫情期间，突发病例的可能性大大增加，但很多国家为有效实施疫情防控而切断国际航线、限制人员入境，又给危重病人的航空转运等突发事件应对造成了极大阻碍。为有效实现危重病例的及时救治，公司提前对航空医疗转运方式、航空器设施、转运过程医疗配置要求、转运团队和距离覆盖等情况开展调研，努力摸索疫情背景下航空转运通道的建立条件，探索“项目所在国—医疗转运机构—商业航空机构—国内政府部门—国内医疗机构”等一系列相关单位的疏通条件，为做好疫情“突发事件”最后一道防线做好准备。

3.4 构建疫情“突发事件”心理防线

疫情特殊时期，为有效安抚海外员工因担心感染而产生的焦虑心情、长期无法休假导致的压抑情绪等，公司开展了一系列员工帮助的心理健康管理提升和创新工作：组建了公司第一支心理健康团队，与外部团队一起扎实开展员工、尤其是海外员工的心理健康保障工作；组织制定《海外员工心理健康管理办法》，编制完成了《心理健康工作指导手册》，为员工心理健康工作提供依据；首次组织公司专兼职心理团队进行EAP心理健康咨询师专业培训，组织召开心理沙龙活动；开发并优化海外单位心理健康网页和测评问卷，开展员工年度心理测评及首次开展外派准备度访谈等，帮助员工客观评价心理状态，并及时提供干预和支持；组织开展元旦、春节双节前夕海外在岗员工全覆盖心理疏导活动，通过视频方式向近3000人次海外员工讲解了疫情引发的心理问题、心理问题的干预策略和10个日常生活中方便实用的缓解情绪方法，为海外员工正确看待疫情，学习在特殊时期科学进行负面情绪控制和管理，起到了实实在在的指导和帮助作用；春节期间，组织开展海外员工、国内家属共同参与的特别心理健康互动活动，为节日期间坚守岗位的海外员工提供与家人表达心声的机会，为疫情期间在岗海外员工和家属加油、助力。开展的具体工作还包括如下内容：

3.4.1 心理健康讲座

从2020年3月7日起，针对公司各级单位开展了20场线上心理讲座（图3），覆盖近60个国家、近7000人次，主题涉及疫情期间员工及家属的情绪照料、疫情下的心理健康管理、问题员工识别、睡眠管理、慢性病管理、远程婚姻家庭沟通、亲子教育等。疫情期间，公司向海外员工提供的身心健康自助平台（IAP）的访问量每月超过1万人次，心理健康支持服务及时有效的帮助了因为疫情超期工作、滞留海外的广大员工及其家属，成为疫情期间海外员工解决心理健康问题的重要管道。

图3 心理健康讲座

3.4.2 线上团体咨询

公司经与专业心理机构多次探讨，面向海外员工试点组织了5期远程视频团体咨询活动，帮助海外员工高效缓解焦虑、压抑状态，使员工在团体情境下建立相互的信任与连接，找到互相帮助、共同解决困难的途径与方法，参与员工在咨询活动中学到了舒缓身心疲劳感的方法，与孩子相处、沟通的方法，以及亲密关系中的5大“法宝”等知识，获得了良好的心理疏导效果。

3.4.3　重点地区员工一对一视频咨询

公司还特别针对疫情严重地区、发生发热事件等重点地区员工，主动联系，安排专门的时段、专业人员，向重点员工提供一对一远程视频咨询服务，为处于焦虑无助状态的海外员工提供了及时的帮助，不仅帮助处于困境员工舒缓了情绪压力、解决了困惑，也在咨询过程中帮助员工排查和排除了身体与情绪风险，及时干预，及时缓解了员工所处的危机状态。

4　疫情期间突发事件成功应对案例

4.1　突发疾病成功应对案例

2020年5月，乍得上游一名对口支持员工突发吞咽困难，并伴有发烧，口服抗生素数天症状未能得到缓解，油田诊所初步诊断为食管周围脓肿，并给予抗炎治疗。但是由于油田现场诊所医疗设施简陋，无法进行进一步诊断，提出将生病员工转运至500千米外的恩贾梅纳法国复兴医院进行进一步诊治。当时乍得疫情形势十分严峻，每天都有确诊病例发生，紧急转运诊疗面临着极大的被感染风险。

西非地区公司接到项目公司突发事件报告后，紧急向公司总部报告。公司总部立即协调医疗专家，协同集团公司、西非公司、乍得上游等相关单位共同开展远程会诊。医疗专家指导驻地诊所继续对患病员工进行抗炎治疗，同时优化用药方案，定时跟踪患病员工用药情况、体征指标，根据患病员工临床症状，结合远程彩超影像分析，诊断为亚甲炎，并形成更加对症的治疗方案，帮助患病员工恢复了健康。在多个单位的协同合作下，通过“远程医疗”与“现场医生”结合的方式，利用一切可以利用的资源，实现了疫情期间现场患病员工的有效救治，解决了突发事件危机。

4.2　成功实现航空转运救治案例

4.2.1　乍得上游员工脑出血病例成功转运

2020年2月2日，乍得上游一名员工突发头痛，经现场医生检查，发现口齿不清、说话不连贯，初步判断为脑出血；当天送至恩贾梅纳法国复兴医院，CT检查结果为大脑左侧颞叶出血。乍得项目一方面建立医疗应急小组、紧急落实医疗转运途径，一方面向总部应急办报告突发事件。

2月3日，总部接到事件报告后迅速组织医疗专家，与ISOS专家对生病员工进行会诊，形成转运法国治疗的诊断决策。2月7日，生病员工转运至法国巴黎；2月23日，生病员工转回国内，在总部协助下入住北大国际医院，完成微创介入手术，获得了成功救治。

4.2.2　土库曼员工视网膜脱落病例成功转运

2020年5月，阿姆河项目一员工因视网膜脱落需要紧急转运回国治疗，但在疫情期间，转运过程要遵循起运国、中转国、及目的国的防疫政策并获得各个环节的出入境限制豁免许可，航空转运救援几乎成为不可能完成的任务；集团公司、公司和地区公司、海外项目领导在员工的生命安全和身体健康面前，没有被既定的规则困住，立即启动突发事件应对，公司健康安全环保部、集团公司国际部、海外项目公司联合对转运各环节进行梳理、协商、协调，争分夺秒打通转运急救的绿色通道，项目公司在境外协调大使馆、资源国相关政府部门和合作伙伴，集团公司国际部、公司健康安全环保部在境内协调国家有关部委、北京市、天津市、联防联控机制及民航总局，历时100余小时终于获得了转运包机的各个流程许可，实现了危重病人的成功转运和救治。

2020年，公司排除万难，打破常规管理流程，摸索疏通渠道，完成乍得上游员工脑出血二次航空医疗转运、阿姆河员工视网膜脱落航空医疗转运、PK项目员工脑溢血航空转运和中缅管道员工工作外伤害医疗转运回国（陆路入境）4次转运，以最大的努力保障了员工生命安全与身体健康，实现了健康危机事件的有效应对。

5 成果

2020年，公司通过管理创新、基于科学理论与先进技术、统筹外部资源调动，在国内、海外共同的艰苦努力下，实现了疫情期间突发事件的有序应对，至少挽救了5名海外员工的生命，成功救治了17个病情危重员工，实现了疫情防控中方员工“零感染”、工作场所“零疫情”目标，为公司2020年亿吨产量目标的实现提供了坚实的保障。

海外航空医疗转运资源调研

■ 赵成斌　刘安全　张　爽

1　调研目的

为了落实中油国际2018年HSSE半年工作会领导讲话中关于拓展海外医疗转运资源的指示，中国石油国际勘探开发有限公司发函（国际勘探公司函【2018】303号）委托中油国际（尼日尔）公司副总经理兼安全总监赵成斌为组长，组团赴肯尼亚，调研维世达公司的合作伙伴AMREF Flying Doctors（以下简称AFD）在肯尼亚首都内罗毕Wilson Airport的飞机资源，调研内容包括：机型及机龄、机型业绩、IATA或第三方认证情况、维修能力及维修保养情况、内部医疗资源及设施配备情况、机组人员资质及培训情况、覆盖西非地区公司所辖各项目的能力、成为可利用的医疗转运应急资源的可能性等。

2　调研组成员

调研组共两人：组长赵成斌，时任中油国际（尼日尔）公司副总经理兼上游项目HSE总监，组员刘安全，时任中油国际（尼日尔）炼油公司HSE部副经理；以及一名特邀成员张爽，时任中国石油阳光国际（肯尼亚）分公司副总经理（图1）。

图1　调研组成员

3 调研行程安排

（1）调研组 2 人于 2018 年 8 月 3 日乘机从尼亚美出发，8 月 4 日到达肯尼亚内罗毕。

（2）8 月 4 日—5 日，调研组在特邀成员张爽陪同协助下，进行了 AFD 公司背景资料的调查、收集整理工作，并于 8 月 6 日赴 AFD 公司驻地威尔逊机场与 AFD 公司的 Stephon Ombuya（Operation and network manager）进行了详细的会谈交流，实地察看了该公司拥有的飞机、医疗转运设备设施、地面转运救护车等。

（3）8 月 7 日，补充收集了 AFD 公司拥有的主要医疗设施清单和多条转运航线方案。

（4）8 月 8 日，调研组 2 人从肯尼亚内罗毕乘机返回尼日尔尼亚美，结束调研行程，着手编写调研报告。

4 会谈交流和实地查看情况

8 月 6 日，调研组在 AFD 公司位于威尔逊机场的总部会议室与 Stephon Ombuya（Operation and network manager）进行了详细的会谈交流，实地察看了 AFD 公司的历史陈列室、24h 紧急控制中心、医疗协作中心、运营及飞行协作中心、飞行员准备室、机库、紧急医疗中心等地点和设施，重点查看了部分机型及随机配备医疗设施、器械情况和地面救护车等。实地查看过程中与该公司部分人员进行了比较详细的交流，对参观的各中心、飞机、救护车、设施、设备、器材进行了拍照，了解到具体情况如下。

4.1 AFD 公司概况

AFD 是一家由 Amref Health Africa 拥有并担保的有限公司（Amref Health Africa 总部位于肯尼亚内罗毕，是一个非洲领先的国际健康开发非政府组织），于 1957 年由三位外科医生成立，目前已发展成为非洲最大、最知名的国际空中救护服务提供商，获得了 EURAMI（欧洲航空医疗学会）空中救护服务提供商的国际认证，2011 和 2014 年两次获国际 ITIJ（国际旅行与健康保险杂志）年度空中救护提供者奖（该奖项是全球旅行和健康保险业中最负盛名的奖项）。

4.2 AFD 公司业务范围

4.2.1 空中救护车服务

AFD 在东非各地提供紧急情况下医疗空中转运服务，也提供医疗机构之间空中救护转运服务。服务涵盖包括乌干达、肯尼亚、坦桑尼亚在内的许多东非国家，在获得许可时，也能向肯尼亚的大多数邻国南苏丹、苏丹、刚果、厄立特里亚、索马里、埃塞俄比亚、卢旺达和布隆迪提供服务。

根据飞行许可情况，AFD 可以从非洲大陆的任何地方进行撤离。另外，患者可以通过 AFD 的飞机返回欧洲、亚洲和北美，也可以通过商业航空公司提供医疗护送服务。

AFD 公司每年 365 天，每天 24h 运营。拥有紧急控制中心，除紧急疏散外，AFD 公司还提供医疗外延计划，为非洲一些最贫困和偏远地区提供基本医疗服务。

4.2.2 其他医疗服务

（1）医疗在线帮助：医护人员可以通过位于内罗毕威尔逊机场的24h紧急医疗控制中心在线提供建议，控制中心负责组织医疗撤离或转运。

（2）医疗陪护服务：提供经验丰富的英语医生和护士在世界各商业航班进行陪护。安排航空公司的医疗许可，机场迎接病人并提供协助，包含轮椅和其他需要的设备；医疗护卫小组从其他国家抵达时，提供运输和其他后期支援；管理和协调医院、医生、病人的安排及与病人家属的联系。

（3）备用医疗保障：使用地面救护车、直升机、固定翼飞机为特殊事件提供医疗备用保障服务。

（4）地面救护车转运：地面救护车配备了匹配病人运送的综合医疗解决方案，确保可靠；配有高级生命支持设备的救护车队可实现病人在医院之间、医院与机场间的转运。

（5）医疗调度：根据病人的要求配备医疗人员和药品。

4.2.3 协助服务

（1）医院担保：担保为客服支付东非地区及肯尼亚邻国的医院费用和其他医疗费用。

（2）住宿安排：紧急情况下，为病人及家属安排酒店住宿，病人出院后也可安排。

（3）协助办理遗失或被盗文件 / 行李：可协助安排当地警方办理手续，并协助办理文件的续期或更换。

（4）紧急返回：可以安排去机场的飞机和出租车，以防受益人或病人由于意外事件而不得不返回自己的国家。

（5）预付现金：在意外事故、疾病、死亡或犯罪的受害者等意外事件发生时，能向受益人 / 病人预付款项。

（6）殡葬协助：与殡仪馆合作组织葬礼或火葬，也可以组织与宗教 / 文化背景有关的特别安排。

（7）遗体运返：包括取得官方文件，准备遗体和灵柩运往机场。

4.3 会谈交流情况

调研组就多项调研内容与 Stephon Ombuya 进行了详细的会谈交流（图 2），会谈交流获得的信息如下：

图 2　会谈

（1）AFD公司历史转运目的地有中东、亚洲、欧洲、西非、东非、南部非洲、澳大利亚等地区，本次调研关注的西非地区乍得恩贾梅纳、尼日利亚的阿布贾和拉各斯、莫桑比克的贝拉、中东地区的迪拜、阿布扎比、亚洲地区的德里、新德里、孟买等都是该公司历史上成功转运病人的目的地。

（2）2017年西非公司乍得项目的病人是通过AFD公司的飞机从肯尼亚内罗毕飞至乍得恩贾梅纳再将病人转运至迪拜的。另外，南苏丹项目战争期间中方人员的紧急撤离也是该公司提供的协助。该公司也有过从肯尼亚转运病人至中国北京和上海、长沙的案例。转运中国北京需要14h，经停两次，航线为肯尼亚—迪拜—印度—北京，备选航线为肯尼亚—马尔代夫—台北—北京。

（3）该公司目前拥有并使用的飞机共三架，分别为两架单螺旋桨Pilatus PC 12和一架螺旋桨Beechcraft Super King Air B200，同时AFD与Phoenix Aviation公司签约，可以使用Phoenix Aviation的飞机，其中Phoenix Aviation公司两架（Cessna Citation Bravo jetC550和Cessna Citation Exdel jetC560）喷气式飞机作为AFD公司紧急备用。2018年3月两公司的合约到期，双方已经完成续约。报告中提及飞机图片如图3至图6所示。

图3　Pilatus PC 12飞机

图4　Beechcraft Super King Air B200飞机

图5　Cessna 550 Citation Bravo飞机

图6　Cessna 560 Citation Excel飞机

（4）2018年5月，AFD公司为了拓展公司实力，降低运营成本，已着手开始购买一架Cessna Citation Bravo jetC550和一架Cessna Citation Exdel jetC560，据介绍，预计2018年10月将办理完成各种许可资质，具备航线运营条件。

（5）单 / 双螺旋浆飞机 Pilatus PC 12/ Beechcraft Super King Air B200 飞行距离短，可在野外简易短跑道起飞着陆，但不适合西非地区所属项目航空医疗转运；喷气式飞机如 C550、C560 具备长距离飞行的能力，需要在规范的硬跑道起飞降落，所需的最短跑道长度大约 1200～1400m，乍得、尼日尔项目所在城市、前线驻地机场均能满足起飞和降落要求。

（6）按照机型和飞行距离，执行飞行任务的飞行员人数一般为：单 / 双螺旋桨飞机飞行距离短，一般安排 1 到 2 名飞行员，可安排 1 名随机病员亲属陪同；喷气式飞机如 C550、C560 具备执行长距离飞行的能力，全程安排双飞行员执行飞行任务，可安排 2 名随机病员亲属陪同。

（7）与 Stephon Ombuya 详细探讨了从内罗毕用不同型号的喷气飞机起飞，然后分别从恩贾梅纳、尼亚美、津德尔启动空中医疗转运到迪拜的经停国家、所需的时间，Stephon Ombuya 提供了基本书面方案。

（8）AFD 拥有 ICU 医疗急救水平的医护人员 14 人，也可与内罗毕医院的共享医疗人员和设施，对病人实施紧急处置，待病人情况稳定后，实施后续转运。

（9）所有除阿富汗 / 伊拉克和最近冲突的战争风险地区以外的其他地区通常在申请后 2～4h 内安排飞机；不能到达的国家有利比亚、也门和苏丹某地区。

（10）AFD 与世界范围的多家保险公司、援助公司签订有服务供应商协议，协议合作伙伴享有在启动医疗转运任务前无需提供付款担保的特权，可缩短反应时间。在医疗转运任务完成后，由保险公司与 AFD 进行费用结算，也可通过 AFD 的合作伙伴如国际 SOS、泛爱等启动医疗转运并支付费用。

4.4 实地查看情况

调研组也实地察看了 AFD 公司的历史陈列室、24h 紧急控制中心、医疗协作中心、运营及飞行协作中心、飞行员准备室、机库、紧急医疗中心、救护车库等地点和设施，实地查看过程中继续与陪同人员进行交流，并拍摄了大量图片。详细情况如下：

（1）AFD 公司的历史陈列室：

接待员向调研组详细介绍了 AFD 的创始人、创始人所用的器械、公司早期发展历史、拓展历程、肯尼亚总统对公司的视察等过程，如图 7 至图 11 所示。

图 7　历史陈列室介绍

图 8　创立者

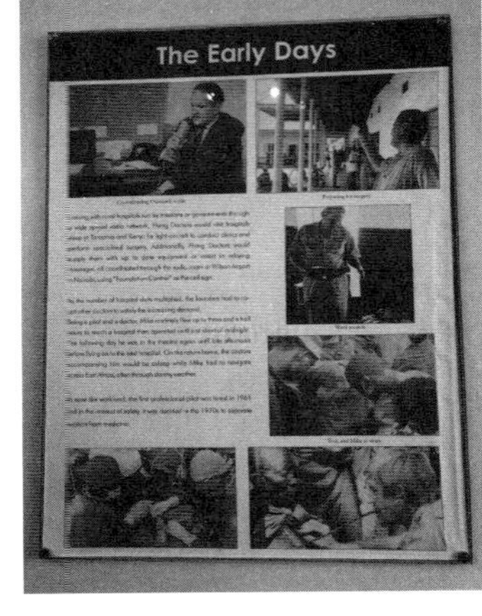

图 9　早期历史

图 10　AFD 拓展培训

THE STANDARD

Court stops teachers' strike and takes over negotiations

Flying doctors to the rescue

Confusion rocks 'murdered' ICC witness case

WIN! WIN! WIN!

图 11　肯尼亚总统视察

（2）24h 紧急控制中心：

24h 紧急控制中心（图 12），建立了一个覆盖东非 100 多个 HF 无线电台的双向无线电网络。

图 12　紧急控制中心

（3）医疗协作中心如图 13 所示。

图 13　医疗服务值班室

（4）运营及飞行协作中心如图 14 所示。

图 14　飞行指挥调度中心

（5）飞行员准备室：

三名飞行员在飞行员准备室待命，鉴于人员隐私，没有进行拍照。

（6）机库：

机库中停放一架专用空中救护车 Pilatus PC 12，机内配备了比较完善的高级生命支持设备，如图 15 和图 16 所示。

图 15　机库现场

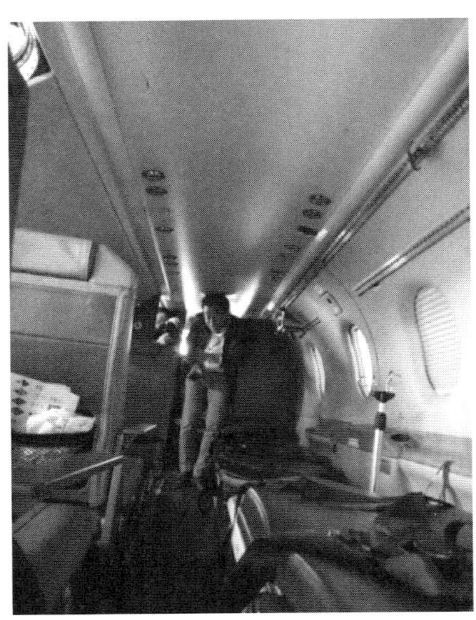

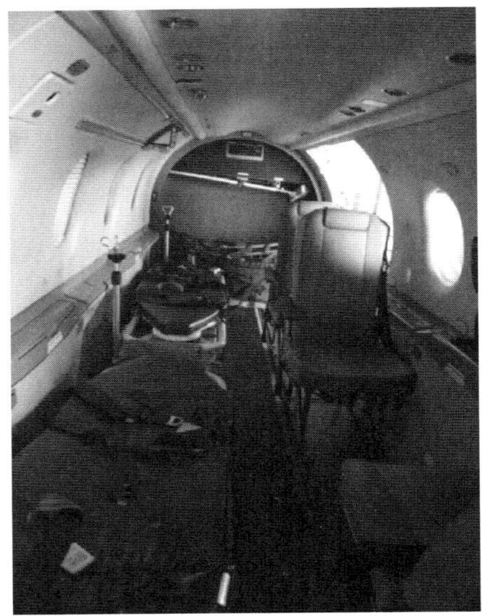

图 16　机舱内医疗设备

（7）紧急医疗中心：

紧急医疗中心配备专职急救医生一名，中心内装备了大量易于便携的医疗设备、器械，专人定期维护，如图 17 所示。

图 17　紧急医疗中心

（8）地面救护车库：

救护车库停放了四辆正在进行日常维护的救护车，车内全面配备了最新的急救设施、设备和急救药品，每次空中或地面救护车转运前、转运后，所有医疗设备和用品由飞行护士定期检查、维护、充电，如图 18 所示。

4.5　AFD 公司关键能力

（1）可使用的飞机机型、飞行资质、飞行能力：

① AFD 公司目前自有飞机共三架，均取得肯尼亚民航管理局的有效航空运营证书，具有旅客和货物商业运输资格，具体飞机信息和航空运营商证书见表 1 和图 19。

图 18　地面救护车库

表 1　飞机信息

序号	飞机型号	生产年	尾翼号	所有者	用途	停放机场
1	Pilatus PC-12	2006	5Y-FDF	AFD	医疗	HKNW[1]
2	Pilatus PC-12	2004	5Y-FDP	AFD	医疗	HKNW
3	King air B200	2003	5Y-FDE	AFD	医疗	HKNW

注 1：HKNW 指肯尼亚内罗毕威尔逊机场。

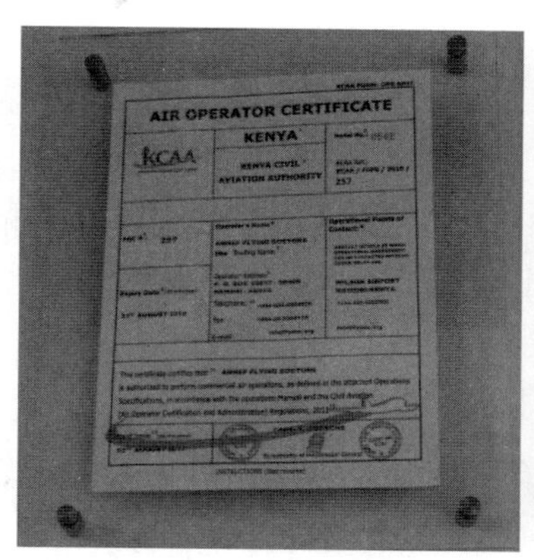
AIR OPERATOR CERTIFICATE
KENYA
KCAA
KENYA CIVIL AVIATION AUTHORITY

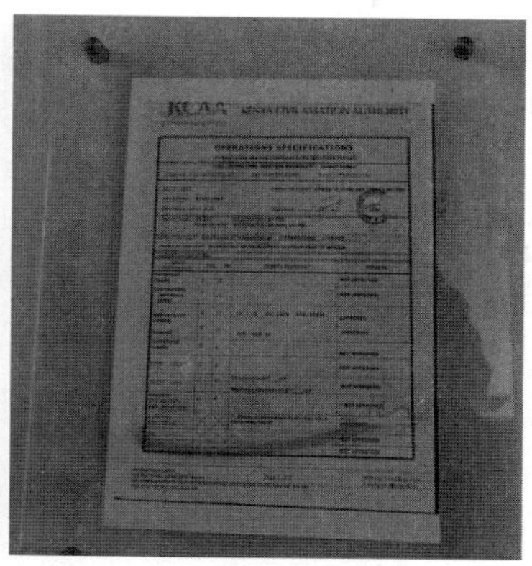
KCAA

图 19 航空运营证书

② 另 AFD 与 Phoenix Aviation 为合作伙伴，与其签约使用 Beechcraft King Airs、Cessna Citation Bravo、Excel 和 Sovereign 等喷气机，并配置用于空中救护车任务，具体飞机信息见表 2。

表 2 飞机信息

序号	飞机型号	生产年	尾翼号	所有者	用途	停放机场
1	CessnaCitationBravo jet（C550）	1999	5Y–MNG	Phoenix	综合	HKNW
2	Cessna Citation Bravo jet（C550）	2001	5Y–MSR	Phoenix	综合	HKNW
3	Cessna Citation Bravo jet（C550）	2001	5Y–SIR	Phoenix	综合	HKNW
4	Cessna Citation Exdel jet（C560）	2002	5Y–WHB	Phoenix	综合	HKNW
5	CessnaCitation Sovereign jet（C680）	2006	5Y–PAA	Phoenix	综合	HKNW
6	King air B200	1980	5Y–RJA	Phoenix	综合	HKNW
7	King air B350	1996	5Y–RIS	Phoenix	综合	HKNW

③ 各机型的飞行能力如图 20 所示。

（2）飞机维修、维护公司：

负责 AFD 飞机维修及维护的公司是分别位于肯尼亚威尔逊机场和坦桑尼亚莫希的 Moshi Aviation Center &Airworks（K）Ltd，维护员工每年进行更新培训。

OUR AIRCRAFT FLEET

TYPE	RANGE	SPEED	CAPACITY
Eurocopter AS350	320km	180km/h	4 pax / 1 stretcher
Cessna Caravan C208B	860km	310km/h	13 pax / 4 stretchers
King Air B200	1700km	495km/h	8 pax / 2 stretchers
King Air B350	2000km	535km/h	10 pax / 2 stretchers
Pilatus PC-12	2300km	490km/h	9 pax / 2 stretchers
Citation Bravo C550	3200km	650km/h	7 pax / 2 stretchers
Citation Excel C560	3700km	740km/h	8 pax / 2 stretchers
Citation Sovereign C680	4850km	850km/h	12 pax / 2 stretchers

图 20 各机型飞行能力

（3）AFD 取得的会员资格情况（图 21）：

① 取得了 EURAMI（欧洲航空医疗学会）认证，具有长范围跨洲际固定翼空中成人危重病人护理和商业航班陪护资质。

② European Society for Emergency Medicine（欧洲急症医学学会）会员资格。

③ International Assistance Group（国际援助组织）客户。

④ UnitedHeathlecareGlobel（全球联合保健）会员证。

⑤ Atta（非洲旅游协会）2013 年—2014 年度会员。

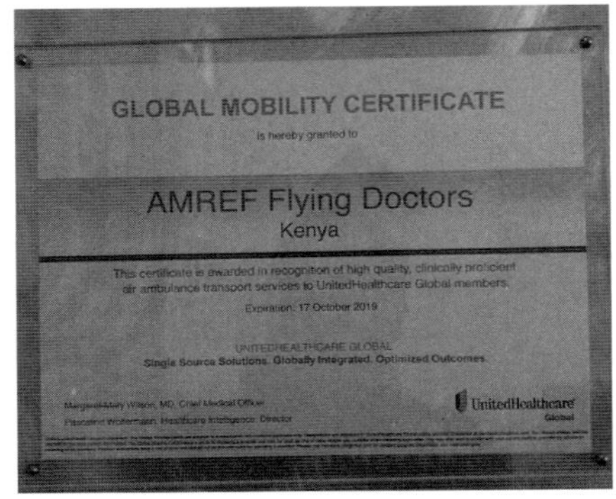

图 21　会员资格

（4）入境许可协调能力：

① 能比较快速、高效地办理东非、南部非洲地区各国飞行和入境许可。

② 对坦桑尼亚、布隆迪和吉布提等邻国有无限制的净空，能加快撤离进程。

③ 西非地区法属国家入境许可办理有一定难度，需要所在国客户在当地提供协助。

（5）飞行员资质、经验：

AFD 拥有专职飞行员 4 人，订立契约的飞行员 10 人，每架航班最低配备要求：机长 1 名（具有航线运输飞行员执照，最低 1500h 飞行经验），副驾驶 1 名（商业飞行员执照，最低 500h 的飞行经验），飞行机组每半年进行一次培训。主要飞行员的飞行资质和经验见表 3。

表 3　主要飞行员飞行资质

序号	姓名	飞行执照	固定翼飞行时间，h	总涡轮飞行时间，h	多涡轮飞行时间，h	备注
1	Ephraim Murigu	ATPL	4393.1	4386.9	4006.6	首席飞行员
2	James Ng'ati	ATPL	7076.5	4483	547.8	
3	Johana Wainaina	CPL	5513.4	5464.4	250.7	
4	Sam Pertet	CPL	4026	1168	240	
5	James Kimuri	PPL\CPL	380	96	8	
6	Eric Kabuba	CPL	1009.8	780.7	435.1	

注：ATPL 航线运输飞行员执照，CPL 商业飞行员执照，PPL 私用飞行员执照。

（6）医疗人员能力：

① AFD 拥有医生 14 人（专职 2 人，兼职 12 人），其中急症 1 人，重症监护 4 人，麻醉师 7 人。

最低要求：医学博士，5 年工作经验，2 年 ICU 和急症室工作经验。

空中救护车医生继续教育要求：工作培训。

医生继续教育要求：根据医院继续医学教育计划 ATLS/ACLS/PALS。

② 拥有护士 18 人（专职 13 人，空中护士；兼职 5 人，控制中心）。

最低要求：肯尼亚注册护士 /ICU 毕业证，4 年以上工作经验，2 年以上 ICU 工作经验。

空中救护车护士继续教育要求：护士继续医学教育 + 在职教育，每名护士每月至少有 25 个小时的飞行时间，英国资格认证课程。

护士继续教育要求：与医院和客座讲师合作继续教育 ATLS /ACLS/PALS。

（7）救护车信息：

共拥有四辆救护车，信息见表 4。

表 4　救护车信息

序号	品牌	注册车号	用途	停放地
1	Mercedes Benz Sprinter	KAN 947Z	ALS	Wilson Airport
2	Mercedes Benz Sprinter	KBS 635V	ALS	Wilson Airport
3	Mercedes Benz Sprinter	KBY 601Q	ALS	Wilson Airport
4	Toyota Quantam	KCC 944Z	BLS	Wilson Airport

注：ALS 高级生命维持系统，BLS 基本生命维持系统。

（8）主要医疗设备、器械：

AFD 拥有的主要医疗设备、器械和药品，同时 AFD 急救中心还备用运输婴儿保温箱和重症监护呼吸机，可提高对病人的服务能力。

（9）医疗责任保险及航空保险信息：

AFD 与 ICEA LION 保险公司签订了全球有效的医疗保险合同《AMREF Medical Cert of Insurance 2018》，与 DJA［Dennis Jankelow& Associates（Aviation）（Pty）Ltd］签订了航空保险合同《Aviation Insurance Confirmation》。

5　调研发现和建议

调研组基于对 AFD 的背景资料调查分析、会谈交流、实地查看，认为 AFD 是东非地区乃至非洲地区有相当实力的空中医疗转运专业公司，有着欧美背景的非政府组织，公司管理先进，运营顺畅，在前期调查基础上，提出以下调研发现和建议：

（1）AFD 公司在威尔逊机场内，机场距离内罗毕国立医院仅 10min 的车程，内罗毕国立医院是东非地区医疗条件最好的医院之一，有 ICU，具有较高的医疗救治水平，可以作为非洲地区海外项目的备选中转医疗救护点之一。

（2）肯尼亚内罗毕有阳光国际、管道局、长城钻探、BGP、CPECC、中技开等多家中国石油单位在开展业务，紧急情况下可作为备用的潜在协助资源。

（3）预计 2018 年 10 月，AFD 购买的两架喷气式飞机，能取得飞行所需的各种资质、许可，具备航线飞行的条件，这正是海外项目需要的长距离医疗转运机型，达到了胜任空中医疗转运的能力，建议中油国际可考虑与 AFD 签署合作协议，或者通过维世达公司签署合作协议。

（4）AFD 应可作为西非地区公司所属乍得、尼日尔等项目的备用航空医疗转运支撑公司。为了更直接快捷地启动紧急情况下的航空医疗转运，建议各项目在考虑和对比转运距离、飞机资源的同时，直接联系 AFD，提出具体要求，签订合作协议。

（5）西非地区公司突尼斯、阿尔及利亚项目紧邻欧洲，更适合医疗转运至欧洲国家，不建议将 AFD 作为转运资源。

（6）尼罗河公司所属的苏丹和南苏丹处于 AFD 航空转运飞机能力覆盖范围内，与 AFD 有过合作历史，从转运距离和合作经验来说，比西非地区各项目更适合利用 AFD 的航空医疗转运资源。

（7）内罗毕国立医院在非洲地区具有较强的各型疟疾救治能力，是否可将内罗毕作为疟疾紧急转运治疗地之一，建议进一步考察核实。

作者简介

赵成斌，毕业于中国石油大学（华东）安全工程专业，硕士研究生，中国石油国际勘探开发有限公司质量健康安全环保部主任，海外工作经验丰富，擅长于工业安全、环境保护、职业健康、社会安全、质量管理、体系审核等业务。

跌宕起伏生生不息　安全投产平稳运行

■ 彭继轩

MPE3 项目起伏跌宕，历经六落六起，在前进的路上，一波未平一波又起，曲曲折折，生生不息。项目启动以来，未发生一般 A 级安全事故，在役装置安全平稳运行。

MPE3 项目油田现场位于奥里诺科河一侧的重油带。奥里诺科河是委内瑞拉的母亲河，从委内瑞拉的东部曲曲折折、生生不息，奔向加勒比海，汇入大西洋。中委合作的 MPE3 项目历经曲折，但最终还是义无反顾地安全平稳驶入既定的航向。

2006 年 5 月 8 日，乳化油项目（MPE3 项目曾用名）生产的第一船 25 万吨乳化油驶离委内瑞拉何塞（Jose）港，运往中国。此时距离中委双方签署开发乳化油的合作意向书，已经过去了整整 10 个春秋。

1996 年 4 月，中国石油与委内瑞拉国家石油公司（PDVSA）签署了合作开发奥里乳化油的“合资意向书”。此后，中委双方开始了长达 7 年的马拉松式谈判，历经三落三起。1997 年 9 月“奥里乳化油可行性研究报告”完成后，受世界原油价格过低（国际油价最低时每桶 9 美元）的影响，谈判被束之高阁。2000 年 6 月，国际原油价格爬升至 28 美元 / 桶。2000 年 6 月 12 日，时任中国石油天然气勘探开发公司总经理的周吉平宣布成立乳化油项目筹备组，任命原尼罗河公司副总经理吕功训担任组长。初到委内瑞拉时，工作条件非常简陋，连打印纸的供应都是问题。由于工作量大，需要加班加点工作，有的同志干脆睡在办公室。

经过十多轮谈判，2001 年 4 月 17 日，在江泽民主席访委期间，中委终于签署了《奥里乳化油合作协议》。2001 年 12 月 27 日，中委签署《奥里乳化油合资经营协议》，中国石油出资 70%，委内瑞拉国家石油公司（PDVSA）出资 30%，在委内瑞拉注册成立了奥里乳化油合资公司（Orifules Sinoven，S.A.），合同期限 30 年。

乳化油项目上游部分位于毛里恰（Morichal）地区，包括油田开发、油田地面工程和脱盐脱水厂。其原油为超重油，平均 API 度为 8，埋藏浅，大多在 800～1000 米内，油层大于 30 米的可采储量超过 50%。乳化油项目下游项目为乳化厂，位于何塞工业区内，设计规模为 650 万吨 / 年。在乳化厂，用 70% 的奥里诺科天然重油，30% 的水，再加入添加剂，经机械混合成为乳化油。其特征是：重质原油被乳化剂包裹，水为连续相，油为分散相，从而使原来的油与油之间的摩擦转为水油之间的摩擦，黏度大大降低。上下游相距 324 千米，有两条管线分别输送混合油和稀释剂（图 1）。

乳化油合资公司在千难万险中成立了，但未曾预料到的是乳化油项目在之后的建设和运行过程中依然频生变数，离奇地曲折。

图1　施工现场

委内瑞拉政局持续动荡。自2001年底，委内瑞拉就不断出现大规模示威和罢工活动。2002年4月发生震惊全球的“4·11”政变，三天之内，三易总统，查韦斯在一个士兵帮助下，重新回到总统位置。罢工持续数日，石油出口几乎停止。查韦斯政府对罢工采取了强硬态度，开除了7名参与罢工的石油公司经理，让其余12名公司经理退休。

虽然查韦斯政府支持乳化油项目，但政府和PDVSA部分人士还是百般刁难。2002年，乳化油项目合作开发区块界定工作在委内瑞拉能矿部受阻，历时6个月才获得授权。由于合资公司区块界定迟迟未有结论，授予奥里乳化油合资公司三维地震施工许可事宜也一拖再拖。

2002年12月2日开始，委内瑞拉政府反对派组织了震惊世界的石油工人大罢工。这次罢工持续时间长，社会影响大，直接导致了委内瑞拉的社会动荡、金融混乱、治安变坏、通货膨胀、失业剧增等一系列问题。期间，罢工示威者把乳化油项目的驻地门口封堵得严严实实，车辆根本无法通行，许多建设工程被迫推迟，一些不法分子趁火打劫，甚至还要冲击中方驻地，项目人员行动空间受到了极大限制，项目又一次停滞。

2003年，乳化油项目又一次历经重大危机。一方面，部分委方人员认为这个项目是查韦斯的政治项目，持坚决反对态度。另一方面，由于PDVSA机构调整，一些原来支持项目的人员被裁减，一些重大事情的决策上没有人出面协调和解决。紧接着，PDVSA一些高层人士提出要重新评估重油的价值，出现了取消与中方合作的倾向。为了推动项目的进程，中国石油派高层人士到委内瑞拉，与委内瑞拉能矿部长路易斯（Luis）见面洽谈，促使委方协调成立了一个专家组，现场解决项目运行过程中所遇到的各类问题。2003年9月22日，时任中国石油集团公司副总经理吴耀文、勘探开发公司总经理汪东进听取了乳化油项目工作汇报。吴耀文提出：快速启动项目建设，有条件授标的一定要尽快授标；加大成本控制力度，强化监理作用；进一步落实油藏特性。在多渠道的推动下，2003年11月10日，乳化油项目第二届股东大会在北京的召开。股东会议决定乳化油项目一揽子工程正式向投标商授标。项目终于在几经周折、克服了种种困难后，度过了 2 年的准备阶段，大踏步地进入了生产建设期（图 2）。

图 2　乳化油项目组

天有不测风云。伙伴毁约，使乳化油项目总工作量和投资巨幅上升，工期再度延后。2004 年 2 月 16 日，PDVSA 给乳化油合资公司发来官方信函，宣布将不把它在毛里恰的乳化厂搬到何塞港。2004 年 4 月 29 日 PDVSA 给乳化油合资公司又发来官方信函，通知乳化油合资公司原定由 BITOR 承建的新乳化油罐区和稀释剂返输系统改由乳化油合资公司承建。基于此，中方对项目进行了重新评价，项目投资成倍增长，模拟计算出来的项目收益率远低于预期值。乳化油项目又面临一次生死抉择。但吴耀文等领导高瞻远瞩，从长远战略考虑，又一次指示项目加快建设步伐，力争按期投产。

重重困难下，乳化油项目步履维艰。但是，中委公司凭着智慧、勇气与执著，战胜了各种挑战，渡过了层层危机，将项目一步步推向成功。

历经风雨，终见彩虹。在委内瑞拉如此动荡的环境下，远离祖国的中国石油人，凭着艰苦奋斗的精神和科学发展的理念，用中国人特有的勤劳和智慧，征服了道道难关，排除了重重阻碍，2006 年 3 月 31 日，实现乳化油项目成功投产。同年 8 月 20 日，乳化油项目毛里恰油田转油站一次点火投产成功，奥里诺科重油带一个新的油田建成。9 月 30 日，乳化油项目第二期工程建成投产，标志着乳化油项目全面投产（图 3）。

中国石油人的永不服输、执着进取的劲头，令美国的监理公司和委方的承包商折服。

建设期，乳化油项目发生两起交通事故。一是一名中方总监驾车从马都林到油田现场，路过一座小桥时，由于疲劳和视线模糊，车开到桥一侧的一棵大树上，是这棵大树救了命，事后，我们尊称这座桥为“钟荣桥”。二是在油田现场，周末几名员工到油区内一条食人鱼河参观，返回时，由于下雨路滑，发生翻车事故，但全部人员安全，事后大家说，今后要买车的话，一定要买福特车，车顶钢板好，是车顶救了命。

2007 年 8 月 15 日，委内瑞拉能源和石油部明确表示，自 8 月 16 日起 MPE3 合同区（原乳化油项目）产出的原油全部归 PDVSA 所有，合资公司中方人员必须全面撤出。

图 3　项目生产第一桶乳化油

MPE3 项目再次陷入困境。时任中国石油副总经理的周吉平等领导高瞻远瞩，迅速调整了谈判策略，并组成新的谈判组。在中国驻委内瑞拉大使等的帮助和支持下，2007 年 10 月 2 日，中国石油与 PDVSA 签署一揽子解决乳化油项目转产转制协议和终止乳化油销售协议“赔偿协议”。2008 年 2 月 11 日，MPE3 合资公司正式运行。中方占 40% 股份，合同期 25 年（2032 年）。

从委内瑞拉推行石油合同转制以来，面对复杂多变的经济环境，中国石油求新求变、积极探索，创造性地建立了小股东项目管控体系和产融结合的“能源和金融一体化”运营模式，解决了在委合作项目油气开发产能建设的资金需求，构建了小股东项目资金全方位监管的财务中委双签制度和长效分红机制，保障了小股东利益。

从 2003 年底，乳化油项目开工，到投产，再到平稳运行，项目安全生产亡人事故为零，社会安全亡人事件为零，环境污染一般事件为零。这得益于项目完整的健康安全环保和社会安全管理体系的深化推广应用，得益于项目负责人的严格有序管理，得益于制度体系入脑入心。

在乳化油项目工作的同事都非常清晰地记得，每天外出散步，项目是有明确规定的，每天下午 16：30 至 18：30，才可外出散步，并且只能在中方公寓一侧的 3 千米健步道上活动。

中方公寓内部中方员工串门时，大家严格使用敲门暗号规则，对不上，坚决不开门。

项目从准备期向建设期过渡，从生产乳化油向生产混合油过渡，从稳产到上产过渡的历程，其过程可以称之为“乳化推进”过程。中方在整个过程中灵活运用的策略就如同在生产乳化油，把那些与沥青相似的事情，通过“添加表面活性剂、稳定剂、乳化剂等工艺”，使得本来无法“活动”的事情和矛盾一一化解；也很像生产混合油的过程，无法自行流动的重油在石脑油的混合稀释推动下欢快地奔向外输管道，最终使得项目在“乳化”中前行，在稀释混合中实现效益最大化，在充分沟通理解中，建成千吨油田。

图 4　何塞混合油厂主体机械竣工仪式

作者简介

彭继轩，中国科学院博士研究生毕业，现任中国石油国际勘探开发公司一级顾问，主持完成的《HSE 管理中的风险分析方法》课题，获得中国石油企业协会 2007 年管理现代化优秀成果一等奖（行业部级），主持完成的《海外 HSSE 风险评估与应急响应机制研究和实践》课题，获得中国石油集团公司 2012 年度科技进步二等奖。

哈法亚项目 HSE 审核实践

■ 杨意峰

哈法亚项目一直将 HSE 审核作为管控 HSE 风险、确保 HSE 管理系统化和推动 HSE 管理持续改进的重要工具。项目公司建立了完善的 HSE 审核体系及系统层面和专项层面的审核标准，在充分挖掘自身力量开展针对性专项审核的基础上，利用国际平台，引入国际知名公司开展第三方审核，并积极邀请国际投资伙伴对项目进行股东 HSE 审核，形成了多角度、多样化的 HSE 审核实践。同时，中东公司哈法亚项目公司（以下简称“项目公司”）将承包商纳入项目公司的 HSE 管理体系进行一体化 HSE 管理，将多角度、多样化的 HSE 审核与自我驱动的 HSE 管理形成合力，有效化解和降低 HSE 风险。

哈法亚项目甲乙方百万工时损工伤害事件率（LTIF）和总可记录事件率（TRIR）呈逐年下降趋势，从 2012 年起始终优于 IOGP 发布的国际油气生产商安全绩效指标。HSE 业绩得到了法国道达尔、马来西亚国家石油公司等国际投资伙伴和伊拉克政府的肯定和赞赏。

1　完善的审核体系和多样的审核方式

哈法亚项目坚持问题导向，紧紧围绕风险这个核心，以 HSE 部为主体，各管理主体全面参与，基于 IOGP 510，升级 HSE 管理体系，包含了 10 个要素，第 10 个要素是保证、审查和改进，囊括了 HSE 审核在内的四类 HSE 监测活动，其中针对 HSE 审核专门制定了《HSE 审核程序》《HSE 审核及审核团队规范》等制度文件，对审核标准、审核团队、审核流程、审核标准、审核层级结构、审核发现的记录整改及关闭等进行了规范，健全了覆盖整个油田各专业门类和生产作业场所的 HSE 审核体系；其中审核标准包括了 IOGP 系列文件、OHSAS 18001 等系统标准及 API 等专项标准。

哈法亚项目的 HSE 审核层级由内部审核（一方审核）、投资伙伴审核（二方审核）和外部审核（三方审核）三个层级构成（图 1）。

项目公司引入挪威船级社、法国船级社、Risktec、Intertek、SGS 等知名国际 HSE 专业公司，依照国际标准和最佳实践从管理体系、工艺安全、钻修井安全、航空安全等角度进行第三方审核，并结合项目实际拟定了管理提升方案。项目公司积极邀请国际投资伙伴马来西亚国家石油公司和法国道达尔石油公司对项目进行股东 HSE 审核。从 2012 年开始，这两家公司对哈法亚项目平均每年进行一次全面或专项 HSE 审核，为哈法亚项目 HSE 风险防控提供了新的视角。项目公司将管理层定期审核 / 检查制度化，各职能部门做到既管业务也管安全，与 HSE 部一起定期组织对所辖业务的专项 HSE 审核 / 检查，如作业部与 HSE 部定期组织井控专项安全审核 / 检查。同时，哈法亚项目建立了一支获得认证的专业内审员队伍，包括 OHSAS 18001 内审员 42 人，ISO 14001 内审员 17 人。

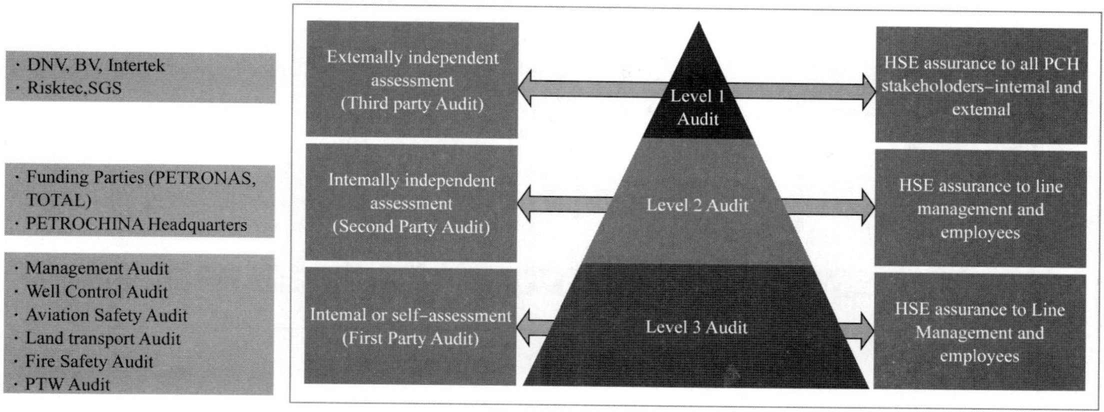

图 1　审核层级和审核类型

2　HSE 系统审核与专项审核相结合

哈法亚项目采用 HSE 系统审核和专项审核相结合的模式，从全体系要素和高安全风险活动两个方面诊断风险防控措施的适宜性、充分性和有效性。系统审核主要体现在对管理体系的审核。项目公司于 2015 年邀请 Intertek 公司，依据 ISO 14001：2004 和 ISO 14005：2010 的要求，通过两次系统的差距分析和两次阶段性评估，对项目进行环境管理体系阶段性审核，于 2016 年 8 月获得环境管理体系认证证书。2017 年和 2018 年分别完成两次监督审核，保持了证书的有效性。

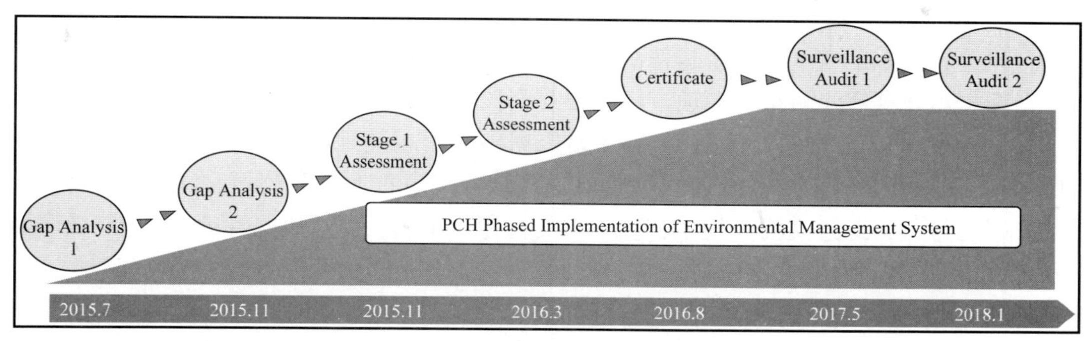

图 2　环境管理体系阶段性审核

2017 年邀请法国船级社依据 OHSAS 18001：2007 要求，通过差距分析和系统审核，对项目进行了职业健康安全管理体系审核，于 2017 年 12 月获得职业健康安全认证证书（OHSAS 18001：2007）（图 3）。

哈法亚项目活动类型多样，涉及开发、钻井、试油、采油、井下作业、油气集输与初步处理、工程建设等全部作业类型及陆地运输、航空运输、库房管理等活动等，针对这种特点，开展组织覆盖多种 HSE 风险的专项审核，包括钻修井安全审核、陆地交通安全审

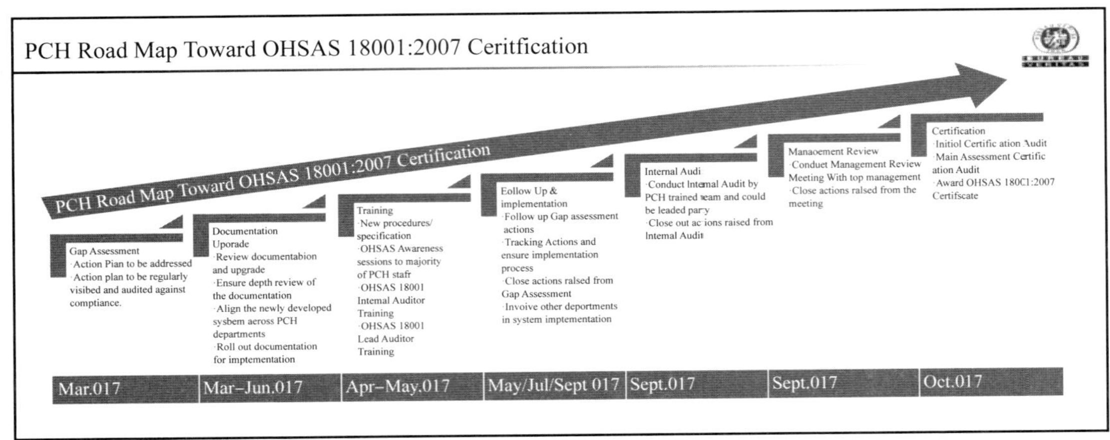

图 3　职业健康安全管理体系审核流程

核、航空安全审核、健康和医疗服务审核、职业健康审核、工艺安全审核等。项目公司从 2012 年至 2013 年，邀请 DNV 采用 ISRS 审核系统对现场钻修井队进行系统审核。从 2015 年开始每年邀请法国船级社从 HSE 管理体系（OHSAS18001）和钻修井技术安全（API RP 54 等）两个方面，采用审核加辅导的方式，按照现场调研、差距分析、整改措施、现场辅导、井队实施整改五个步骤，对现场每一个钻修井队开展滚动审核，现场发现问题并提出解决方案，一年后进行跟踪审核，复查未关闭事项和重复出现的问题。截至目前，共完成三轮审核。

项目公司于 2012 年试运行包机，并于 2014 年开始在油田机场日常运营，为应对航空安全风险，建立了专业化的航空安全管理体系，依据项目公司规范、IOGP 390、伊拉克民航局（ICAA），欧洲航空安全局（EASS）等要求，通过邀请专业第三方航空安全审核公司和项目公司自聘的航空安全专业人员，将内部审核与第三方专业公司审核相结合，每年组织对包机公司所在的安曼及包机运营的哈法亚、巴士拉和巴格达站点进行航空安全专项审核，并根据需要开展飞机维护专项审核和跟踪审核。

在陆地交通安全方面，从 2014 年开始依据项目公司陆地交通安全管理程序和规范、IOGP 365 系列标准和伊拉克交通法的要求，并结合阿曼石油开发公司和法国道达尔国家石油公司的做法，通过文件及规定、驾驶人员行为、车辆状况、旅程管理、培训、车辆跟踪系统、应急响应程序、分包商服务等 8 个一级要素和交通安全管理职责、防御性驾驶取证培训、每日车辆检查记录、旅程危害系统识别和风险分析、培训记录、安装车辆跟踪系统、第三方车辆事故保险、对分包商提供车辆的年度审核等 158 个评估指标，每年对甲乙方陆地交通安全管理进行量化审核，对不同审核要素和被审核单位进行横向对比和年度对比，发现整体薄弱环节，定量跟踪每个承包商每年的改进情况，推动油田现场陆地交通安全管理水平的整体提升。

2017 年项目公司充分结合 IOGP 510、OSHA 29、CFR 1910.119、CCPS 和 EI 中工艺安全的要求，提出 72 项推荐措施，并将推荐措施按照优先程度分级实施。在 HSE 管理体系制度文件的基础上，依据审核推荐措施进行必要的拓展，建立需要进一步补充完善的工艺安全制度文件清单，分阶段开发、实施和强化。鉴于设施完全性的重要性，将其单列出来一同分阶段开发。

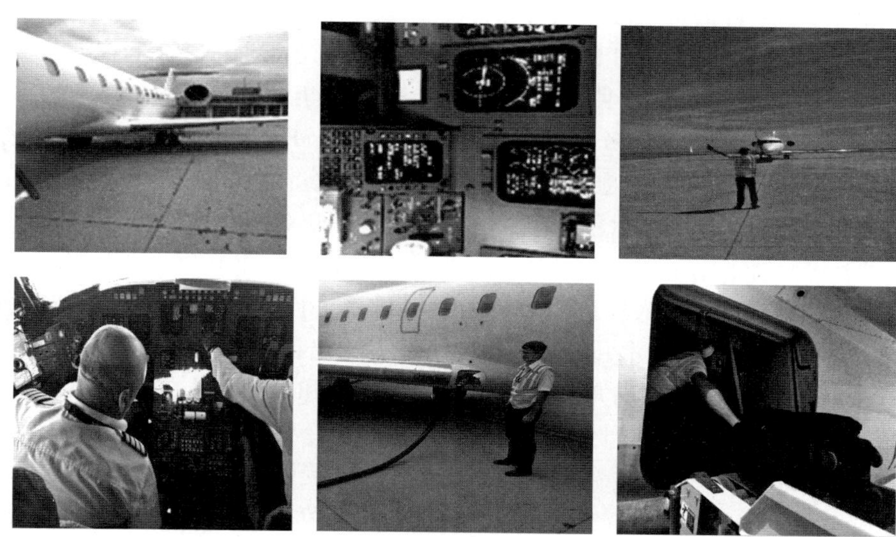

图 4　包机运营及航空安全审核情况

为确保现场健康和医疗服务水平，继 2014 年和 2015 年对现场进行健康和医疗服务审核后，2018 年 5 月项目公司继续邀请国际 SOS 质量管理团队，依据合同和当地相关法律法规要求，分别对健康和医疗服务中心的医疗应急响应流程、诊疗记录、药品管理、设备和救护车维护、档案管理等方面的 600 个关键点和现场急救站 150 个关键点进行审核，对发现问题提供现场辅导。同时，2016 年，依据最新发布的伊拉克劳工法及项目公司与承包商签订的合同中的要求，在医疗设施、医疗人员配备及能力、员工入职和年度职业健康筛查、职业健康风险识别和告知等方面，对油田现场 17 家主要承包商的 34 个生活和工作地点进行审核，并持续跟踪审核发现的整改。

图 5　健康和医疗服务审核

3 HSE 审核与自我管理相结合

HSE 审核作为一种监督手段，只有和自我驱动的 HSE 管理相结合才能真正发挥作用。哈法亚项目成立之初就针对油田现场的各种作业活动建立了 HSE 风险监测跟踪系统，将各种 HSE 审核的输出与日常各种类型的 HSE 检查结果集合在一起，输入 HSE 风险监测跟踪系统，由 HSE 部和直线业务部门共同维护，并对 HSE 隐患状态进行动态跟踪直至关闭，其中的高风险和未决事项通过安委会和承包商会议等决策沟通平台解决和落实。同时，项目公司鼓励所有员工、承包商、分包商及当地民众对不安全行为与不安全状态进行积极报告和干预。

哈法亚项目将承包商纳入项目公司 HSE 管理体系进行一体化 HSE 管理，充分分享项目公司 HSE 管理体系文件，并组织对承包商进行专项培训和辅导，如项目公司持续对钻修井承包商和工程建设承包商开展作业许可程序的培训和辅导。从 2017 年 10 月开始，项目公司每月从 IOGP 保命法则中选取一个主题开展月度专项安全提升活动，强化高风险作业管控，主题涵盖了吊装作业、高处作业、动土作业、受限空间作业及能量隔离、险兆事件分享与事故调查等。针对每个主题，识别关键薄弱环节，为甲乙方现场人员提供专项培训及定向帮辅。

为充分调动承包商安全管理的主动性和积极性，从 2017 年 9 月开始，以钻修井承包商为切入口，开展承包商自我驱动和台阶式系统安全管理提升活动，要求钻修井承包商从 HSE 要求、培训辅导、关键岗位人员能力评估和“每周提升一主题”四个方面入手，开展自我安全管理提升，项目公司也从这四个方面对实施情况进行评估。从 2018 年 1 月开始，将该活动推广应用至全部承包商。

总之，哈法亚项目运行之初就结合实际建立了完善的 HSE 审核体系并不断提升其有效性。多样化的审核主体和审核方式为哈法亚项目公司 HSE 风险的识别、跟踪和防控提供了多种维度的观察分析视角，为 HSE 风险“零死角”的目标提供了强有力保障，使得哈法亚项目 HSE 风险控制效率和控制效果得到了不断改善提高，从而为项目良好 HSE 绩效的取得打下了坚实基础。

作者简介

杨意峰，北京大学环境科学专业硕士毕业，NEBOSH IGC 证书、PMP 项目管理证书，有 11 年 HSE 管理经验，在伊拉克哈法亚项目、艾哈代布项目工作 8 年，现任中国石油国际勘探开发有限公司健康安全环保部副主任，合作发表 HSE 相关中文论文 10 篇，英文论文 1 篇，合作编著中英文《石油石化企业管理人员现场安全督导系列丛书》。

强化标准促管理，夯实基础上水平

——北布扎奇公司油田现场 HSSE 管理实践

■ 冯军伟

油田 HSSE 管理始终秉承“以人为本、安全第一、环保先行、预防为主”的 HSSE 管理理念，以“零事故、零伤害、零工作相关疾病、零意外泄漏，实现对健康、安全、环境和安保的有效控制”为 HSSE 管理目标，油田结合美国得士古石油公司、俄罗斯卢克石油公司和中国石油天然气集团有限公司的 HSSE 管理经验，逐步形成了自己的 HSSE 管理特点，即：强化标准促管理，夯实基础上水平，主要实践如下。

1 HSE 管理机构健全、职责清晰

油田经理全面负责油田生产安全，是油田安全生产“第一责任人”，对公司总经理负责，各部门经理为本部门安全生产“第一责任人”，各负责人岗位责任和权利由岗位描述确认。油田建立有下级安全委员会，主要负责对油田各生产单位及承包商单位按照年度 HSSE 检查计划开展 HSE 例行检查、对新建投产生产设施进行内部验收、对承包商工作启动前验收、按照年度应急演练计划开展应急演练、组织油田部门领导召开季度安全例会和油田员工周安全例会、组织事故的调查工作、组织油田员工每年 1 次上岗安全知识考试等。HSE 管理机构如图 1 所示。

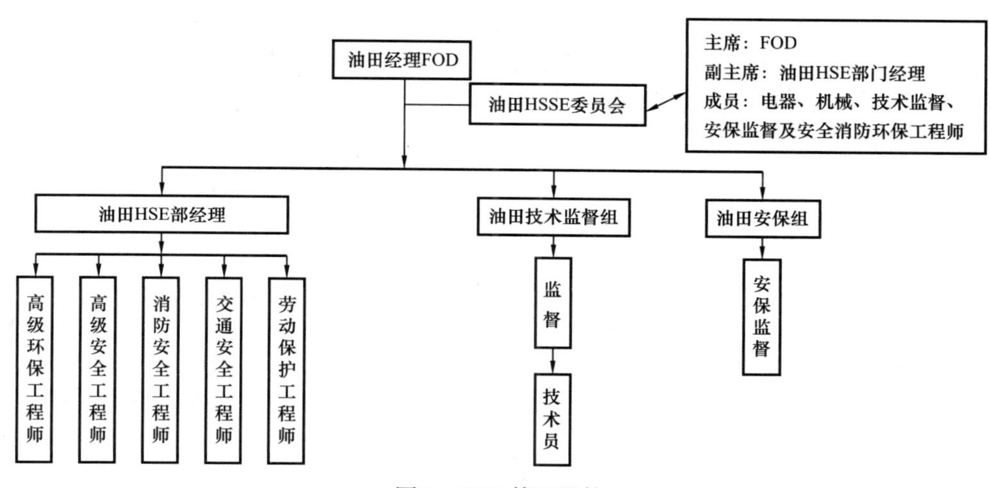

图 1 HSE 管理机构

2 完善规章制度是油田安全管理工作的基石和保障

按照 ISO 14001：2015 和 OHSAS 18001：2007HSE 管理标准结合当地国家颁布的油气工业相关法规油田建立了涵盖员工管理、劳动保护、原油生产、设备管理、电器仪表、地面工程、交通运输、营地安保和环境保护等方面的各类规章制度 210 项，从制度上保证了油田生产安全运行。

3 高度重视员工培训，油田员工安全上岗持证率 100%

油田员工培训分三级管理：新入场员工参加油田安全部门工程师提供的 HSE 基础知识培训、工作现场监督提供的生产安全知识培训及公司组织专业机构的专项安全生产技能培训（培训考试合格获得安全上岗证）。油田设有安全技能考试下级委员会（成员：油田 FOD、油田安全部门监督和高级工程师、油田技术监督和员工部门领导），操作工上岗时必须通过安全技能考试，取得上岗证后才能正式上岗工作（换证：操作工 1 年一次）。

4 完善应急预案，强化应急演练

按照当地国家油气田开发工业安全要求，油田所有生产站点制订了综合应急预案和年度应急演练计划（A 级演练生产单位组织，B 级演练安全部门和州紧急状态部联合组织），各单位按照计划及时组织应急演练，演练结束后组织单位发布演练总结报告；所有应急预案经过州紧急状况部门审核备案。油田应急资源：油田专业的消防队伍（由单独的承包商负责）、兼职消防队伍、安保队伍（承包商）、应急材料储备、油田 SOS 医生、救护车、劳动保护应急队伍和井控专业技术服务承包商（均为州紧急状况部控制的专业队伍）。

5 完善事故管理程序，重视事故信息的共享

油田 HSE 部门和安保部建有事故台账，对发生事故的信息及时在油田早晨生产例会和员工 2 周一次的安全例会上通报学习。各类事故详细分类统计，深入剖析各类事故根源，认真挖掘安全生产深层次问题，真正做到了警钟长鸣，杜绝事故发生。油田事故管理程序：进行事故紧急救助（事故汇报流程图张贴在所有工作站点、油田建立有自己的应急机构），进行调查（油田 FOD 发布成立事故调查委员会命令、事故调查、发布调查报告、发生事故单位回访），从人、机、料、法、环五个方面进行事故原因查找，制订针对性的预防措施，实现事故信息共享（员工安全例会、工作邮箱发送）。

6 HSSE 审核检查制度化，隐患“早发现，早整改”

油田接受 5 级例行安全审核检查：州政府年度 HSE 大检查（消防、环保、卫生、劳动及紧急状况部门）、项目投资方 CNPC 和 LUKOIL 半年一次 HSE 审核、公司 HSE 管理委员会（制订年度检查计划）每季度对现场进行一次检查、现场下级 HSE 管理委员会（制订现场和承包商单位的年度检查计划）对各单位一季度检查一次、部门经理的月度检查，

各级检查发现隐患，由油田安全部门制定整改措施并监督隐患整。

7 以风险控制为核心，坚持对 HSSE 风险实施动态管理

油田执行公司安委会委员会每年发布的油田工业、劳动保护、环境、社会安全风险名单和管控措施，以及油田运行中存在的危险源和危险工作名单，油田对危险性工作实行工作许可证制度：施工单位填写施工许可申请和施工措施方案，管理部门、安全部门和油田经理审核批准，施工单位监督班前安全讲话和施工过程控制，安全部门工程师对施工全过程监督检查。

8 注重环境保护和员工身心健康，体现“环保优先，以人为本”

油田环保高级工程师参与新建项目的环保评估，通过环保评审才能进行项目设计；营地、工作站点和井场设有垃圾桶和吸烟区，各种安全指示标志齐全易懂；采油生产设备建有泄漏油水收集沉降罐，泄漏油水及修井过程产生的油液（由工作点员工汇报生产调度，调度安排真空泵车）拉运至就近计量站卸入油罐；生产过程产生的所有液体及油泥砂和固体废物运到指定处理厂进行处理和再利用（油田建有：钻井废削、钻井液、油罐清砂）钻修井废液（废屑）油泥沙处理厂、垃圾处理厂和生活污水处理厂，这些处理厂公司以合同方式委托承包商运营），实现生产垃圾、生产产生的污水和污油、钻修井过程产生的废钻井液、生活垃圾和污水完全处理；油田饮食、洗衣和保洁工作由专业服务公司负责。

油田现场营地 SOS 医生 24h 值班（提供医疗服务，每月对食堂食物卫生情况进行检查，油田使用的伏尔加河水质月度检查，并上报月报）；油田所有站点配有急救箱（按照标准配放药品）；油田所有站点配有危险气体检测仪（操作工 2h 检测一次工作场地空气质量，并登记数据于记录本）；公司组织员工年度体检率 100%，提供运动场所（油田建有男女健身房各一座、篮球、足球和排球场地），工作点配备个人保护用具齐全；公司合同承包商专家每季度对油田开始一次环境质量检测（辐射、水质、空气、车辆设备废气排放等方面检测），检测报告报送州政府环保局。

9 交通安全管理，常抓不懈

油田实行驾驶许可证制度，每个驾驶员在持有当地驾驶执照的前提下，必须通过油田交通工程师的驾驶技能考核才能获得油田内部驾驶许可证；油田实行驾车单审批和医生晨检制度，每班驾驶员要领取驾车单，通过运输部和本部门领导签字，每日早晨出车前，驾驶员要通过医生的每日例行检查，只有医生在驾车单上盖章才能出车；油田公司每辆车都安装有 GPS 系统，交通安全工程师可以电脑随时监控车辆行驶状况，每日提供交通违章信息日报，人力资源部按照规定下发处理意见；油田现场车辆实行限速制度（各类交通标示牌清晰明了：主路小车 60km/h，大车 45km/h，营地附近 20km/h；井场及工作站内 10km/h，营地内 5km/h）；油田交通工程师每日上路巡检，使用测速仪（有照相摄像功能）监测车辆速度，提供违章车辆报告，由 HSE 部门按照公司制度下发处罚意见书；油田工

作特车（蒸汽车、吊车、泵车）由油田 HSE 部门实行登记制度（州政府注册登记号、工作许可证和进行年度技术状况审核），严格按当地政府规定执行；油田往返市区车辆：办理出入油田许可证明、出车前油田交通工程师对司机进行安全讲话。

10 注重安全问题的有效沟通，油田安全例会制度化

油田每天早 7：00 会议和公司每周一生产电视例会的第一个议题永远是讲评和解决 HSE 方面的问题；油田每两周召开一次员工 HSSE 专题会议（周日）及承包商代表例会（周五），通过例会及时通报学习事故信息和不安全行为，表扬好人好事，宣传公司的 HSSE 政策制度；油田经理组织召开下级安全委员会季度 HSE 例会，油田各部门经理、监督参加，油田 HSE 部门准备季度下级委员会工作总结、存在问题及解决措施建议供讨论；油田设置有 HSSE 宣传栏和建议箱，对员工反映的各类问题油田 HSE 部门给予及时答复，对需要公司方面解决的问题及时上报公司领导层；通过工作邮箱进行 HSSE 问题和管理心得的交流。

11 按照“属地管理原则”，加强对承包商的安全管理

承包商纳入油田安全管理，油田安全部门按照签订的合同进行承包商管理（签订合同中有 HSSE 方面的章节条款）；开工前油田下级安全委员会对承包商设备进行验收；油田安全部门组织承包商安全例会（每两周一次在周五召开例会），安全部门下发会议纪要；施工过程中，油田相关责任部门监督直接对承包商进行 HSSE 管理和监督，油田安全部门工程师进行巡检；油田安全部门每日上报公司 HSSE 部承包商安全绩效，公司有关部门按照公司下发的《公司推行安全生产红黄绿牌评价制度》对承包商单位实行年度评价，评价结果和签订合同挂钩；承包商单位的 HSE 检查纳入油田的例行 HSE 检查计划，按照计划油田下级安全委员会按期检查。对不能按照隐患整改通知书按时整改的单位，实行停工限期整改和罚款制度；对承包商员工违反油田规定，油田安全部门提出处罚意见书送达承包商公司，承包商公司落实并给出处罚，严重违纪员工（打架斗殴、盗窃财物、喝酒等）进入“黑名单”，保安检查点永远禁止其进入公司油田工作。

12 工程项目全过程监管

严格执行当地所在国的法规要求，油田每个工程项目都要获得设计许可（6 项）、施工许可、投产许可、工作委员会验收和国家验收；实行“三同时”制度，从设计、施工到投产，油田安全部门工程师参与审核设计、施工过程监控及投产前验收（项目实行经理负责制——负责设计书提出及获得政府对项目设计和施工许可、相关单位的协调、政府部门对项目的验收、获得项目投用工作许可）；项目施工实行第三方监理制——负责施工过程的安全质量控制，项目例会的组织；油田 HSE 工程师日常巡检在建工程项目（现场员工上岗证、作业现场员工穿戴安全防护用具及安全施工条件、危险性工作许可等为检查重点）。

13 突出井控管理，预防井喷事故

依据当地所在国《油气田开发工业安全要求》和《油气田井下维修工业安全要求》管理井控；油田设有专门的钻井部和修井部管理钻修井作业队伍，部门监督对钻修井作业实行 24h 跟班监督；钻、修井作业严格按照作业任务书进行，任务书按照公司管理程序正式批准，任务书含有发生井喷预防方案内容条款；施工作业前，防喷系统设备要通过相关公司（州紧急状况委员会下属专业队伍）的验收，通过验收后才能开始下一步作业；井队制订有井控应急预案（该预案通过了州紧急状况部的批准），各钻、修井承包商单位井队制订有井控应急演练计划并得到认真执行（每周一次演练，演练完成后有总结记录）；对钻修井队伍油田执行三级安全检查制度：公司安委会每季度抽查一次、油田下级安委会按照年例行检查计划半年对钻、修井队单位按时开展一次，以及油田钻、修井部门经理每月对服务队伍井队进行一次检查。其中：员工持证、井控预案、应急演练总结、防喷器系统效验证及系统工作情况等是检查的重点，对发现隐患要求按期整改，对不能按期整改队伍停工整改；修井队作业点安装 4 台摄像头，利于监督监控修井作业过程。

14 重视对员工的奖惩激励，增加员工对公司的归属感和忠诚度

油田部门经理根据员工工作表现给予评估，上报部门优秀员工，公司给予奖励（公司开展上半年和年度优秀员工评选制度）；油田开展员工年度技能大赛制度（从 2008 年开始），各组前三名给予奖励，第一名员工工资涨幅 10%；在油田工作期间过生日的部门经理，油田 FOD 在早晨例会上给予祝贺并发放生日礼品，所有员工生日都获得公司发放的生日礼品；对违反油田现场规定的员工，由部门经理提出处罚申请，人力资源部组织落实并给出处罚（总经理批准），处罚结果和员工的当月生产奖金挂钩，员工半年有 2 次违反公司规定现象，公司可以给予开除处理。

15 冬防工作“早准备，早计划”，确保冬季油田安全生产

每年 7 月份，油田 FOD 组织各部门对前一个冬季生产系统中发现的问题进行汇总分析，制订冬防工作计划提交公司 HSE 管理委员会；本年度冬防工作计划措施表（由公司总经理批准），由油田现场 FOD 负责监督执行，从 8 月份开始，每周五在油田现场召开冬防工作进度协调例会，每项工作负责人按照措施计划表进度安排工作，油田 HSE 部门负责监督。

16 加强油田安保，提供良好的工作生活环境

油田实现电视数字监控，工作站点、营地及宿舍过道安装有摄像头，保安监督利用 CCTV 系统 24h 监控；油田现场设置保安岗亭，安保服务单位保安 24h 值班（原油中心处理站、库房、营地及进出油田的 3 个方向设有值班检查点）对进出人员及车辆进行登记和检查，油田工作区域 2h 一次巡检，外单位人员来油田访问或工作须提前写信给公司行办，

行办确认后通知油田保安监督来访或者工作人员车辆信息，保安核实放行，公司员工进出油田换班出示工作卡，非换班期间出油田须办理申请（油田保安监督、HSE 部门监督和 FOD 签字批准）；油田实行“禁酒令”、禁止携带武器、禁止吸食毒品，保安巡检发现违反规定员工，通过医生检测出具报告，油田 FOD 发布开除员工纪要并提交公司人力资源部备案，开除员工进入“黑名单”不能进入油田。

17 营造“遵章光荣，违章可耻”的氛围，推进 HSE 文化建设

利用油田员工及承包商代表 HSE 例会、工作站点和营地宣传栏张贴通俗易懂的安全标示牌和图片宣传及员工上岗安全考试及入场培训等形式讲评宣传，在油田大力营造“遵章光荣，违章可耻”的氛围；油田各生产站点汇集有安全和生产方面所有安全指令和规章制度，发放统一规范的管理文件的汇编，便于员工学习查阅并在工作过程中遵照执行，通过不断定期更新完善，强化了这些制度的贯彻执行；油田领导能够以身作则，按照自己的岗位工作描述，组织、参与各项安全管理工作，在工作中自觉遵守规章制度，通过领导带动，达到全员行动，使所有员工在工作中养成习惯；通过油田各项安全环保工作的持续不断开展，把公司的制度、HSE 作业文件等从被动接受变为自觉接受，成为大家自觉遵守的规则，印在员工的脑海里，落实在行为习性上。

作者简介

冯军伟，江汉石油学院机械系矿机专业毕业，中国石油大学（北京）MBA 硕士，现任中国石油国际勘探开发有限公司安全部社会安全管理专业经理。曾在中油委内瑞拉陆湖项目、中油国际（哈萨克斯坦）北布扎奇公司工作，具有多年安全管理工作经验。

深化社会安全管理体系建设，为海外油气业务可持续发展保驾护航

——中国石油国际勘探开发有限公司社会安全管理良好做法

■ 冯军伟

中国石油国际勘探开发有限公司（以下简称公司）在海外 30 个国家运作 87 个项目，其中 80% 项目处于高风险及以上国家。武装冲突、恶性社会治安等事件频发，特别是 2020 年新冠疫情衍生社会安全风险给海外项目（以下简称项目）社会安全管理工作带来极大的挑战。公司认真贯彻落实集团公司国际业务社会安全管理总体部署和要求，以风险管理为核心，以过程和绩效管理为抓手，持续深化体系建设，确保了公司社会安全管理长期良好业绩。

1　践行有感领导，落实安全责任

公司主要领导高度重视社会安全工作，带头开展海外项目社会安全管理体系审核。主持召开公司生产经营周例会、月度和季度生产经营分析会，首先强调社会安全管理工作。主持召开公司安委会，分析社会安全形势和挑战，安排部署社会安全管理工作。每年年初，公司主要领导与海外单位负责人签订安全责任书，压实社会安全管理责任。主持海外单位负责人安全述职评审。

2　狠抓对标和备案评审，完善体系制度

对照集团公司国际业务社会安全管理规定和社会安全管理体系文件，结合实际情况，公司分别于 2017 年和 2018 年两次组织修订完善公司社会安全管理体系程序文件，进一步明确管理流程和要求，2018 年通过了集团公司国际部组织的体系备案评审。

2017 年和 2018 年连续两年，公司组织海外企业和高风险项目社会安全管理体系备案评审，一次评审通过率 65%。公司及时组织专家与相关项目进行一对一沟通交流，指导帮助项目完善体系制度，在 2019 年公司组织的体系备案评审中，通过率达 100%。2019 年以来，组织高 I 级风险及以上项目参加集团公司国际部组织的社会安全管理体系备案评审，2020 年通过率达 100%，其中南苏丹 37、艾哈代布等项目以高分通过评审。公司持续开展海外作业者项目（20 个）和国际业务社会安全管理体系的对标工作，指导项目找差

距，制订整改计划并分步实施，确保体系在项目有效运行。

3 强化社会安全信息管理，持续提升预警能力

公司建立了完善的社会安全信息管理系统，实现海外单位社会安全信息和突发事件线上实时报送。组织社会安全专业咨询机构实时监测项目所在国家或地区社会安全舆情，并通过公司信息系统及时分享。按照一项目一策、一国一策的原则，建立并维护社会安全信息收集渠道，收集分析研判社会安全形势，提升预警能力。2020 年以来，公司发布高风险国家社会安全形势分析研判报告 20 期、海外社会安全风险专题分析报告 6 期、社会安全警示 51 次。海外单位发布预警和安全提示 89 次，其中莫桑比克项目 19 次，中东公司 9 次。

4 开展脆弱性评估和“四防”评审，落实管控措施

2018 年以来，依据《集团公司社会安全脆弱性评估技术规范》，公司组织对缅甸、尼日尔、秘鲁、苏丹等高风险项目现场，开展脆弱性评估，查找管理短板和“四防”薄弱环节，指导项目完善社会安全防范措施。

2020 年，按照集团公司《高风险国家（地区）社会安全管理最低要求》，公司分别组织对缅甸等社会安全风险等级高 I 级及以上项目、乍得等社会安全风险等级调高的 30 个项目开展对标自查，并组织专家对项目对标自查结果进行评审，指导项目进一步完善“四防”措施和安保方案。通过“四防”评审发现，伊拉克哈法亚等项目“四防”防控措施较为突出和典型。

5 创建体系量化审核系统，精准科学实施体系审核

2018 年公司创建了社会安全管理体系量化审核系统，按照“一体化、差异化、精准化”审核要求，实施“一项目一方案”精准审核。通过体系审核发现项目管理中的良好做法，并组织管理经验交流会议，分享良好的做法，发现项目在落实集团公司社会安全管理体系方面存在的不足，指导项目制订整改计划。公司安排专人负责每月跟踪项目审核发现问题整改情况，确保审核整改效果。同时，公司指导项目每年开展社会安全管理体系内审。

“十三五”期间公司实现了对作业者项目及高风险项目社会安全管理体系审核 3 年全覆盖目标。2017 年以来，公司对 65 个项目开展了社会安全体系审核，发现问题共 1493 个，1458 项已经完成整改，历年整改率分别达 100%、98%、97% 和 92%，乍得上下游等 50 个项目整改率达 100%。

6 规范应急预案，夯实应急资源，有序应对突发事件

按照集团公司应急预案管理要求，公司建立并更新完善了“1+9”应急预案体系，其中 2021 年更新并发布了《社会安全突发事件专项应急预案》等 3 个应急预案。

2018 年以来，公司组织参加集团公司国际业务《社会安全突发事件应急预案》备案评审，社会安全风险等级高Ⅰ级及以上 4 家海外企业、21 个项目参加了备案评审。2020 年备案评审通过率达 100%，25 家单位评审结果均为优秀级（85 分及以上）。通过预案备案评审，海外单位《社会安全突发事件应急预案》可操作性和适用性得到了较大提高。

2016 年以来，某些国家社会安全突发事件频发，在集团公司国际部的指导下，公司及时组织召开突发事件应对专题会议，制订应对策略，夯实应急资源，有序成功应对突发事件。2020 年，公司启动Ⅱ级社会安全突发事件应急响应 1 次、项目启动Ⅲ级社会安全应急响应 5 次，组织项目应对处理各类社会安全事件 97 起。2021 年公司启动Ⅱ级社会安全突发事件应急响应 1 次、项目启动Ⅲ级社会安全应急响应 5 次，组织项目应对处理各类社会安全事件 163 起。

7　积极推广新技术在社会安全管理中的应用

公司重视推广新技术在社会安全管理中的应用，密切跟踪有关社会安全管理方面新技术、新设备，与清华大学等研究机构分别召开北斗定位系统、无人机、海事卫星 5 代星通信系统等技术交流会。无人机在中缅管道、尼日尔等项目巡线使用，北斗定位系统、海事卫星、高清 CCTV 监控系统、防入侵电子围栏等装备已开始在项目逐步推广使用。

8　建立并实施管理评价和业绩考核系统，持续提升社会安全绩效

公司持续开展年度业绩考核和管理评价工作。业绩考核分为事故事件指标、过程管理指标两大类考核指标，考核结果与海外企业、项目年终奖金挂钩，严考核，硬兑现。2017 年公司建立了 QHSE 和社会安全管理量化评价标准，其中社会安全要素评价包括社会安全管理体系、社会安全突发事件应急预案、社会安全检查计划等 7 项评价指标。评价结果和公司年度管理先进单位评选挂钩。伊拉克哈法亚、伊朗北阿等项目业绩考核和管理评价名列前茅，其管理方面的良好做法在公司进行了分享推广。

弘扬石油精神，践行“傻干”品质，为公司二次创业新发展保驾护航

■ 谷红军

党的十八大以来，以习近平同志为核心的党中央，高度重视社会安全和HSE工作，多次在不同场合做出重要指示，全国人大相继通过了新《中华人民共和国安全生产法》和新《中华人民共和国环境保护法》，国务院有关部门部署了具体举措，社会安全和HSE管理工作全面从严，着力改革监管体制，提高管理力度，促进科学规范管理，有效保护了人民群众生命和财产安全，并在大气、水和土壤等环境保护方面取得了十足成效。

中国石油天然气集团有限公司自2012年以来，在HSE管理体系和国际业务社会安全管理体系大力推进的基础上，通过半年一次的全要素审核工作，安全发展理念入心入脑，各级领导干部安全环保意识和能力大大提高，HSE和社会安全风险管控水平得到有效增强，体系管理基础工作进一步夯实，HSE和社会安全管理水平与国际化大公司差距缩小，实现了近年来良好的安全环保业绩。

尼罗河公司按照集团公司对海外油气业务HSE和社会安全工作的总体要求，坚持“党政同责、一岗双责、齐抓共管、失职追责”，强化红线意识，坚守底线思维，以培育先进企业安全文化为目标，深入落实HSE和社会安全责任制，提升应急管理和社会安全保障能力，提高了公司社会安全和HSE管理国际化水平，为公司二次创业平稳发展提供了有效保障。

1 深刻认识做好HSE和社会安全工作的重要性，坚信一切事故可以预防，坚守HSE和社会安全郑重承诺

习近平总书记就社会安全和HSE工作多次做出重要指示。在安全生产方面，主要包括六大要点：一是强化红线意识，实施安全发展战略；二是抓紧建立健全安全生产责任体系；三是强化企业主体责任落实；四是加快安全监管方面改革创新；五是全面构建长效机制；六是领导干部要敢于担当。2013年6月6日，总书记重要指示，“人命关天，发展决不能以牺牲人的生命为代价，这必须作为一条不可逾越的红线。要始终把人民生命安全放在首位，以对党和人民高度负责的精神，完善制度、强化责任、加强管理、严格监管，把安全生产责任制落到实处，切实防范重特大安全生产事故的发生。”2013年7月18日，总书记重要指示，“落实安全生产责任制，行业主管部门直接监管、安全监管部门综合监管、地方政府属地监管，坚持管行业必须管安全、管业务必须管安全、管生产必须管

安全，而且要党政同责、一岗双责、齐抓共管。当干部不要当的那么潇洒，要经常临事而惧，这是一种负责任的态度。要经常有睡不着觉，半夜惊醒的情况，当官当的太潇洒，准要出事。对责任单位和责任人要打到疼处、痛处，让他们真正痛定思痛、痛改前非，有效防止悲剧重演。造成重大损失，如果责任人照样拿高薪，拿高额奖金，还分红，那是不合理的。”2013 年 11 月 24 日，总书记在青岛中国石化“11・22”东黄输油管线爆燃事故现场强调，各级党委和政府、各级领导干部要牢固树立安全发展理念，始终把人民群众生命安全放在第一位。所有企业都必须认真履行安全生产主体责任，做到安全投入到位、安全培训到位、基础管理到位、应急救援到位，确保安全生产。中央企业要带好头做表率。各级政府要落实属地管理责任，依法依规、严管严抓。要做到“一厂出事故、万厂受教育，一地有隐患、全国受警示”。2015 年 8 月 15 日，总书记对天津滨海新区危险品仓库爆炸事故作出重要指示，“确保安全生产、维护社会安定、保障人民群众安居乐业是各级党委和政府必须承担好的重要责任。天津港“8・12”特别重大火灾爆炸事故及近期一些地方接二连三发生的重大安全生产事故，再次暴露出安全生产领域存在突出问题、面临形势严峻。血的教训极其深刻，必须牢牢记取。各级党委和政府要牢固树立安全发展理念，坚持人民利益至上，始终把安全生产放在首要位置，切实维护人民群众生命财产安全。”2015 年 12 月 24 日，总书记在中共中央政治局常委会会议上对加强安全生产工作提出 5 点要求。一是必须坚定不移保障安全发展，狠抓安全生产责任制落实。要强化“党政同责、一岗双责、失职追责”，坚持以人为本、以民为本。二是必须深化改革创新，加强和改进安全监管工作，强化开发区、工业园区、港区等功能区安全监管，举一反三，在标准制定、体制机制上认真考虑如何改革和完善。三是必须强化依法治理，用法治思维和法治手段解决安全生产问题，加快安全生产相关法律法规制定修订，加强安全生产监管执法，强化基层监管力量，着力提高安全生产法治化水平。四是必须坚决遏制重特大事故频发势头，对易发重特大事故的行业领域采取风险分级管控、隐患排查治理双重预防性工作机制，推动安全生产关口前移，加强应急救援工作，最大限度减少人员伤亡和财产损失。五是必须加强基础建设，提升安全保障能力，针对城市建设、危旧房屋、玻璃幕墙、渣土堆场、尾矿库、燃气管线、地下管廊等重点隐患和煤矿、非煤矿山、危化品、烟花爆竹、交通运输等重点行业及游乐、“跨年夜”等大型群众性活动，坚决做好安全防范。

在海外人员社会安全方面，2015 年 11 月 21 日，习近平总书记在 3 名我国公民在马里人质劫持事件中遇害作出重要批示，对这一残暴行径予以强烈谴责，向遇难者家属表示深切慰问，要求有关部门加大投入和保障，加强境外安全保护工作，确保我国公民和机构安全。中国将加强同国际社会的合作，坚决打击残害无辜生命的暴力活动，维护世界和平与安宁。

在环境保护方面，习近平总书记一直十分重视生态环境保护，十八大以来多次对生态文明建设作出重要指示，在不同场合反复强调，“绿水青山就是金山银山”“要把生态环境保护放在更加突出位置，像保护眼睛一样保护生态环境，像对待生命一样对待生态环境”“环境就是民生，青山就是美丽，蓝天也是幸福”。在 2014 年 APEC 欢迎宴会上致辞时所强调的，“希望蓝天常在、青山常在、绿水常在，让孩子们都生活在良好的生态环境之中，这也是中国梦中很重要的内容”。2017年5月26日，习近平强调，推动形成绿色发展方式和生活方式是贯彻新发展理念的必然要求，必须把生态文明建设摆在全局工作的突出地位，坚持节约资源和保护环境的基本国策，坚持节约优先、保护优先、自然恢复为主的方针，形成节约资源和保护环境的空间格局、产业结构、生产方式、生活方式，努力实现经济社会发展和生态环境保护协同共进，为人民群众创造良好生产生活环境。

中国石油天然气集团有限公司一直以来高度重视HSE和社会安全工作，在每年公开发布的安全环保年度报告或社会责任年度报告中，郑重承诺“人类自身及其赖以生存的自然环境是世界上最宝贵的资源，做好健康安全环保工作是中国石油每一位员工的责任”。在集团公司企业宗旨“奉献能源、创造和谐”中，“创造和谐”就是创建资源节约型、环境友好型企业，创造能源与环境的和谐；履行社会责任，促进经济发展，创造企业与社会的和谐；践行以人为本，实现企业与个人同步发展，创造企业与员工的和谐。并且，“安全”是集团公司企业价值观与企业核心经营管理理念之一，是集团公司各项事业平稳前行的前提和保障。在集团公司HSE管理体系中，总经理承诺如下：

世界上最重要的资源是人类自身和人类赖以生存的自然环境。关爱生命、保护环境是本公司的核心工作之一。为了“奉献能源、创造和谐”，我们将：

（1）遵守所在国家和地区的法律法规，尊重当地的风俗习惯。

（2）本着“双赢”的原则与资源国进行合作，为资源国的经济发展和人民生活的改善做出贡献。

（3）以人为本，预防为主，全员履职，持续改进。

（4）追求零伤害、零污染、零事故的目标。

（5）保护环境，节约资源，推行清洁生产，致力于可持续发展。

（6）优化配置HSE资源，持续改进健康安全环境管理。

（7）各级最高管理者是HSE第一责任人，HSE表现和业绩是奖惩、聘用人员及雇用承包商的重要依据。

（8）持续开展HSE培训，培育和维护企业HSE文化。

（9）向社会坦诚地公开我们的HSE表现和绩效。

（10）在世界上任何一个地方，在业务的任何一个领域，我们对HSE态度始终如一。

中国石油的所有员工、承包商和供应商都有责任维护本公司对健康、安全与环境做出的承诺。

集团公司质量健康安全环保（QHSE）理念是“环保优先、安全第一、质量至上、以人为本”坚持“环保优先”，走低碳发展、绿色发展之路。致力于保护生态、节能减排，开发清洁能源和环境友好产品、发展循环经济，最大程度地降低经营活动对环境的影响，努力创造能源与环境的和谐；坚持“安全第一”，坚信一切事故都可以避免。通过完善体系，落实责任，全员参与，源头控制，重视隐患治理和风险防范，杜绝重大生产安全事故和社会安全事件，持续提升安全生产水平。注重保护员工在生产经营中的生命安全和健康，为员工创造安全、健康的工作条件；始终将安全作为保障企业生产经营活动顺利进行的前提；坚持“质量至上”的质量方针，依靠科学的管理体系和先进的技术方法，严格执行程序，强化过程控制，规范岗位操作，杜绝品质瑕疵，为用户提供优质产品和满意服务；坚持“以人为本”，始终遵循“员工生命高于一切”的原则，全心全意依靠员工办企业，维护员工根本利益，尊重员工生命价值、工作价值和情感愿望，高度关注员工身心健康，保障员工权益，消除职业危害，疏导心理压力，为员工提供良好的工作环境，创造和谐的工作氛围，并且以此理念培育良好社区关系，广泛开展公益活动，造福人类。

在集团公司企业宗旨、价值观、核心经营管理理念、总经理承诺和 QHSE 管理理念的指引下，集团公司制定了健康安全环境战略目标，为“追求零伤害、零污染、零事故，在健康、安全与环境管理方面达到国际同行业先进水平”。

我们要深刻认识 HSE 和社会安全工作重要性，全面领会习近平总书记关于安全环保讲话精神，认真落实集团公司企业宗旨、价值观、核心经营管理理念、总经理承诺和 QHSE 管理理念，坚决维护集团公司向全世界做出的郑重承诺，始终为集团公司健康安全环境战略“三零”目标而努力奋斗。

2　坚持奉行“员工生命高于一切”原则，充分诠释“创造和谐”企业宗旨，打造富有尼罗河公司特色安全环保文化

尼罗河公司发展过程中，各级领导干部始终奉行“员工生命高于一切”的原则，认真落实“环保优先、安全第一、质量至上、以人为本”理念，坚持把安全发展、健康发展和绿色发展作为项目可持续发展的前提，全力打造不但符合现代 HSE 和社会安全管理体系而且富有尼罗河公司特色的安全环保文化，为苏丹项目平稳健康发展提供了坚实的基础保障。

2.1　践行“有感领导”，引领安全环保文化建设

尼罗河公司主要领导在不同场合多次强调，安全工作关乎每位员工的生命和健康、关乎每个家庭的幸福和美满、关乎每个企业的发展和稳定，人命关天，各级领导干部务必将其当成首要工作来抓，以身作则，身体力行，坚守安全环保红线和底线，切实做好安全环保工作。公司主要领导深入落实“有感领导”理念，通过带头履行安全环保职责，模范遵守安全环保规定，以自己的言行展现对安全环保工作的重视，让员工看到、听到和感受到领导高标准的安全环保要求，影响和带动全体员工自觉执行安全环保规章制度，形成了“对生命的尊重”和“对环境的敬畏”良好安全环保文化氛围。

以行动履行承诺，展现榜样作用。公司主要领导率先垂范，带头宣贯和践行安全环保理念，带头学习和遵守安全环保规章制度，带头讲授安全环保课程，带头参加安全环保培训，带头开展安全经验分享活动，每年十余次亲自带队到上下游油田现场开展安全环保隐患排查工作，每季度组织专题安全环保会议，并通过地区企业协调组季（月）度例会、公司安委会会议和公司日常周例会等将安全环保管理工作融入日常决策部署、方案审定、工作交流、隐患整改督导和民主生活沟通中。

感动和感化员工，引领安全环保文化建设。通过榜样的作用，展示出对安全环保的高

度重视和高标准行为，自上而下推动全体领导干部员工心摹手追，冲击其思想，触动其灵魂，激发树立“我要安全环保”信念，认识到安全环保工作是每个人的事，并且有所思、有所想、有所悟，使之能够对照反思自己的不足和缺陷，进而转变行为，培养高标准的安全环保习惯。公司主要领导在实施“有感领导”过程中展现出的真心和恒心，不断感动和感化员工，培养员工高标准、严要求的习惯，由点到面，积少成多，使执行安全环保规定、落实安全环保措施逐步成为全体领导干部员工的自觉行动，形成群体行为习惯，引领尼罗河公司特色安全环保文化建设。

2.2 强化“感受知道”，宣扬全新安全环保文化观念

观念是文化的核心和灵魂，安全环保观念是安全环保文化创建和提升的基础。二十多年发展过程中，尼罗河公司在深入推广集团公司安全环保理念的同时，积极吸取国际同行先进安全环保管理理念和文化，让全体领导干部员工“感受”先进文化氛围，“知道”什么需要做，什么不能做，从开始的强制教育和有效监督，发展到当前的自觉行为和自律提升，培育员工具备国际先进安全环保观念，促进公司安全环保文化提升。

在安全管理方面，公司推行“四不伤害原则”，即：不伤害自己，不伤害他人，不被别人伤害，保护他人不受伤害。不伤害自己：你的安全是公司正常运行的基础，也是家庭幸福的源泉，有安全，美好生活才有可能；不伤害别人：他人生命与你的一样宝贵，不应该被忽视，保护同事是你应尽的义务；不被别人伤害：人的生命是脆弱的，变化的环境蕴含多种可能失控的风险，你的生命安全不应该由他人来随意伤害；保护他人不受伤害：任何组织中的每个成员都是团队中的一分子，要担负起关心爱护他人的责任和义务，不仅自己要注意安全，也要保护团队的其他人员不受伤害，这是每个成员对团队中其他成员的承诺。

在环境保护方面，公司始终坚持促进“能源和环境的和谐”，着眼于对资源国负责和企业的长远发展，与投资伙伴共同努力推进清洁绿色的发展模式。推行“生态兴则文明兴，生态衰则文明衰”和“保护环境就是保护生产力，改善环境就是发展生产力”等先进观念，让全体干部员工深刻认识到人类与环境的关系是共存而不是征服，倡导并树立人与环境和谐相处观念，在日常工作中形成绿色思维模式和绿色价值取向，自觉推动绿色发展、低碳发展，自觉投入到生态文明建设的事业中来。

公司始终坚持开展安全环保警言警句征集活动，累计征集警言警句、誓言承诺和警示海报近 5000 篇。“An ounce of prevention is worth a pound of cure（预防胜于补救）”“Safety is gold，watch every step（平安是金，步步小心）”“Safety roots in circumspection（多看一眼，安全保险）”等警句简洁易记、含义深刻，既体现了基层岗位特点，又兼顾了安全环保风险因素，成为公司安全环保观念文化的一个缩影。在此基础上，总结提炼形成了“五大安全环保理念”，即：以“以人为本抓安全”的“人本观”，“一切事故都是可以预防”的“预防观”，“安全源于责任心、源于设计、源于质量、源于防范”的“责任观”，“安全是最大的节约、事故是最大的浪费”的“价值观”，以及“一人安全，全家幸福”的“亲情观”。

2.3 担当“履职尽责”，完善安全环保责任体系

责任体系是现代企业实现良性管理和目标指标的基础，也是安全环保事业不断向前发展的推动力。尼罗河公司从一开始就按照国际先进安全环保管理体系建立了安全环保责任制度，经过二十多年不断发展和实践检验，提升到以“预防为主、安全第一”“谁主管、谁负责”“管工作、管安全”“党政同责、一岗双责、失职追责”和“有感领导、直线责任、属地管理”为原则的安全环保责任体系，杜绝了“三个和尚没水吃”现象，形成了“我的安全我负责，你的安全我有责，单位安全我尽责”的“安全环保，人人有责”的良好文化氛围。

2016年发布的《中国石油尼罗河公司管理层及机关部门健康、安全、安保与环境管理职责（试行）》文件，共五章26条，详细规定了公司管理层和机关部门安全环保职责，并要求对履职尽责情况进行考评。在管理层职责中，明确描述了总经理和党委书记需要承担的安全环保责任，将“党政同责”要求落到实处；在机关部门职责中，除明确描述“共有职责”外，按照“直线责任、属地管理”原则，要求各自做好分管业务的安全环保工作，充分体现“谁主管、谁负责”和“管工作、管安全”的管理思想和原则。在所有职责要求中，均把“预防为主”原则放在首要地位，关口前移、立足预防、主治“未病”，兼顾事中控制和事后应急与治理。

公司各级领导干部严格落实安全环保责任，坚定不移地把安全环保作为“天字号”工程来抓，坚守红线底线思维，强化责任意识、忧患意识和担当意识，严格按照“一岗双责”要求，靠前指挥，深入一线，项目公司管理层成员每季度至少到现场办公一次，部门负责人每月至少到现场办公一次，开展安全环保工作检查、安全观察与沟通、安全现场培训和演练，督促推进重大隐患整改，提高安全环保系统完整性和可靠性，防范事故事件发生。

2.4 着力“双重预防”，提升风险管控和隐患治理能力

针对安全环保方面一直存在“认不清、想不到”的突出问题，尼罗河公司采取风险分级管控、隐患排查治理双重预防性工作机制，把新情况和想不到的问题都想到，将安全环保风险逐一建档入账，构筑“管风险”和“治隐患”两道防火墙，切实把每一类风险都控制在可接受范围内，把每一个隐患都治理在形成之初，把每一起事故都消灭在萌芽状态。以风险管控为主线，把全面辨识评估风险和严格管控风险作为安全生产的第一道防线，切实解决“认不清、想不到”的突出问题；从人、机、环、管等四个方面，从风险管控和隐患治理两道防线，从企业生产经营全流程、生命周期全过程开展工作，努力把风险管控做在隐患产生之前、把隐患排查治理做在事故发生之前；将双重预防机制落实到企业的各层级领导、各业务部门和每个具体工作岗位，确保责任明确；持续进行风险分级管控与更新完善，持续开展隐患排查治理，实现双重预防机制不断深入、深化，促使机制建设水平不断提升。

尼罗河公司及各项目结合实际，全面开展安全环保风险辨识和分级工作，辨识存在风险的主要生产作业活动，对每一项生产作业活动危害因素进一步进行识别，量化其危害性

及可能产生的后果，采用RAM和LEC法进行风险评价，归纳出风险等级，并从人、财、物、管、应等五方面管控措施的落实程度评价出风险最终分级。针对评价出的各项风险，尼罗河公司认真做实风险管控措施，大力监督措施落实情况，保证将风险控制在可容忍水平。同时，尼罗河公司及各项目开展全面隐患排查治理工作，认真排查风险管控过程中出现的缺失、漏洞和风险控制失效环节，采取措施予以整改，同时，分析、验证各类危险有害因素辨识评估的完整性和准确性，进而完善风险分级管控措施，减少或杜绝事故发生的可能性。

2.5 注重“培训演练”，塑造全员良好行为习惯养成

行为决定习惯，习惯决定命运。在发展过程中，尼罗河公司注重持续开展安全环保培训和演练，制订了全方位、立体化、多层次的安全培训和演练方案。通过每年五百余场次课堂式教育和九百多场次实战性演练，传递了知识、技能、标准、信息、信念和管理要求，不断提高各级领导干部安全环保意识，敦促基层员工养成“上标准岗、干标准活”的良好工作习惯，促进了公司安全环保文化建设，并且达到了“磨练意志、陶冶情操、完善人格、熔炼团队”的目的。

尼罗河公司结合员工岗位职责要求和工作实际，特别在员工属地化进程中，制订HSE培训计划及考核体系，实行员工岗前培训、岗中培训和专题分级培训制度。新员工入场前必须学习掌握公司基本的HSE政策、制度与要求；通过传帮带和专题培训及演练，促进员工综合素质提高，掌握岗位专业安全环保知识和技能；在培训和演练中，注重人的观念、道德、伦理、情感和品行等深层次人文因素，充分考虑资源国文化特殊性和宗教差异性，营造企业安全环保文化氛围。将安全经验分享、事故案例分析、防恐安全、安全驾驶、应急救护、健康咨询等各类安全讲座和宣传活动常态化，并常年开展合理化建议征集活动。在保障员工健康方面，公司在总结热带传染性疾病预防和治疗经验的基础上，编制个人疾病预防“52字顺口溜”：“穿长衣，戴口罩，出门携带消毒液；勤洗手，吃熟食，避开人群密集处；不乱摸，少握手，谈话距离超一米；多休息，勿着凉，如有发热早汇报。”大家通过歌谣式的文化载体，更容易记住这些安全健康常识，逐渐做到内化于心，外化于行，进一步提升了个人安全环保意识和技能。

2.6 诠释“创造和谐”，积极造福两苏世代百姓

作为负责人的国际石油公司，尼罗河公司将集团公司“创造和谐”企业宗旨在苏丹和南苏丹地区充分诠释，各个联合作业公司按照国际标准规范油田现场环境保护工作，实行清洁生产、绿色生产，促进与当地生态环境和谐相处。尼罗河公司在苏丹和南苏丹秉承“做优秀的世界公民”的社会责任理念，认真履行社会责任，积极支持当地基础设施建设和社会公益事业，促进社会发展、社区和谐，帮助苏丹建立了国际一流水平、完整的现代化石油工业体系。同时，推进文化融合，积极投身公益事业，通过修道路、盖桥梁、建医院、建学校、捐书籍、打水井、赞助孔子学院和建设朱巴3号难民营等，履行社会责任，展现国际石油公司良好形象，造福苏丹和南苏丹世代百姓。

在上下游作业现场，多措并举，开展环境治理工作。采用油田伴生气循环利用项目，进行天然气回注和发电，既减少了大气污染，又节约了成本，提高了油井产量和经济效益；采用生物降解技术处理工业污水，利用处理后的产出水，实施回注再利用，灌溉了上百万亩经济林，极大地改善了当地的自然环境，有五十多种鸟类和十几种鱼类栖息，已成为苏丹一道靓丽的风景线。喀土穆炼厂严格实施国际通行的环境保护管理体系，严格控制“三废”排放，将废油、废渣、废液集中到当地政府批准设立的垃圾处理厂进行处理，并安排专业人员监测大气和水环境，保证大气污染、烟尘、噪声等全部达到苏丹国家环保标准，喀土穆炼厂在十多年里不曾有一滴污水流进尼罗河，在炼厂及周边种植长达29km的绿化带，31万株树木郁郁葱葱，使得荒漠变为绿洲，在非洲荒原提供了一个人与自然和谐互动的生动样本。

2.7 提升“紧急应对”，成功应对多次重大危机

在二十多年发展过程中，尼罗河公司不断完善应急管理机构，扩展安保信息收集渠道，提高评估预警能力，升级完善应急预案，夯实四个应急平台，落实应急资源，强化应急培训和演练，逐步形成了常态规范高效可行的应急管理体系，成功应对了苏丹和南苏丹地区多次重大危机。王宜林董事长说：“二十年来，苏丹项目从未发生重大安全生产和环保责任事故，没有造成产生重大影响的安全环保事件，实属不易。2015年的南苏丹“5・20”事件中，尼罗河公司30个小时紧急撤离477名员工，在国际上都产生了影响，充分体现了应急管理水平，提高了集团公司应对重大突发事件的能力，也为我们国家的对外合作积累了相应的经验。”

根据尼罗河公司在北南苏丹业务特点和联合公司应急工作运作机制，明确了两级决策、四级负责的应急组织机构，分级负责各类突发事件的预警、决策和应急协调组织工作。两级决策分别为：一是以喀土穆/朱巴为指挥中心，由尼罗河公司牵头及集团公司驻北南苏丹地区各单位负责人组成第一级决策层级，负责预警级别调整、中方人员全部或部分撤离等决策，推动联合公司下达应急指令；二是以油田现场为协调中心，由项目公司牵头及各单位现场负责人组成第二级决策层级，负责油田局部区域预警级别调整、中方人员部分撤离或规避、实施外围油田资产保全等中方决策，落实联合公司应急指令和应急工作领导小组协调指令。四级负责是指由北南苏丹应急工作领导小组、各单位应急工作组、油田现场应急协调小组、各单位现场应急组组成的四级应急指挥网络，横向到边，纵向到底，涵盖所有为油田服务的有中国籍工人的承包商单位。为提高应急响应效率和突发事件处置能力，南苏丹协调组在社会安全应急管理体系中建立了四个应急工作平台，分别为应急指挥协调平台、应急信息预警平台、应急通信网络平台和应急资源共享平台。四个应急工作平台依靠会议、邮件、QQ群组、微信群组等进行关键决策研究、形势评估预警、网络通信保障和应急资源共享等应急管理工作，实现了公开透明和高效规范的应急工作环境。为确保突发应急工作万无一失，尼罗河公司在深入对接各联合公司应急管理体系并结合中方各单位应急预案基础上，进一步对应急组织机构进行了梳理，明确了喀土穆、朱巴和油田现场两级应急工作指挥和协调层级、流程和授权范围，以保障应急状态下各级应急

组织能够高效反应，正确指挥协调，确保员工人身安全。经过不断探索，尼罗河公司应急管理体系实现了与联合公司应急体系有机融合和相互支撑。中方体系以预警和协调组织为主，联合公司以指令系统和应急运行为主，实现协调统一，共同促进。

3 准确把握依然严峻的安全环保形势，践行“石油精神”和“傻干”品质，为公司二次创业新发展保驾护航

二十年奋斗铸就曾经辉煌，信心百倍全力推进尼罗河公司二次创业。回顾公司伴随发展历程而铸就的安全环保管理根基，我们新一代安全环保干部承前启后、继往开来，矢志践行“石油精神”和“事业是傻子干出来的”卓越品质，继续把安全环保事业向前推进，继续朝着国际先进水平迈进，持续获得良好安全环保业绩，为公司二次创业新发展保驾护航。

3.1 石油精神和“傻干”品质为安全环保事业注入强大精神动力

不忘初心，石油精神历久弥新传世代。以“苦干实干”“三老四严”为核心的“石油精神”，是石油人攻坚克难、赤诚奉献的动力源泉。在艰苦岁月里，老一辈石油人以革命乐观主义精神，战天斗地，将新中国贫油的帽子扔进了太平洋，创造了无愧于历史的业绩。在今天，“苦干实干”“三老四严”不仅体现在解放思想克服困难，更体现在大力实施创新驱动战略、打造发展新引擎上。“事业是由‘傻子’干出来的”更是高度概括了石油人从初始到现在老老实实、兢兢业业、不提要求、不计回报、一心奉献于事业的崇高精神，一批批“傻子”铸就了石油事业的坚强基石、夯实了石油事业的发展基础、践行了“石油精神”内在本质，创造了今天鼎立于世界前茅的优良业绩。

继续前进，二次创业冲云破雾开新篇。为石油事业发展保驾护航的安全环保事业正是由一批批“傻子”不计个人得失、全心奉献所发展起来的，一代一代的石油人高瞻远瞩，很早就深刻认识到人类和自然环境是我们的宝贵财富，因此确立了“环保优先”“以人为本”的发展理念，安全环保干部铭记历史发展脉络、传承石油精神和“傻干”品质，为安全环保事业发展垒好每一块砖、盖好每一块瓦，持续改进发展过程中遇到的问题，不断加固发展基石，为每一位石油人的安全健康尽心竭力，全力以赴保证石油事业与自然环境和谐相处。作为安全环保干部，将牢记政治合格、执行纪律合格、品德合格、发挥作用合格“四个合格”标准，践行用担当诠释忠诚，用实干诠释尽责，用有为诠释履职，用友善诠释正气，树立担当、实干、有为、友善的新风尚，充分发挥共产党员先锋模范作用，立足岗位，积极实践，全心全意培育公司良好安全环保文化氛围，为公司二次创业新发展安全平稳贡献全部力量。

3.2 准确把握苏丹和南苏丹地区安全环保工作的严峻性、艰巨性和长期性

（1）苏丹和南苏丹政治安全形势长期复杂严峻。苏丹和南苏丹是集团公司评估的极高风险等级国家，油区或周边冲突不断，社会治安事件层出不穷，严重威胁公司员工生命及财产安全，威胁油田生产稳定。

（2）油田上下游设备设施安全运行存在挑战。公司各个项目投运20年，设备设施新度系数较低，包括管道、上游处理厂和下游装置等存在较为严重的老化和腐蚀，设备设施完整性和可靠性受到诸多挑战，日常运行监控手段不高，维修保养力度不足，备品备件供应受到限制，成熟工程师欠缺，内部管理多受掣肘造成效率低下，保证设备设施安全平稳运行任重道远。

（3）安全环保意识和技能距离国际化水平存在差距。各级领导干部对安全环保工作的认识和重视程度存在“尺度不一”和“两层皮”现象，存在“重视”到“重实”的差距，存在过多强调资源国政府干预和项目公司运作模式等困难。并且，各个项目基层现场以当地员工为主，当地员工教育水平低下、整体素质不高、工作经验欠缺，使得保持较高水平安全环保管理受到挑战。

（4）承包商安全环保管理水平仍需再上新台阶。尼罗河公司及各项目承包商队伍包含来自西方发达国家、中方和当地资源国，各承包商安全环保管理水平参差不齐，有的处于国际领先地位，有的仍处于严格监管的初级阶段，有的还处于“包工队”水平。即使是集团公司所属承包商队伍也存在安全环保管理水平的巨大差异。同时，随着员工当地化程度越来越高，基层队伍一些员工素质和技能水平达不到岗位要求，造成有些承包商队伍安全环保管理水平低下，事故事件频发。

（5）环境管理合规性及现场管理困难重重。苏丹和南苏丹地区环境管理包括“历史遗留”老问题和当前生产作业产生的新风险，当前现场环保基础管理薄弱的问题较为突出，来自资源国、社会环境和内在要求的压力显著加大，有的项目尚未形成“三废”处理的完整链条，有的项目承包商对环境管理的认识程度尚处于低级水平，并且，随着上游项目进入油田开发生产中后期，存在油田设施弃置和环境复原等方面的世界性难题。

（6）中方员工健康管理无法满足现实需求。公司依靠一批批勇于奉献和海龄近20年的老员工，在这片近乎蛮荒之地开创出令世界为之惊讶的一片天地。随着这些拓荒者年龄的增长，公司中方领导干部平均年龄超过了45岁，心脑血管等慢性重症疾病风险加大。并且，由于海外工作压力大、生活枯燥、远离家人等因素，中方员工心理健康和家庭幸福受到影响。同时，苏丹和南苏丹地区疟疾、霍乱、伤寒等热带传染性疾病多发，当地医疗条件极端落后，几乎没有医疗社会依托和保障能力。

3.3 肩负强烈责任感和使命感，为公司二次创业新发展保驾护航

面对极高的社会安全威胁和无处不在的安全环保风险，公司主要领导及各级领导干部发扬“苦干实干”“三老四严”的石油精神，始终保持迎难而上、持之以恒的战斗品质，以“困难面前有我们，我们面前无困难”的敢于担当气魄，提升公司安全环保文化内涵，推动公司安全环保事业朝着国际化先进水平迈进。

（1）切实提升安全环保工作认识，勇于肩负强烈责任感和使命感。用习近平总书记系列讲话要求统一思想、理清思路、指导工作，尤其要深刻领会“发展决不能以牺牲人的生命为代价，这必须作为一条不可逾越的红线”要求，牢固树立“一切事故都是可以预防

的”安全发展理念，执着坚守“人类自身及其赖以生存的自然环境是世界上最宝贵的资源，做好健康安全环保工作是中国石油每一位员工的责任”集团公司郑重承诺，杜绝无视安全环保的片面发展，杜绝埋下安全环保隐患的表面成绩，自觉克服现阶段事故“不可避免论”，坚守红线意识和底线思维，勇于担当，以强烈责任感和使命感推动苏丹和南苏丹安全环保事业稳步向前。

（2）继续强化安全生产责任制，严肃权责一致、失职追责。将习近平总书记关于各级领导干部安全环保管理职责的要求和公司《中国石油尼罗河公司管理层及机关部门健康、安全、安保与环境管理职责（试行）》文件的要求有机结合，完善安全生产责任制，推动各级领导干部践行有感领导、直线责任和属地管理，认真落实“谁主管谁负责、谁作业谁负责、谁指挥谁负责、谁的区域谁负责”和“管工作必须管安全”的原则，并且保证权责一致、失职追责。

（3）持续完善管理体系，增强体系管理实用性和国际化水平。公司及各个项目 HSE 和社会安全管理体系是安全环保管理基础性的规章制度，是保证公司可持续稳健发展的战略性基础工程。通过体系内审、外审和管理评审等手段，不断适应公司面临的新形势和新发展变化，完善体系文件，提高实用性和可操作性，使之成为指导和提高员工安全环保意识、行为及组织管理的根本性文件，以保证面临的威胁和存在的风险处于可控和可容忍状态，保证员工人身安全和公司各项事业平稳有序。

（4）以“强三基、反三违”为根本，强化双重预防机制。三基工作（基层建设、基础管理、基本素质）是公司安全环保工作稳定的基石，“违章指挥、违章作业、违反劳动纪律”是安全环保事故事件发生的主要原因，要通过双重预防机制力行“强三基、反三违”，提高风险辨识和管控能力，完善隐患排查治理，建立自查、自改、自报事故隐患的信息管理系统，建立健全事故隐患闭环工作机制，建立完善事故隐患登记报告制、事故隐患整改公示制、重大事故隐患督办制等工作制度，对重大事故隐患严格落实“分级负责、领导督办、跟踪问效、治理销号”制度。

（5）深入推进安全环保文化建设，促进公司安全环保管理保持国际先进水平。文化影响思想，思想指导行为，行为产生结果。培育优秀安全环保文化，是公司一贯坚持和矢志不渝的奋斗目标。深入推进安全环保文化建设，通过“耳提面命”和“耳濡目染”等不同形式宣扬“奉献能源、创造和谐”企业宗旨，贯彻企业价值观和管理理念，坚守公司安全环保郑重承诺，让优秀安全环保文化入心入脑，让各级领导干部自觉养成良好行为习惯，潜移默化地指导工作实践，促进公司安全环保管理保持国际先进水平。

随风潜入夜，润物细无声。在集团公司建设世界一流综合性国际能源公司、在尼罗河公司二次创业新发展的时代脉搏上，我们弘扬石油精神，传承老一辈先进事迹，将发展过程中优良的习惯和做法发扬光大，促进安全环保事业发展连续性，向着国际先进水平稳步迈进。我们践行“傻干”品质，热爱安全环保事业，持续创新实践，将身边每位朋友的平安健康和与所在环境的和谐相处作为激励，为公司二次创业突破性发展保驾护航。

作者简介

谷红军，男，毕业于中国矿业大学（北京）安全技术及工程专业，硕士研究生，注册安全工程师，高级工程师，现在在中油国际健康安全环保部从事管理工作，发表论文13余篇，多次获得中石油集团公司等荣誉称号。2006年至2019年曾在苏丹和南苏丹工作13年，经历了南苏丹独立、南北苏丹战争和南苏丹内战等多次重大事件，长期研究苏丹和南苏丹及周边国家政治安全形势，对南苏丹政局变化和社会形态有较深理解。2017年创办了微信公众号“南苏小事”，分享南苏丹即时政治安全信息、社会经济活动、人文日常生活和奇闻异事舆情变化等，受到在南苏丹工作和关心南苏丹局势华人同胞的广泛欢迎。

“保证每个人平安”

■ 谷红军

“爸爸，是你们工作的地方打架了吗？”四岁的女儿在饭桌上寻着我和她妈妈聊天的轨迹问道。

“是啊，爸爸工作的国家两位爷爷莫名其妙打了起来。”我琢磨着用小孩子能听得懂的语言回答。

“那在他们打架的时候，你们怎么办啊？”女儿顺着话题开启了“十万个为什么”似的问话。

“两位爷爷打得可激烈了，都伤到了一旁的人。爸爸和同事们为了防止受伤，都在地下室里藏着。后来，两位爷爷感到非常羞愧，就不打了。”看着满脸渴望表情的女儿，我用了童话书中叙事的逻辑来回答，幸好女儿吃完饭玩去了，没有继续往下问。

那几天，
枪声和炮声交织，
近在山边，
更近在院外。

7 月 2 日晚上，某国发生大规模骚乱，大量百姓冲击门口，企图进入平民保护所，此事发生期间有较多枪声传出；同时，2 日中午一名反对派情报部门高官被杀害，进一步加剧了冲突双方之间的矛盾。当时的判断是自 4 月底反对派返回该国以来，双方正面冲突逐步升级，形势发展让人担忧。当天晚上，项目领导审时度势，当即部署了相关应急准备工作。随后的几天里，针对当时敏感形势，谏言协调组办公室尽快组织召开协调组会议，部署相关举措。在 7 日下午的协调组会议上，项目领导对近期的应急工作作出了详尽安排。

7 月 7 日下午，商会篮球比赛最后一分钟，戏剧性的比赛变化成为当天晚饭的谈资，没想到这个乐趣很快被突如其来的枪声打破。晚上 8：00，我在宿舍刚刷完牙放下牙杯，外面枪声传来，从声音判断距离很近，立即要求启动基地“就地躲避应急响应”。随后，在枪声的间隙中下楼来到 1 号楼门口，这时接到了阳光国际王总的电话，告知北京饭店也听到了较为密集枪声。接电话时心里就想“难道提前采取行动了！”，随即趁着短暂的平静弯腰快速地跑到了主楼，看到了许多同事正在一楼坐在地上躲避，提醒一些员工择机把拖鞋换掉。同时，与我驻地各机构电话确认形势，并第一时间向项目领导进行汇报，项目领导要求马上组织全体员工进入掩体以保证安全。在掩体里，刘志勇总的讲话极大地鼓舞了我们的士气，为后续应急工作有序开展打下了良好的基础，并英明地决定明天联合公司人员不上班。这起事件的发生进一步验证了我们之前的判断：双方冲突在升级。在此次应急过程中，因内保组刚刚完成交接，一名人员刚到三天，还未熟练掌握流程，致使出现了一些漏洞，这也提示我们在应急工作上要无缝对接，保证应急工作连续性。当晚，与各乙方单位确认人员安全，并写完事件简报后，部署了当晚基地警戒巡逻工作。深夜两点多，和衣躺在床上，回忆着今晚应急工作的点点滴滴，忙碌的思绪不呈停歇，不知不觉中进入梦乡。

7 月 8 日早上，天刚蒙蒙亮，一些同事已经开始在基地内散步，每个人都表现得比较平静，很平和地关切着事态的进展。快速浏览完各路信息后，与内部信息渠道确认最新形势，培训内保组人员应急流程，核实基地人员信息，部署员工强化培训安排。忙碌的时候时间总是过得很快，很快到了当天下午 5：21，北京饭店和大庆等驻地乙方单位人员相继在应急群里报告激烈交火在城中心发生，我向项目领导汇报情况后，立即与内保组一起落实基地应急措施，紧锁大门，清场基地内在外锻炼员工，部署瞭望哨。随着战火愈演愈烈，组织全体员工撤至掩体。形势的快速恶化没有造成我们的慌乱，各项应急工作有序开展，各单位均表现出良好的应对能力，在应急群里看到各单位反馈员工均在第一时间跑道避弹房内躲避，让人感到十分欣慰。在员工们躲避的同时，我戴着耳机通过对讲机与基地内保人员保持联系，通过 QQ、微信和电话等保持与各方联系，浏览网络信息掌握最新情况，辨别信息真伪，研判形势变化。在掩体内，我和安保顾问给员工温习基地应急要求时，插科打诨地活跃着气氛，促使积极乐观的态度满溢在每个人心中。局势的严重性没有被当时表面的平静掩盖，项目领导在得到消息后，才安排大家返回房间。当晚依旧和衣而睡，无法预料后续发展，明日的国庆日不知是否能冲淡今日的枪声，为该国人民祈祷，希望和平战胜危机。

7 月 9 日得到的消息让人继续不安，总统府周边道路全部封闭，街上路口遍布把守的士兵，车辆和行人冷冷清清，没有一点点欢庆国庆的气息，战争的幽灵在上空游荡。当通报双方正在部署阵地并大量运输弹药时，基本判断出大战一触即发。立即给三家乙方单位发邮件要求启动应急飞机资源，做好 24 小时撤离准备。项目领导组织协调组应急领导组召开专题会议，明确各组分工，落实细节，分头准备。基地内所有人很自觉地避免在外运动，互相见面都在交流各自得知的信息，经历过"12・15"事件的员工传授着应对经验。晚饭后，漆黑寂静的夜空让人深感异样，零星的枪声异常响脆，饭后散步无法进行，同事们都在房间内时刻准备着。一整天没有再交战，也给了我难得的休整时间，做好值班安排，写完形势简报后，很快入睡。

7 月 10 日的清晨，阳光明媚，暖风习习，许多同事已经在基地内散步，一夜良好的睡眠恢复了全部精力，而且吃了一顿饱饱的早餐。一如既往电话联系内部渠道，查看各方信息，了解当前形势，美好的天气无法让我们放松警惕。大约 8：20，从远处传来了轰隆隆的炮声，立即报告领导，通报甲乙方各单位，组织所有人员进入掩体。战事的激烈程度随着炮声和武装直升机的呼啸而升级，很快基地周边所在地区成为主要战场之一。那些在抗日电视剧里体会到的硝烟弥漫场景，突然真实地呈现在眼前，心中感慨和平是多么美好。我背靠着掩体台阶处的墙壁，时刻听着对讲机里传来的声音，电话、微信、QQ 等一刻不曾停歇，得到的消息让我无法乐观，脑子里思考着下一步的应对办法，异常的忙碌盖过了紧张和担忧。上午 11：20 左右的那一声炮响，将永远留在我的记忆中。当时，持续不断的炮声把所有人打到了掩体内，我为了能更好地与外界联系和通知，坐在了掩体门口紧靠门的台阶上，与对面的同事聊着他的体育经历，那一声炮响带来的冲击波像鼓风机吹出的气流一般扫在我的脸上，我下意识地扭头并用手挡住门口方向，通过对讲机确认炮弹没有落在院内。这时，听到有人大喊“趴下，进院了”，我马上起来，面带微笑走到掩体内，告知大家不是在院内，是在北门外。激烈的战事超出我们的想象，当得知城内多地冲突的时候，担忧慢慢涌上心头，寻求外界援助的工作令人揪心，平时与政府关系深厚的当地雇员躲在城里一个教堂里，并反馈他在军方内的亲戚无法联系。幸好，项目领导通过使馆、该国石油部和联合公司等渠道确认政府军能够守住。基地内保在战火的间隙冒着危险查看了四栋公寓楼北侧外墙，弹痕累累，几个窗户玻璃被击中的样子像盛开的莲花一般，而且还在基地内捡到了一些炮弹的残片及子弹。异常忙碌的工作使我在情绪上一直保持着冷静，一名士兵牺牲的消息让我一瞬间感到悲伤，随即赶紧平静下来通报领导。战事随着天黑逐渐平息。晚上八点多的大雨来得非常及时，彻底浇灭了战火，大家也得以来到掩体外透透气，哗哗啦啦的雨水声代替了白日的枪炮声，让我们恢复精神，回归正常人间。深夜的零星枪声干扰着我们困乏的睡意，公司及国内领导的关怀让我们感动不已，贾总在应急群里的一番话更是极大地鼓舞了我们的士气，他说“大家再次以坚定的信念、果断的行动、全力的协作、无私的奉献，生动诠释了‘石油精神’的本质和内涵，精彩彰显了‘四特队伍’的特质和品德；在枪林弹雨的考验中践行党员的先锋模范作用和海外员工大无畏的乐观主义精神，这是二次创业最宝贵的财富，永远值得尊崇和敬仰！向大家致敬并祝福兄弟姐妹们！”

7 月 11 日晨光绚丽，基地外大批百姓拖家带口往城内逃散，战火的阴云依旧笼罩在上空。果然，7：20 左右，枪炮声传来，机场和各乙方营地周边枪声大作，一天的战火开始，一些员工吃完早餐背着应急包主动进入到掩体内，就像我们日常上班一样。驻该国首都的一位领导电话联系时，第一句也是用“又开始上班了”来缓解我们的紧张情绪。通过各种渠道的了解，战火逐渐远离了基地，传来的枪炮声也显得有些远了。可是，当我们在基地观察哨看到一架迫击炮和几箱弹药摆在十字路口时，我还是十分担心。通过对讲机，与基地内保联络时，声音和语气显得有些着急，这也加剧了听到我说话的同事们的畏惧感，回到掩体内的我，将笑容送给每一个人，告知大家情况没有昨天严重，我们的基地是安全的。随着炮声渐渐远去，我们也组织大家分批次到门外透透气。比较有趣的是，每当几位员工出来时，就会有零星枪声出现，这也成了难得的缓解紧张气氛的笑点。成批的政府军士兵从基地西门外经过，有时还会驻留一段时间，幸好这些士兵纪律性和素质较好，没有节外生枝。下午 4：00 多，我见情况明显好转，就与一名中方内保一起，带着望远镜，到观察哨查看外面情况，我们刚刚将望远镜通过窗口向十字路口处瞭望时，一声枪响传来，只见十字路口的两名士兵立即趴下，然后朝着枪响方向开了几枪，我们俩赶紧下楼回到了值班室。还有一次惊险时刻，我去我们当地雇员的办公室交流战事最新进展，刚聊了一会，基地外突然枪声大作，赶紧趴在地下躲避，待停息后回到了掩体。零星不断的枪声和远处传来的炮声让我们不敢掉以轻心，基地内不断发现的炮弹残片和子弹让每个人感到心惊，此次战事对基地的影响远超过“12·15”事件。时间不待，天色渐晚，交战双方分别于晚上6：00和8：00宣布停火，一丝曙光乍现。可是，谁都没想到，8：00过后，几百枚红色信号弹绽放夜空，煞是美丽，紧接着全城枪声同时响起，炮声在其中若隐若现地传出，还在欣赏美丽夜空的我们飞一般地返回掩体，5min后枪声渐息，政府通过媒体告知是在庆祝胜利，万幸至此。

7月12日的空气不像前两天那样凝重，当我们看到基地外大批百姓返回家园的时候，知道战火已经暂时平息了，各方传来的消息也验证了这一点，每个人的脸上开始显现笑容，大家在蓝天白云下比较着各自捡到的弹片，互相与其合影留念。战火的停止，预示着阶段性完成了事件紧急应对工作，下一步进入到人员撤离阶段。

当暂时放下悬着的心回忆这几天里所经历的一切时，每一个画面每一个场景仍历历在目，难以想象，在几天之中体验了真正的战场环境，体会了喜怒哀乐的瞬时转换，感受了生死与共的危难时刻。异常忙碌的我在那几天里如机器人般无暇顾及其他，接连不断的工作驱离了担忧和恐惧，“保证每个人平安”的使命感和责任感如动听的乐曲一般始终萦绕在我的脑海里。曾在战火最激烈的时刻，我靠在墙角上，回想着自己曾对大家说过保证安全的“承诺”，这是公司和领导赋予我的职责，是领导和同事给予我的自信，是中国石油十几年以来不断完善的安保管理体系带给HSSE人员的坚强信念。

一路同行　永葆平安

■ 谷红军

静静的尼罗河水，千百年来流淌在广袤的苏丹大地上。二十多年前，一群来自中国的石油人怀揣着“我为祖国献石油，开创海外新篇章”的梦想，悄悄地踏上了这片环境恶劣的努比亚之地。一代代石油人不畏艰辛、跋山涉水、披荆斩棘、苦干实干，在一片人迹罕至的原始草原上盛开了美丽的石油之花。

2006 年，刚刚毕业的我主动选择了海外事业，光荣地加入到这支梦想大军。非常清晰地记得，第一次从喀土穆机场出来时，立即被带有中国石油标识的宣传牌所吸引，内心在那一刻被深深地触动，来自心底的一股责任感涌上心头，要继续为中国石油人增光添彩，要永葆中国石油人良好形象。十二年斗转星移，弹指一挥间，中国石油人的良好形象始终没变。无论走在哪儿里，都会有人对中国石油人竖起大拇指，我为成为一名苏丹项目的中国石油人感到无比自豪。

2007 年 5 月，一项特殊的任务安排在苏丹黑格里格油田附近一块空无人烟的大地上，当时正处于旱季最热的季节，酷热难耐，黑土大地裂开了一道道褶皱，太阳如火球一般无情地挥洒着它的热量。下午时分，我们干完活，走到最近的一处椰枣树旁，想摘几个野生的椰枣品尝一下。正巧看到大树不远处，一户人家在此停歇，一头小毛驴乖乖地吃着野草，男主人身穿破烂的 T 恤和短裤，女主人一块床单式的大布绕在身上，身上衣服显然很多天没有清洗过了。两人看到我们过来，略带腼腆的表情上充满了喜悦，赶紧将他们坐着的“椅子”让给我们，从一个布包里拿出不锈钢的杯子给我们倒羊奶。通过当地雇员，我们了解到他们是从很远的地方游牧而来，准备前往肯尼亚。之所以对当时的场景记忆犹新，除了令人惊讶的简陋物品外，更是他们的友好和热情打动。可惜，过了不久，由于安全问题，这样偶然与当地人的近距离接触再也看不到了。自 2008 年开始，苏丹油区安全形势急转直下，我们也成了一些人员的重点目标。直至今日，安全形势不见好转，再也回不到曾经的美好时代。

2014 年，在幸运女神的眷顾下，我有幸成为尼罗河公司的一员。随着工作环境的改变，各种挑战随之而来，新工作岗位带给我更高的视野、更大的舞台和更多的责任。四年来的经历更加锻炼了坚定的意志、坚强的性格、坚毅的态度和坚持不懈的精神，每天伴着枪声入睡，枕着应急包而眠。四年来，不断地激励自己勇担安全之责，尽最大努力为创造轻松和谐氛围而努力奋斗。精诚所至，金石为开，通过废寝忘食的工作，我们更加了解南苏丹，更深入掌握南苏丹政治安全事务发展规律，更能准确判断未来可能发生的各类政治安全形势变化，预判预警能力的提升带给员工一份踏实、一份信心和一份轻松。后来，为了让每一位到过南苏丹、关注南苏丹的人更多更深入地了解这个最年轻的国家，开始撰写公众号“南苏小事”，将南苏丹国家大事要事和社会点滴趣事等与大家分享。

十二年岁月，十二年青春，稚嫩随风消逝，沧桑驻留心间。回顾过往，个人理想逐渐地与公司理念相契合，始终践行着以人为本的理念，为每一位员工平安健康着想，为公司安全平稳发展做贡献。人近不惑，赶上祖国新时代，走在集团公司建设世界一流综合性国际能源公司和尼罗河公司二次创业新发展的时代脉搏上，我将一如既往地热爱安全环保事业，弘扬石油精神，传承老一辈先进事迹，持续创新实践，促进安全环保事业稳步提升，将身边每位朋友的平安健康和与所在环境的和谐相处作为激励，为公司在新时代乘风破浪直挂云帆奉献毕生的力量。

秘鲁传记三部曲

■ 史宝成

1　走进秘鲁

2014 年 4 月 1 日，怀揣着对海外工作的梦想和追求，按捺着超级激动的心情，登上飞往南美洲的航班。

中国石油在海外是如何管理的?

中国石油怎么驾驭 130 年的老油田?

西班牙殖民地是样子、什么民俗?

利马“不雨城”，真的不下雨?

到处抢劫，我长这么大，脑海中还真没有过这样的印象。

太平洋，我当时最向往的风景。

我出生于陕西，工作在新疆——世界上距离海洋最远的地方，从事安全监督，天天看隔壁、沙漠，就是没有见过大海。

经过 30h 的经济舱旅程，全然不觉得累。

从机场到驻地过程中，正准备打开窗户透透气，司机一把拦住，示意抢劫危险，告诉我们不要开窗，机场区有抢劫。

对行驶中的车辆都敢伸手抢，的确是危险，后期才了解到利马“飞车党”特别多、特别猖狂。

车行驶到了海边的高速路段，我心中越发激动，“海，可以看到海了”。

然而，晚间却只能听到海浪声，夜空蒙了大海，一片漆黑。

很快就到了米拉弗洛雷斯区（Miraflores）的驻地，虽不是城中心，却很清静、很美丽。

2　了解秘鲁

驻地所在米拉弗洛雷斯区，翻译为“看花之城”，首都利马相对最安全、最美丽的小区之一。

办公室所在的圣伊西德罗区（San Isidro），是秘鲁最著名的商业区，社会治安管理遥遥领先，各跨国企业的总部基本都设在该区。

中国石油果然是国际化大公司，把员工安置到最安全的地方。

“两点一线”的首都利马工作，印象就是和其他大都市差不多——高楼大厦。

一星期大都市体验后，我来到了秘鲁的石油城市——塔拉拉。

城市不大，但因石油而出名，陌生人打招呼，一听要到这个地方，就判定为石油工人。

的确，塔拉拉除了石油，再没有其他工业，农业不发达，渔业受关注度不高。

塔拉拉市，第一印象就是怀旧感。

大路两边简易的房舍，不比我们村 80 年代的好多少。

大人们悠闲坐在门前、路边，说事、聊天、开玩笑，关注来往的陌生面孔。

小朋友们踢足球、奔跑、打闹，无拘无束，此景此情，让人联想起 80 后欢快的童年生活。

到了驻地，直接映入眼帘的就是 15m 高的瞭望塔，然后是大铁门，最后才关注到高墙电网。

社会治安确实不好。

进了小院，仿佛来到了另一个世界。

精致的花园立刻点亮了我的眼睛，翠绿的草坪立刻给人产生亲切感。

两棵参天大树，枝繁叶茂，威严正立在面前，仿佛在说：“欢迎回家”。

我立刻感受到中国石油的浓浓的家庭氛围。

向左看去，忠诚、团结、勤俭、高效。

“我靠油田生存、油田靠我发展”的感想在心中激荡。

“一勤天下无难事”，靠着勤劳的双手，草地、花园、果树、菜园、活动休闲室，统统都有了。

前辈们不等，不靠，大胆实践，在塔拉拉，西班牙语意为“布满荆棘的地方”，点燃了海外项目运作的星星之火，生出燎原的力量，照亮了中国石油国际化油气合作之路。

踏遍 6/7 油田现场 340km^2 的每一寸土地，通过深入细致的切身体验，感悟“四精经验”，获得心灵上的洗礼。

在千桶井现场，感悟海外创业的筚路蓝缕，汲取了继续前行的精神力量。

我没有学过西班牙语，而秘鲁官方语言正是西班牙语。

现场工作语言不通可不行，学习了前辈们苦干实干的精神教导我，只有“恶补”，才能在最短的时间消除语言障碍。

固定表达、语法结构、陌生单词，“兵分三路”突击西语，午休时间，休息时间，甚至卫生间时间，时间统统用上。

抛开羞怯，丢掉自卑，放下面子，和当地同事交流，和当地人说话，在实践中学习。

接受当地同事邀请，到同事家做客，参加生日 Party，唱秘鲁歌曲，学当地舞蹈。

1 月下来，可以和当地同事打招呼交流了。

3 个月下来，可以开会了。

半年后，和当地人就可以正常交流了。

一次，和司机交流中，对用到“肥料”一词就是没有印象，情急之下以“土地的饭”

来代替。

没有想到当地人完全理解我要表达的意思，并连连赞叹，用得好。

3 融入秘鲁

带着现场经验，三老四严、苦干实干的石油精神，2014 年 9 月回到利马，开始准备10/57/58 区新项目的工作。

在这里，接触到了国际化管理。

在标准化的基础上，与各行各业、不同国家、不同地区的人进行沟通。

语言交流、手势比划、逻辑图展示，一个目的，沟通明白，解决问题。

逛早市，接触当地最接地气的人间烟火味，品尝本土美食，领略风俗习惯，学习当地方言。

周六，驻地公园旁边的早市，有来自秘鲁全国各地的土特产、工艺品，品茶、喝咖啡，买纯天然水果，学习地道语言表达。

在这个市场上，我认识了一位来秘鲁打工的广州人，一年之内，西班牙语从零到精通，简直是我崇拜的偶像。

这一段时间，我对“雨”有了清晰的认识。

“不雨城”利马冬季也经常下雨，就是毛毛雨居多，不碍事。

塔拉拉油田可完全不一样，不下雨则已，一下雨就是油田灾难。

2017 年上半年，秘鲁接连的强烈降雨引发洪灾和泥石流，油田道路损毁，交通受阻，新井开钻推迟 2 个月，严重影响了正常生产。

油田所在大区几十万人受到影响，政府宣布该区进入为期 60 天的重大灾害紧急状态。

2017 年的 7 月，我临危受命、“二次下乡”，到塔拉拉油田一线，负责 10 区块的安全管理工作。

在点多、面广、战线长的油田现场，管住高风险作业就能管好安全生产。

我每天工作的第一件事，就是先到现场，检查高风险作业。

干什么？怎么干？谁来干？

每天都要现场捋清任务，明确方法，落实责任到人头。

3 年下来，油田 470km^2 的每一个厂、每一个站，都刻在了我的脑海中。

2020 年 1 月 27 日，我得到新任务，回到利马全面管理 3 个油田区块的安全环保工作。

此刻，我面临两大挑战，第一是秘鲁政府日趋严苛的环保要求和许可，第二是新冠疫情防控。

秘鲁新冠疫情还没有到来前，我组织医生和同事，开始防疫物资准备，防疫方案策划。

2020 年 3 月 6 日，秘鲁发现第一例新冠患者，我们开新冠疫情防控工作会，启动第一情景模式下的新冠疫情防控方案，给员工发放口罩、酒精。

2020 年 3 月 16 日，秘鲁新冠疫情短期快速增长，政府开始封国，事发突然，我们实施第三情景模式下的新冠疫情防控方案，开启远程办公。

然而，各种复杂因素交织在一起，秘鲁疫情一直高位运行。

去他家吃黑嘎啦（秘鲁特色海鲜 Concha Negra）的事情历历在目，和他一起去黑嘎啦专营店的场景时常回荡在眼前。

我们一起讨论如何解决环保问题，如何推进许可审批，如何和环保机构协调，找谁帮助我们沟通……

这一切仿佛发生在昨天。

我怀着悲痛的心情，跟他的孩子取得联系，安慰其家人，发动安全部门人员，互帮互助。

7 年时间，我和当地同事已经不分彼此了，我经常说我是他们的一分子，有人也称呼我为老乡（Paisano）。

作者简介

史宝成，西安石油大学机械工程专业毕业，毕业后一直从事设备管理、安全管理，在秘鲁工作期间，完成 58 区雨林地区第一份综合环境影响研究，主持秘鲁合同到期弃置计划研究分析，推进中国石油 HSE 管理原则、反违章禁令国际化运行，连续 6 年被评为集团公司安全生产先进个人。

安全管理三部曲

■ 史宝成

1 管理桥接

2014 年 11 月 6 日，中国石油天然气集团公司收购巴西国家石油公司在秘鲁主要油气项目在利马顺利完成股权交割，中国石油拉美（秘鲁）公司全面接管巴西石油秘鲁能源公司旗下的 10 区、57 区和 58 区，中秘两国在能源领域的合作又上了一个新台阶。

秘鲁 10/57/58 区项目公司当地同事都对安全管理有所疑虑，新老板是不是有什么新的要求？新的方式？新的内容？适用不适用？

面对新事物，疑虑在所难免，加上企业更名改姓换主人，谁都紧张。

一个方针，统一行动；一个要求，控制风险；一个措施，管理桥接。

2014、2015 两年，我们组织对健康安全管理体系 OHSAS 18001（现 ISO 45001）、环境管理体系 ISO 14001 进行管理对标，桥接安全管理，对体系、程序、制度、标准、规程、作业文件进行梳理，向高标准看齐。

管理层理顺程序，操作层对标执行。

没有发生很大变化，大家都明白了自己该做什么、怎么做。

2 制度融合

随着秘鲁安全环保法律法规的不断更新、变化，当年巴西石油留下来的风险管理、合规管理、检查纠正等制度已逐渐不适用。

面对变化，愿意主动改革的人总是不多。

开始的时候，头疼医头脚疼医脚，哪一条不合适改哪一条，哪一项不符合改哪一项。

逐渐，大家发现越改越多，越改越难。

与其跟着法律跑，不如跑在法律规的前面。

怎么做？

借鉴中国石油标准。

2016、2017 年，开展制度融合。

风险分级防控，一次符合秘鲁劳动部、安监局、环保局的要求。

开展量化审核，既满足内部管理推进，又符合劳动监察局规范。

变更规范管理，消除有要求、少标准的问题，统一变更管理。

两年间，项目对 27 项程序，35 项制度与本部标准进行了对标、融合，有效管控了 HSE 风险，提升了合规管理。

3 管理创新

秘鲁政府自 2013 年以来，安全环保法律法规频繁变更，2015 年开始，加速出台新标准，不断收紧安全环保管理。

2013 年发布土壤标准，2015 年出台许可管理标准，2017 年公布管理体系强制审核要求。

国际舞台上，要在安全管理方面站稳脚、扎牢根，还需要管理创新。

要创新，先得找抓手。

巴西石油管理已明不适用，阿根廷管理也靠不住，合作伙伴 1AB8 区就是实例，秘鲁国家石油公司更不行。

学壳牌、学杜邦，太复杂，不适用。

只有中油国际本部的管理最能指导我们。

体系管理先进，流程制度清晰，操作运行简明，做到了统一、简明、规范，可操作。

2018 开始，项目公司开始和中油国际体系框架进行对标，梳理程序文件、规章制度，细化操作规程、作业文件。

一直坚持到 2021 年，项目完成了以中油国际本部框架为指导的 QHSE 体系文件，结合秘鲁管理经营特色，开发环境影响研究、环境许可制度，形成了适用国际标准化管理的体系，符合秘鲁安监局、环保局要求的差异化特色运行模式。

万里之遥的牵挂

■ 刘建辉

2019 年 11 月 9 日至 14 日，我随公司 HSE 体系审核组对尼日尔炼油项目开展了社会安全和 HSE 管理体系审核（图 1 至图 3）。11 月 12 日现场考察了位于巴金布尔吉村庄的教室，当看到教室一片土坯房、土坯搭建的学生课桌及一片破旧的学习环境时，带队的彭继轩主任随口说："孩子们是国家的未来与希望，我们能否为学生做点什么呢？" 随后在大家的参观中，感慨万分，在彭主任的建议下，审核组成员纷纷表示"我们为当地的孩子们做点事情吧，每人捐出 200 欧元，为学校定制一些桌椅。"

图 1　捐赠桌椅后合影

图 2　彭继轩坐在当地教室

图 3　学校教室与老师

由于审核工作紧张、时间限制，审核组不得不早早离开了尼日尔。经过一个多月的换汇、定制桌椅、运输，2019 年 12 月 23 日下午，桌椅全部准备完毕，西非公司尼日尔炼厂安全总监赵广明与公司行政部、HSSE 部、公共关系部等一行 7 名同事，再次来到巴金布尔吉村庄，帮助我们中油国际社会安全和 HSE 审核组全体成员彭继轩、董玉明、刘建辉、冀亚锋、张党生、王劲松、陈默、陆凤杨 8 人，完成了捐赠新桌椅的心愿。现在回忆尼日尔那个美丽的国家，开心的孩子，看到巴金布尔吉镇学校管委会还专门给我们审核组写的感谢信，仍不时惦记着那些可爱的孩子，他们一定也是长大了，一定也在为建设自己的家乡做贡献……

尼日尔是世界上最不发达的国家之一，基础设施落后，工农业基础薄弱，我们中国石油的炼厂也将在做好企业发展的同时，全力帮助周边居民，为中国石油在非洲赢得更多赞誉，为中非人民的友谊更好地发挥桥梁作用。

作者简介

刘建辉，海外 HSSE 技术支持中心。

新冠疫情期间境外中方员工的紧急医疗转运

■ 律福志

【摘　要】本文主要阐述了中石油最大的海外天然气项目——土库曼斯坦项目在新冠疫情期间境外中方员工的紧急医疗转运，经过实践检验确定的应急转运路线和方案，打通保障中方员工应急救援的生命通道。

【关键词】医疗；健康；应急转运

引言

阿姆河右岸巴格得雷合同区天然气勘探开发项目是中土两国在能源领域合作的重大项目，也是中国石油迄今为止最大规模的境外天然气勘探开发合作项目。巴格得雷合同区位于土库曼斯坦东部，面积约 1.43×10^4 平方千米，合同区分为 A、B 两个区块。项目共有 16 家中方公司，新冠疫情期间在岗中方员工超过 400 人。由于疫情原因土库曼斯坦于 2020 年 2 月初停飞所有国际航班，项目中方员工无法乘坐商业航班离开土库曼斯坦，而土库曼斯坦当地医疗水平较差，重大疾病治疗风险高，为确保中方员工紧急情况下的快速有效医疗救治，跨国应急医疗转运就显得尤为重要。

1　土库曼斯坦项目主要概况

土库曼斯坦项目是国家重要的能源战略工程，是西气东输二线工程的主力气源。项目是集物探、钻井、试油、基建、开发、天然气净化集输于一体的综合性油气勘探开发项目，项目合同期限 35 年。项目于 2007 年成立，共有 16 家中方公司，疫情期间项目现场中方员工超过 400 人。

2　新冠疫情期间土库曼斯坦的管控措施

土库曼斯坦高度重视新冠疫情，为避免疫情扩散到土库曼斯坦，自 2020 年 2 月初中断所有国际商业航班，曾组织包机将在国外的土库曼斯坦人接回土库曼斯坦，但入境土库曼斯坦后严格执行隔离及检测措施。也有少量在土库曼斯坦的外国使馆、企业组织包机撤侨或者倒班，但都必须严格执行航班报批及人员出入境检测隔离措施，管理极其严格。通常情况下包机审批程序极其复杂、审批周期长。为防止疫情扩散，疫情期间中国对国外入境航班管控也极其严格，审批手续复杂，审批周期长。受两国政策管控影响，土库曼斯坦境外中方员工很难返回中国。患有严重疾病的中方员工必须通过 SOS 包机紧急转运回国或转运至第三国进行紧急救治，打通保障中方员工应急救援的生命通道尤为重要。

3　土库曼斯坦当地医疗情况介绍

土库曼斯坦当地医疗条件较差，医疗设备落后，医生水平较低。距离项目所在现场最近的土库曼那巴特市最好的医院为列巴普州州立医院，在土库曼斯坦综合实力较强，但综合实力相当于中国县级医院水平。复杂性疾病不能得到有效救治，并且医疗事故高，风险高，尤其是手术风险高，中方员工如果患重大疾病不能得到有效救治。

4　紧急医疗转运

4.1　土库曼斯坦—中国的跨国医疗转运

（1）2020 年 4 月底，土库曼项目一名中方员工突发眼部疾病，经现场医生检查，右眼四分之三无法看清，仅有四分之一能感觉到光线，经初步判断视网膜脱落可能性非常大。在现场医生协助下，经 SOS 专家组、北京市同仁医院及北京 301 医院眼科专家远程会诊确定为视网膜脱落，需要紧急确诊手术治疗，脱过窗口期将有失明风险。土库曼斯坦当地医疗条件无法完成视网膜有效修复，需要紧急转运到医疗条件更好的医院进行治疗。秉承中石油集团公司“员工生命高于一切”的理念，公司立即启动员工紧急转运应急预案，4 月 28 日，由集团公司国际部、中油国际、阿姆河天然气公司和 SOS 四方代表成立紧急转运协调组，通过视频会落实具体转运事宜，确定四方三国联动，同步快速推进医疗包机、人员出入境许可手续、落实执飞飞机、机组及转运人员核酸检测等事宜。

（2）中国入境许可办理：在疫情期间，秉承“外防输入、内防扩散”原则，中国政府对国外入境航班实行严格管控，必须符合疫情防控各项要求方可获批入境。中石油集团公司国际部、中油国际联合推动国内审批手续，按应急程序立即上报相关部门、协调民航总局申请入境航线。国内各相关部门高度重视，积极协调，在保障人员积极救治的同时必须严格落实各项疫情防控措施。经相关部门审批，最终确定飞机降落天津滨海机场，在天津市完成对员工的紧急救治。天津市政府为此专门制定了专项医疗救治和疫情防控应急预案，在落实疫情防控措施基础上确定由天津市最权威的医院天津大学附属医院接诊，由最权威专家实行全封闭右眼冷冻、巩膜外放液、巩膜外垫压术治疗，术后员工恢复良好。

（3）土库曼斯坦出入境许可办理：阿姆河天然气公司立即将情况向我驻土使馆进行汇报，请求使馆协助办理 SOS 医疗专机入境土国及出境相关许可。我驻土使馆高度重视大力支持，大使亲自致电土国外长请求尽快办理 SOS 飞机医疗转运相关许可。我驻土使馆连续两次照会土库曼斯坦外交部，通报患者病情，请求紧急办理医疗急救包机的出入境许可。土库曼斯坦外交部高度重视，立即呈报内阁完成审批手续，并协助督促土国民航总局尽快审批飞机入境、出境土库曼斯坦航线。责成外交部礼宾局全程督促协调办理各项审批手续。协调列巴普州最权威的眼科专家携带仪器到现场为患者做检查，在现场为患者取样进行核酸检测。一切手续紧张有序并快速推进。

（4）SOS 公司全球协调医疗包机：4 月底，正值新冠疫情全球蔓延，各国缺少有效应对手段，全球国际航班多数停航。SOS 公司在全球范围内摸排运力、制定救援方案，为患者定制从土库曼斯坦土库曼那巴特机场一站直飞天津滨海机场的飞行方案，及时锁定包机资源。并按防疫要求提供机组 5 名成员的详细信息及核酸检测书面证明，经过多方努力最终确定由德国航空公司承运，飞机由德国纽伦堡出发到达土库曼斯坦土库曼那巴特国际机场接上患者后飞往天津滨海机场。

（5）经过多方联合，齐心协力，所有审批手续自上而下逐级下达到位。5 月 2 日，医疗急救包机从德国纽伦堡基地起飞，抵达土库曼斯坦土库曼那巴特机场并于 1 小时后起飞，北京时间 5 月 3 日安全抵达天津滨海国际机场。此刻，患者顺利成功转运回国，为后续及时治疗争取了宝贵的时间。四方三国历时 100 个小时打通了医疗救治生命通道，为员工重见光明得到有效保障，也成为疫情暴发以来土库曼项目首例成功医疗转运案例，为项目现场中方员工树立了信心。

4.2　土库曼斯坦—迪拜的跨国医疗转运

（1）2021 年 1 月，土库曼斯坦项目现场一名中方员工发生腹痛，经当地医院 CT 检查确认体内有异物，异物种类不详，建议在当地住院手术治疗。将 CT 片发回国内咨询专家，经几个医院专家会诊分析，统一意见认为是异物在右侧腹直肌内，紧邻肠部，具体详细情况需要进一步检查确认。考虑当地医疗条件较差，异物紧邻肠部，专家建议将患者转运到条件较好的医院接受治疗。进入冬季，中国国内疫情反弹，国外航班回国审批手续更加复杂。考虑时间的紧迫性，集团公司国际部、阿姆河公司、川庆钻探、SOS 四方紧急会议商定起用紧急转运应急预案，用 SOS 包机将患者转运至迪拜接受治疗。

（2）土库曼斯坦出入境许可办理：土库曼斯坦项目立即将情况向我驻土使馆进行汇报，请求使馆协助办理 SOS 医疗专机入境土库曼斯坦及出境相关许可。我驻土使馆高度重视大力支持，及时照会土库曼斯坦外交部，通报患者病情，紧急办理医疗急救包机的出入境许可。土库曼斯坦外交部高度重视，立即呈报内阁完成审批手续，并协助督促土国民航总局尽快审批飞机入境、出境土库曼斯坦航线。

（3）SOS 公司全球协调医疗包机：SOS 公司立即启动应急转运预案，全球摸排运力、制定救援方案，及时锁定伊斯坦布尔—土库曼斯坦土库曼那巴特包机资源。并协调迪拜包机入境、机场转运及当地入院事宜。

（4）在多方联动协调下，1 月 13 日将患者转运至迪拜，救护车从机场直接将患者接到迪拜国王学院医院，医院经详细检查后认定异物为鱼刺，鱼刺穿透肠子扎在肌肉里。确定三孔微创手术，尽最大努力不动肠。

经过几天观察准备后，1 月 17 日完成手术，术中取出长约 4 厘米一根鱼刺，鱼刺在腹直肌内，肠内未见，术中可见肠上有一小孔，未行切肠吻合术。术后一周经检查恢复正常，出院，后期复查恢复良好。

5 经过实践检验的转运总结

通过 2 次实战应急转运，得出新冠疫情期间土库曼项目中方员工应急转运结论。疫情期间中方员工发生严重身体疾病可以借助 SOS 医疗包机完成紧急转运，已经经过实践检验的转运路线有两条，土库曼—中国，土库曼—迪拜。转运至中国需要考虑国内疫情发展形势及入境手续办理情况，一般审批程序比较复杂，周期长。入境迪拜免签，SOS 在迪拜有医疗援助中心和办事机构，可协助完成包机迪拜入境手续及入院协调，周期相对较短。包机出入境土库曼斯坦审批最快的审批手续是通过我驻土使馆出面协调，使馆正式书面照会土库曼斯坦外交部，并加以沟通协调，催促尽快完成审批许可，一般在 3 天内可完成审批手续。SOS 要同步摸排运力，锁定航班，出入境手续审批后立即启动应急转运。

迪拜医疗系统受西方国家影响大，本次患者入住的迪拜国王学院医院是英国国王学院分部，英国国王学院是英国著名的医疗机构。国王学院医院具备很好的门诊及住院服务供选择，经过考察实践可以作为土库曼项目应急转运定点医院。中国石油在迪拜有多家分公司或办事处，可以进行协调支援。

作者简介

律福志，毕业于俄罗斯乌法国立石油技术大学钻井工程专业，先后从事过钻井作业和现场安全管理工作，熟悉钻修井作业及油气田现场安全管理工作，现工作于阿姆河天然气公司 HSE 部。

土库曼项目钻井作业的环保工作实践

■ 律福志

【摘　要】本文主要阐述了中石油最大的海外天然气项目——阿姆河天然气公司在钻井作业中所采取的环保措施和相关依据，尤其是毗邻农田、湖泊、干渠等环境敏感区域钻井所采取的加强环保措施。

【关键词】环保；钻井；污水池

引言

阿姆河天然气公司负责土库曼斯坦阿姆河右岸项目的天然气勘探开发、钻修井、地面建设、生产经营等作业，其中钻井作业是公司的主要工作之一，也是比较容易导致环境污染事件的作业项目。公司自成立以来高度重视钻井作业的环保管理工作，详细调研了资源国土库曼斯坦的环保法律法规和各项要求，结合集团公司对于环境敏感区域的钻井作业要求，不断探索实践，采取了一系列有效的环保措施，避免了环境污染事件发生，取得了资源国环保部门和当地居民的高度认可和好评。

1　公司主要概况

阿姆河天然气项目是国家重要的能源战略工程，是西气东输二线工程的主力气源。公司于2007年成立，2009年12月建成一期工程并顺利投产，2014年4月投运二期工程，2019年1月投运B区东部气田。项目累计开钻146口井，完钻145口井，总进尺531920.67米。

2　资源国的环保检查程序和采取相应环保措施的依据

2.1　资源国的环保检查程序

根据土库曼斯坦的环保政策，每年年初当地政府环保主管部门与公司主管部门天然气康采恩联合制订年度环保检查工作计划，环保部门和天然气康采恩代表组成的联合检查组每季度一次对项目所在地巴格德雷合同区进行环保检查，检查内容包括公司是否获取相应环保类许可文件、废弃物处置是否符合规范、现场环保措施是否符合要求等，检查结束后组织召开专题会议，签署联合检查报告。对发现的问题提出整改要求，对严重违反环保规范的事件会对相关单位或责任人进行处罚。公司根据要求编制整改方案，督促相关单位限期整改。

2.2 钻井作业所采取环保措施的依据

项目建设伊始，公司严格落实集团公司“环保优先”的理念，充分调研了解资源国对石油作业的环保要求。依据土库曼斯坦油气田开发条例规定，在编制勘探开发方案时依据工作内容编制相应的环评和环保方案，并上报环保主管部门审批，将审批结论和环保方案作为环保工作纲领。

钻井部组织，HSE 部、现场管理等部门参加联合编制了巴格德雷合同区井场建设及井场环境保护规定，规定中明确了井场建设占地面积、布局要求、工业与生活垃圾分类标准、施工作业环保措施及完井地貌恢复环保要求等具体内容，该规定上报列巴普州环保部门并获取了审批同意，此规定内容作为钻井建设环保措施的规范依据。

根据资源国总统令规定及环保部门要求，由于井场等地面工程建设所导致的地表植被损坏需要向环保部门支付地表植被损坏补偿费用，每公顷 2176 马纳特，经与天然气康采恩协商同意将该费用列入可回收费用。钻前工程道路、井场、营地建设时编制设计方案，确定占地面积，严格依据设计规范施工，公司根据占地面积向环保部门支付地表植被损坏补偿费用。

3 钻井作业所采取的主要环保措施

3.1 井场及道路修建

开发事业部确定井场坐标后通知现场管理部，现场管理部组织，钻井部、开发事业部、HSE 部和井场及道路建设承包商参加，联合进行现场踏勘，根据现场实际情况商议确定井口坐标最终位置及井场、生活营地布局，进井场道路修建方案等。井场修建时首先划定边界范围，严格依据井场建设方案进行钻前施工。井场施工完毕后钻井队组织搬迁作业，期间严格执行“一条路”政策，禁止车辆乱开乱压破坏周围植被。

3.2 污水池和放喷池修建

钻井作业现场大部分处于无人区，区域内虽然属于沙漠地带，但地表生长有红柳、梭梭等植被，春季薰衣草等花朵大面积盛开，该地区属于土库曼斯坦的牧场，当地有牧民在合同区内放养牛羊。

公司依据环保部门批复的环保方案，对于常规区域钻井污水池采用铺油田专用防渗布方式，钻井承包商从国内采购了质量较好的防渗布，将污水池全部铺满，并及时检查补充更换破损部位。放喷池也采取铺防渗布的措施，放喷管线试压用水等排放至放喷池。

对于环境敏感地区的钻井作业，例如合同区内有湖泊、河流、灌溉水渠等，合同区东部有农田，毗邻湖泊、水渠等处地表水活跃，钻前挖污水池时就会有地表水渗出，农田地区更属于环境敏感区域。为避免对环境敏感区域造成污染，对此区域钻井采取“一井一策”，特殊井位报请业务主管部门天然气康采恩批准增加井场建设费用，编制污水池设计方案，采取打钢筋混凝土并在中间增加防水卷材的措施修建钻井污水池和放喷池，设计方案报资源国环保部门进行书面审批，施工作业时严格执行设计方案，并留存施工过程图片。钻井作业过程中将污水排放至污水池，完井后经强烈日照晒干后恢复回填，之后打水泥盖板将钻井岩屑进行封存，防止污染周围水系及土壤，杜绝环保隐患。

3.3 钻井井场的环保措施

在井场设置废料收集点，打水泥地坪和围堰，放置垃圾箱，分类收集各类废弃物，集中回收至基地后统一按规范处置。对油罐区和化工料存储区采取下部打水泥地坪和围堰，化工料上部盖帆布的措施，防止钻井液材料散落地表或被雨水冲蚀带至地表。对发电机、泵房区域等处打水泥地坪，防止油品渗漏污染地表土壤。

3.4 生活营地的环保措施

生活营地生活污水池采取铺防渗布，上部密封遮盖。旱厕采取铺防水卷材方式，钻井结束后将废弃物拉运至指定垃圾场处理，原址做卫生防疫措施后进行地面恢复。厨余垃圾采用带盖密封垃圾桶盛装，统一回收处理。食堂用柴油罐下部修建水泥防渗池和围堰，防止柴油泄漏污染地面。

4 开钻验收、钻井过程监督和资源国环保部门的评价

4.1 开钻验收和钻井过程监督

钻井承包商依据公司井控实施细则和井场建设及井场环境保护规定等要求完成井场建设后首先由钻井承包商进行自检自查，检查合格后向公司钻井部提出开钻验收申请，钻井部组织，HSE 部和开发事业部等相关部门参加进行联合检查验收，对发现的问题提出整改要求、限期整改，经检查组验收后确认各项准备工作符合要求，由检查组组长签发开工许可令，允许开钻。

在钻井过程中井队安全员对钻井过程中的环保措施进行监督，公司派驻第三方钻井监督常驻现场进行生产工艺和安全环保措施监督，公司钻井部、HSE 部等相关部门进行不定期巡查，督促落实各项环保措施。

4.2 资源国环保部门的评价

在资源国环保部门和天然气康采恩每季度一次的环保检查中对钻井作业现场的环保措施给予充分认可和高度评价，并在资源国环保部门组织的环保经验交流会上将此做法进行分享，要求同类作业向其学习并推广应用。对于环境敏感区域所采取的水泥防渗污水池和放喷池避免了对地下水系和土壤的污染，不留环保隐患，得到了当地居民的高度好评。

关于安全检查后如何推动隐患整改的思考

■ 王苏峰

【摘　要】油田现场日常安全管理工作中，现场隐患排查和跟踪整改工作是各级管理人员的基本功，本文列举了在现场隐患排查和跟踪整改过程常见的问题，给出了一些对策和建议，提出了一些注意事项。

1　普遍现象和建议对策

1.1　隐患“屡犯屡改，屡改屡犯”问题普遍存在

老李作为甲方安全监督，在一次日常检查中发现某承包商单位的氧气胶管有破损，要求立即更换，承包商单位很快按照要求进行了更换，隐患就此关闭。老李在两个月后的日常检查中再次发现这家承包商的乙炔胶管有破损，承包商同样只是对此次发现的胶带进行更换，如果隐患这么排查和整改，不难想象，在以后的检查中，这种现象一定会“屡犯屡改，屡改屡犯”，承包商并没有从管理上采取措施，缺乏自我修复机制。

建议对策：当第一次发现胶带有破损后，作为甲监的老李除了要求承包商单位更换以外，应进一步检查承包商单位对胶带是如何管理的，有没有胶带管理制度，有没有自我检查机制，如果没有，就应提出要求，要求承包商建立管控措施并严格执行，如果这些都有，为什么没有执行，具体是哪个环节出了问题，没有落实到位，这里要注意，进一步追问并不是要追责，而是为了避免以后再次发生这种情况，查找管理漏洞，从根本上解决问题。

1.2　HSE 人员既是裁判员，又是运动员

老张作为 HSE 部监督，在检查油田内部道路时发现既没有限速牌，也没有减速带，就开始调研、协调、采购和安装，费了九牛二虎之力才把限速牌、减速带安装到位。可是回过头来想一想，如果车辆上安全带坏了，安全气囊弹开了，储罐上安全阀失效了，是不是也要 HSE 部来进行采购、安装和维修呢，显而易见，这些配套设施应该由相关的业务主管部门（直线管理部门）负起责任来。

建议对策：各业务主管部门要切实发挥“一岗双责”的作用，按照“管业务管安全”“管生产管安全”的要求，将与本部门主管业务配套的安全管起来。再者，限速牌、

减速带等道路配套设施应该在道路设计阶段就要考虑，与道路同时设计、同时施工，同时投入使用，切实落实“三同时”要求。

1.3 安全检查仅仅是HSE部门的责任

一提到安全检查，大部分人依然认为这是HSE部的责任，与我无关，我只要管好生产就好，我只要管好技术就行。殊不知，很多安全事故的发生，其实是生产组织出了问题，是技术措施出了漏洞，是技能水平不够导致的。

建议对策：安全检查不能狭义地理解为仅仅是查安全，而是应该把各岗位负责的那部分业务及涉及的安全进行检查，查生产组织是否合理，技术措施是否有漏洞，员工技能是否满足岗位需求，质量是否过关等等。检查表这个工具也不是只有HSE管理人员才可以用，各级管理人员都可以利用检查表这个工具逐项去检查本职工作，对发现的问题和隐患也可以记录下来，进行跟踪整改，对于涉及其他部门和岗位的，也要积极协调，直到整改完成。如果条件允许，可以开发一个在线的App或信息系统，可实现在线填报和跟踪各类隐患，便于随时随地进行在线记录，对于本岗位业务范围内的隐患，自己进行记录和跟踪即可，如果发现的隐患是其他部门或岗位主管业务范围内的，隐患发现人可直接推送给主管部门，主管部门收到推送后及时组织整改，对于职责不清的隐患或涉及多部门的隐患，可推送给HSE部，由HSE部协调相关部门或请示领导后，指定牵头部门进行整改。

2 记录隐患及跟踪整改时的注意事项

2.1 隐患描述要客观，整改要求谨慎提

HSE管理人员不是生产组织人员，手里不掌握生产组织资源，提的整改要求很可能不符合实际，所以在提整改要求或建议时要注意措辞，可以提，也可以不提，对于整改标准明确的可以提，而对于某些隐患没有明确的整改标准就可以不提，HSE管理人员最主要的是把发现的隐患及潜在后果描述清楚，如“电缆绝缘层破损，有触电风险”“临边作业无防护，人员有坠落风险”“脚手架横杆间距不足，不符合JGJ 130搭设标准，有坍塌风险”等，将不安全行为和不安全状态进行客观描述即可，至于采用什么方式，需要调配哪些资源进行整改，还是由生产组织人员结合实际情况和资源提出，这样提出的整改措施更具有可操作性，只要把隐患消除即可。

而对于直接抓生产组织的各级管理人员，在记录隐患和跟踪整改时，是一定要把整改要求提出来的，不但要提，而且要具体，具体到哪个岗位需要在什么时间完成什么事项，便于相关人员执行。一项隐患的整改可能涉及多个岗位来整改，一直到各个岗位都整改完成才可以关闭此隐患的跟踪。

2.2 隐患管理要分级，挂牌督办来跟踪

与风险分级管控同理，隐患也应分级管控。一般情况下隐患分为重大隐患、较大隐患和一般隐患，在指定隐患整改负责人时要注意，对于重大隐患，一般由公司级领导亲自挂

牌跟踪，对于较大隐患，可以由部门经理级领导挂牌督办，而对于一般隐患，则可以直接由业务主管负责跟踪即可，当整改完成后也要由相应级别的领导或主管同意后方可关闭。

3 结语

隐患距离事故仅有一步之遥，及时发现并彻底整改才能有效切断演变路径。对隐患视而不见或不引起重视，就是给事故开了绿灯，给生命亮了红灯。每位员工都有责任和义务发现、报告及整改隐患。

作者简介

王苏峰，男，北京科技大学安全工程硕士，具有国家注册安全工程师、PMP 项目管理师、安全培训师等资质，多年 HSE 培训经验，曾参与中俄原油管线（漠河 – 大庆段）施工项目，目前在中油国际（伊拉克）艾哈代布公司从事 HSE 和安保管理工作。

疫情期间海外员工心理压力分析及其对策

■ 王苏峰

【摘 要】海外疫情肆虐，无疑给在海外工作的广大中资企业员工带来了更大的心理压力，正常轮休得不到保障，航班时常熔断，往返项目增加了隔离期，对原本就处于心理亚健康状态的海外员工来说更是雪上加霜。本文综合分析了海外员工在疫情期间面临的种种困难及产生的原因，给出了一些应对建议和对策。

【关键词】心理健康；压力分析；线上文化活动；心理管理师

1 前言

随着习近平主席提出“一带一路”宏伟蓝图以来，越来越多的中资企业启动了“走出去”战略，在中东、非洲、南美、东南亚等地的投资项目遍地开花，大批外派员工被安排到海外工作，同时带动了更大量的中方承包商劳务输出，人员素质参差不齐，面对全新的工作环境、生活环境、人文环境，海外员工需要面对方方面面的压力，一旦处理不好这些压力，就会出现不同程度的心理问题。新冠疫情暴发以来，倒休频率降低，在岗时间变长，身心疲惫，往返项目的隔离管控严格，陪伴家人时间明显减少，员工面临着前所未有的心理压力。

2 主要压力来源及原因分析

疫情暴发后，海外员工的压力主要有以下几个方面：

（1）正常倒休得不到保障，身心疲惫。

疫情暴发前，各单位都有相对固定的倒休机制，短则一个月一倒休，长则六个月一倒休，无论是身体上还是心理上都基本适应了这种节奏，疫情暴发后，短则三个月一倒休，长则一年一倒休，还时不时遇到航班熔断，在岗时间平均延长了2～3倍，导致员工身心疲惫。

（2）疫情拉大了人与人之间的距离，人际交往变少。

出于防疫考虑，人人不但要戴口罩，而且要保持至少1m的安全距离，各种集体活动和聚会不被允许，无疑间接造成员工的正常社交大打折扣，沟通和倾诉变少了，而沟通和倾诉是缓解心理压力很好的方式。

（3）海外医疗条件普遍较差，员工害怕生病。

大部分海外项目处于非洲、中东、南美、东南亚等不发达国家，医疗条件较差，人员一旦出现较严重疾病甚至被感染新冠，很难及时得到有效治疗。有的项目还要面临疟疾、马来热等地方病的威胁，这样就使得员工长期处于一种“不敢生病，害怕生病”的担忧和恐惧状态下。

（4）休假时间减少，造成夫妻和家庭关系更加紧张。

由于目前海外疫情还是持续发酵，国内为防境外输入，对于回国的人员实行严格的隔离措施，目前大部分地区执行“14+7”天的隔离政策，部分地区甚至执行“14+7+7”天的隔离政策，隔离期挤占了原本就不太多的休假时间，导致员工陪伴爱人的时间大大减少。调查显示，海外员工的离婚率明显高于同行业国内员工离婚率。

海外员工基本都面临“上有老，下有小”的状态，一旦双方老人或孩子生病住院需要照顾，只靠员工配偶一人之力，压力之大可想而知，面对这种情况，远在海外的员工也是鞭长莫及，只能默默承受这种压力。

（5）工作强度大，超负荷工作。

以中国石油在伊拉克的某项目为例，每天工作10个小时，每周工作7天，疫情暴发后需要连续工作90～150天才可以申请休假，工作强度之大远远超过国内员工。这种长期紧张的超负荷工作，给人体带来很大的压力，部分员工出现不同程度的焦虑、烦躁、失眠等情况。

（6）既要与当地人共事，还要与当地人保持距离的矛盾。

在海外项目运作中，资源国为保护当地人就业，往往都采取了当地用工比例的强制要求，有的国家采取1∶10的比例，意味着1个中国人必须带动10个当地人就业，当地雇员人数都远远超过中方人员。由于当地人普遍对新冠不太重视，疫苗接种率很低，成为最主要的新冠传染源。但中方人员又不得不与当地雇员接触，被他们感染的风险很高。

3 建议和对策

3.1 重点推动超期员工及时轮休

疫情期间建立相对合理的轮休制度，对于超期工作员工，要从组织层面重点关注，及时推动倒班轮休，尤其是承包商员工超期未休假者较多，需要重点推动。

3.2 组织丰富多彩的文化活动

通过组织各种线上的文化活动，如“K歌大赛”“抖音小视频展示”“诗朗诵”等在线竞赛活动，丰富大家的业余生活，使人际交往活动从线下转移到线上，重建人与人之间的连接。

3.3 鼓励员工参加适量运动

运动可以帮助人体分泌内啡肽和多巴胺，调节人的不良情绪。有研究表明，当运动强度和时间足够时，人体就会分泌内啡肽和多巴胺，这两种物质能够帮助人们释放压力，改善不良情绪，让人变得愉悦和满足，使运动者产生幸福的感觉。建议海外员工利用晚上时间，适当进行一定强度的有氧运动，通过运动及时将压力得到释放。

3.4 做好员工家属工作

疫情期间，员工对家里的照顾变得更少，父母年龄越来越大，还有老婆孩子等都需要人照顾，公司后勤保障部门如果能适当开展家属慰问活动，获得家属的支持，一定有助于海外员工消除后顾之忧，缓解其焦虑状态。

3.5 提升员工抗疫信心

通过建立完善的防疫防控方案，加强防疫培训，配备充足的防疫物资等措施使员工提升安全感，懂得如何科学防疫，不信谣不传谣。

3.6 为项目配备专兼职心理管理师

面对疫情带来的衍生风险和压力，员工出现焦虑、抑郁、暴躁、失眠等心理问题的可能性大大增加，项目现场配备的专兼职心理管理师要发挥作用，组织心理评估、有针对性地谈心谈话，提前做好心理干预工作。

4 结语

人是企业的核心资产，在疫情期间海外员工的身心健康应受到额外关注和关怀，真正体现“以人为本”的价值理念，企业应帮助员工安全健康平稳度过疫情，确保长期可持续发展。

BP 安全文化和领导力在鲁迈拉油田的推行和实践

■ 李　瑾

【摘　要】英国石油公司（BP）作为国际化石油公司，在 100 多个国家运作项目，其总体实力，在石油行业居领先地位。BP 在多年石油勘探开发生产中，发生了多起重大安全环保事故，如 1988 年 7 月阿尔法平台爆炸事故，2005 年 3 月得克萨斯炼厂爆炸事故，2005 年 8 月墨西哥湾“雷马”钻井平台事故，2010 年 4 月墨西哥湾深海钻油平台井喷、爆炸、漏油事故等，均被同行业引以为鉴，也是 BP 在安全史上的“污点”被诟病。所有这些事故的背后，都是注重业务扩张、追求效益、对安全漠视造成的后果，这些事故给 BP 造成了人员的重大伤亡、财产的巨大损失和企业声誉的严重受损等后果。

BP 吸取前车之鉴，深刻剖析缺陷，吸取惨痛教训，在重建企业声誉、提升安全业绩的道路上，一直在努力前行。自 2009 年 12 月鲁迈拉油田合同正式生效、2010 年 7 月正式接管油田以来的十年时间里，BP 作为作业者，在推动安全文化建设和领导对安全的身体力行中做了大量卓有成效的工作，鲁迈拉油田的安全业绩稳步提升，在伊拉克及业内树立起安全、负责任的良好企业形象。

【关键词】BP；安全文化；领导力；实践

引言

油气开发中的任何安全事故，继而引发的次生环境污染等事故，都可能引发资源国政府和社会的高度关注，还往往导致高额的罚款和索赔。

中国石油在“走出去”的过程中，面临更多更严峻的安全挑战和风险，能否有效地做好安全工作，防范风险，将直接关系到海外项目员工的生命安全和项目的经济效益，更关乎整个海外油气合作的平稳运行和可持续发展。中国石油和 BP 在伊拉克鲁迈拉油田合作的十年过程中，在安全方面取得了良好的安全绩效，其好的做法和经验对于我们做好国际油气业务及开展国际油气合作，保障安全生产，提供良好的经验和借鉴。

1　推行安全理念，构建良好的“安全文化”氛围

鲁迈拉油田始建于二十世纪五六十年代，受多年战争、伊拉克脆弱的经济等多重影响，油田处于停运状态，油田设施得不到有效的管理和维护，存在设备设施老旧且腐蚀严重、部分工艺落后、油田资料缺乏、油区遍布未爆炸物（UXO）、当地人员安全素质、安全意识和安全能力较低等一系列突出的问题，所有这些因素给安全管理工作带来了极大的

压力与挑战。

从2010年项目启动，BP管理层吸取以往事故教训，视安全为生命、安全为效益、安全为最优先事项。提出“零事故、零伤害、零污染”的HSE目标；制定出HSE原则；提出HSE承诺：即致力于提升鲁迈拉油田作业的健康安全和环境绩效，将员工的健康和安全摆在第一重要的地位，通过减少排废、排气和排污的方式降低对环境与健康危害，以公开化方式咨询、倾听和回应员工、公共利益集团及相关方，与供应商、竞争者和社区合作提高作业标准，以公开的方式报告HSE绩效，无论好坏，对不断提升HSE绩效做出贡献的相关方表示认可。

BP为了实现可持续发展战略，认真推行“安全、相互尊重、追求卓越、勇气、一个团队”的核心价值观：

“安全”就是做任何工作，将员工工作的环境及周围社区的安全放在首位，促使全员展示其安全领导力、安全行为和安全责任。

“相互尊重”就是在符合当地法律法规的前提下，倡导全员树立良好的道德价值观，构建相互信任、互相尊重的工作氛围，尊重来自不同国家和地区雇员的工作价值和想法，关注决策的结果，无论大小。BP在鲁迈拉项目招聘来自50多个国家的雇员，所有外籍雇员和巴士拉石油公司（BOC）雇员一同工作，展示不同的地域文化、不同的安全工作方式，团队始终保持新鲜活力，实现了BP公司真正意义上的全球化。

“追求卓越”就是在保证安全的前提下，通过制度、标准和纪律约束，确保产品、工程、服务等所有工作做到最优化。

“勇气”就是面对困难局面，仍然“敢于发声”并坚持信仰；努力做正确的事情；不断创新思维方式并敢于寻求帮助；做到诚实并乐于接受他人反馈，无论好坏；鼓励员工在挑战面前，敢于做出决定；鼓励员工面对不公平的待遇，敢于发声，维护自己的权益。

“一个团队”就是在尊重个体成功和个人能力的前提下，推崇团队力量，所有员工都是为实现团队的工作目标而努力。

追求安全工作目标、践行“核心价值观”、做出HSE承诺，实质是向伊拉克政府、BOC、伙伴、社区、员工、供应商及承包商等表明其对待工作的安全态度和决心，以及开展安全工作的标尺，为项目构建起良好的“安全文化”氛围奠定了坚实的理论基础。

2 落实安全行为，促进“安全文化”逐步提升

2010年7月接管的鲁迈拉油田，还是油田停产、设备停用、设施损坏、人员松散的状态，随着油田生产的启动，这个半个多世纪的大油田重新焕发了活力。项目的安全文化发展（图1）经历了初始阶段—应急反应阶段—计划管理阶段—积极反应阶段的提升和转变。

第一阶段，从2010年到2012年，安全工作逐步展开，总体而言，这一阶段项目的安全文化发展从初始阶段（Pathological）过渡到应急反应阶段（Reactive）。安全主要工作包括：一是建立起了HSE管理体系。二是发布HSE手册。手册涵盖公司HSE文化理念、HSE承诺、HSE政策、应急响应、安全性、作业控制、安全作业惯例等方面的内容，以中文、英文和阿拉伯语发给项目全体员工学习。三是开展对全员的培训。包括安全基础培

训、UXO 培训、特殊作业培训、交通安全培训等，同时，要求承包商开展安全培训，特种作业要求持证上岗。四是开始推行安全黄金法则。安全黄金法则是告诉项目员工和承包商开展九项作业，即高处作业、动土作业、作业许可、限制空间作业、吊装作业、交通安全、能源隔离、变更管理、UXO 的正确做法。在这一阶段，员工认识到安全工作很重要，事故发生后也采取了一些相应的措施，但无论是油田本质安全方面、HSE 体系的执行、员工的意识、承包商适应项目体系的能力等方面都存在很大欠缺，安全管理薄弱环节明显，损工伤害事故率、工艺安全事故率达到最高。

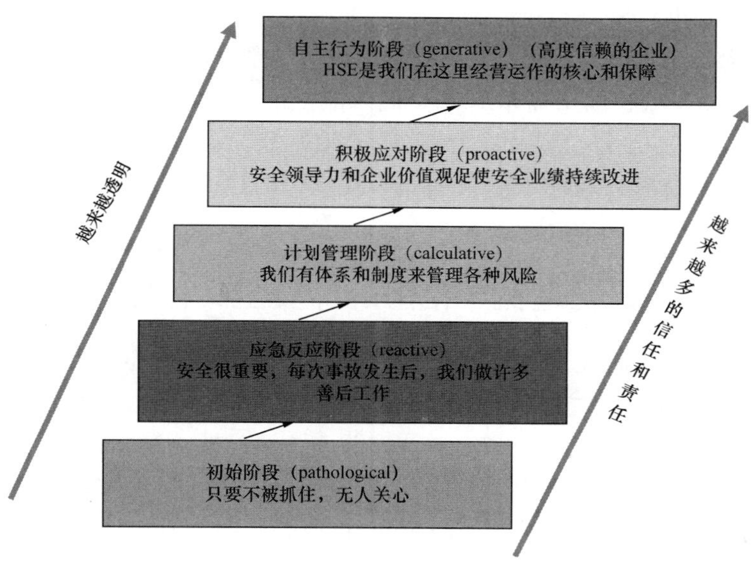

图 1　安全文化发展阶梯

第二阶段，从 2012 年到 2015 年，随着 HSE 制度的逐步完善和实施及 HSE 管理的深入，安全文化发展进入到了计划管理阶段（calculative），生产事故受伤率、工艺安全事故率稳步下降。首先是严格按照建立的体系开展工作，确保写到的做到；继续大力推行安全黄金法则，在所有办公场所、工作场所、站点，甚至到现场的路上都张贴安全黄金法则、安全注意事项等宣传公司的 HSE 文化理念；开始推行作业控制、生产许可制度；加强承包商和生产现场全过程的安全监督管理；致力于油区环境保护工作，开展油泥生物治理；加强油区放射性材料、土壤等的监测和预防。

第三阶段，从 2015 年到 2019 年，项目安全管理逐渐步入正轨，员工的安全理念得到进一步提升，良好的安全文化氛围基本形成。BP 管理层认为，安全文化理念处于计划管理阶段（calculative）和积极反应阶段（proactive）之间，或者是有些方面已经达到了积极反应阶段。主要体现在：员工普遍拥有安全知识和安全意识，遵守公司 HSE 体系，注重个人荣誉，重视安全，主动报告事故，将安全贯穿于工作全过程，关注并乐于帮助他人做好安全；承包商队伍严格按照项目的 HSE 体系开展工作，发现问题及时整改；发生 HSE 事故，项目会组织开展事故调查，找出原因，积极推动整改；项目继续加强环境管理和隐患治理，建立鲁迈拉垃圾焚烧处理站（日处理垃圾 10t 左右）处理生活垃圾，对建筑垃圾和化学废油桶集中处置，建立5个废气监测站，对周边大气环境质量进行监测，开展地下水监测，制订10年期环境改进计划等；各专业部门也将员工的安全和健康、承包商队伍的安全和健康作为首要任务进行落实；公司建立专门的培训基地，加强对一线员工特种作业的培训，开发了网络安全培训课程，全员必须学习，员工和承包商的素质和能力不断提升。

BP认为，因受多种因素制约，鲁迈拉项目的安全工作从积极应对阶段（proactive）到自主行为阶段（generative）还有很长的路要走。一是管理费用降低，引发大规模的裁员，会使安全管理力度弱化。二是安全投资减少，旧设备更新改造维护、新设施建设及新工艺投运延后，造成油田本质安全系数降低。三是油田自身的缺陷及隐患不能及时消除。如油田资料的缺失导致地下管线走向不明，不能及时发现管线腐蚀隐患；部分火炬设计不合理，多次发生漏油事故；油田遍布UXO，而未能全部清除。四是油田所处沙漠地带，气候环境恶劣，高温、沙尘暴给作业安全带来挑战和风险。五是周边冲突频发，给项目带来安全威胁。六是新冠疫情和油价的双重冲击，对项目的稳定运行影响巨大。所有这些都会制约安全文化理念的进一步提升。

3　尊重个体价值，打造宽严相济的“安全文化”理念

BP努力践行核心价值观，对所有员工持尊重的态度。BP认为，任何人都会发生错误，且大部分的错误不是有意为之，错误的发生或许有更深层的原因，例如员工没有接受到安全培训，没有工作程序或程序不明确，或者是设备方面的缺陷等。对发生错误的事情，不是在第一时间寻找责任人，而是以观察和沟通的方式与员工进行交谈，使得员工能够说出薄弱点以及需要关注的地方，进而找出事情发生的原因，制订改进措施，杜绝错误的再次发生。这是对员工的尊重，也是一种科学的工作态度。

BP注重员工个人价值和个人能力的培养，目的是实现团队能力的整体提升。在员工能力和价值的培养上，做了大量的培训工作。一是对全员开展安全基础线上培训；二是在油田建立专门的培训教室，培养专业的讲师对员工开展培训；三是在2012年—2014年期间，项目选拔伊拉克优秀雇员到英国和中国参加HSE培训学习，使当地员工了解了不同背景下的文化习俗差异、HSE管理和理念差异，开阔了当地雇员的视野，提升了素质、增强了员工的幸福感和归属感，当地员工的思想、理念更加开放和先进，更容易和外籍雇员一起融洽工作，更容易接受和实践项目的安全管理理念；四是BP激励全体员工参与安全监管，每个人都有权利报告和制止不安全的行为和不安全的状态，所有员工都是安全监督员，充分体现员工个体在安全工作中的价值和能力。

BP安全文化的另一特点是宽容及严格并重。BP承认因管理方式、管理力度不同，以及存在的个体差异，使得不同项目、同一项目的不同站点、同一项目不同员工及不同承包商，其对安全的认识及安全文化理念不尽相同，在确保“安全”的价值观下，接受差异化，更愿意倾听来自不同方面的声音和建议，对于合理、有利于“安全”的建议，积极接受和采纳，对于非故意的错误能够容忍。但是，这种宽容不是无条件的妥协和对安全标准的降低，相反，项目对于安全标准的执行是不打折扣，没有商量的余地。如要求承包商整改某一隐患，如果承包商漠视安全要求，不积极、不作为、逾期不改正，则坚决执行“工

作叫停”或安全一票否决制度，“工作叫停”期间的费用，项目不予承担，列入黑名单的承包商，不再与其签订合同，坚决维护项目的安全权威。

4 正视工作缺陷，拥有开放的“安全文化”态度

BP 以高度开放的态度认真对待 HSE 事故事件，不隐瞒事故，不回避矛盾，正视管理和技术缺陷，认真吸取事故教训。

第一是重视事故经验和教训分享。如果项目发生工艺安全一级事件、可记录伤害事故，绩效管理团队第一时间向项目全体人员及承包商分享事件的初始报告（Initial incident report），提醒员工和承包商关注事故、吸取教训。HSE 部的生产、钻井、交通、吊装、作业许可团队每月还收集一些典型事故案例，编写 HSE 月度通告（HSE monthly bulletin），说明事故经过、事故原因、纠正措施、教训吸取等，双语（英文和阿语）向公司员工和承包商人员发布，要求吸取教训。绩效团队还编写季度 HSE 通告（HSE quarterly bulletin），汇总本季度发生的重要事故，分析事故趋势，编制专题 HSE 警示（HSE alert），三语（英文、中文和阿语）向全员和承包商发布。项目还不定期发布 5min 安全警示（Safety alert），根据项目近期面临的突出问题，发布专题预警信息和具体措施，如高温、交通安全、高空作业、吊装作业、人员跨越护栏进入雷区、受限空间作业、NORM 等方面的内容。体现了项目勇于正视事故，勇于剖析缺陷的勇气，并切实将事故作为学习资源的优良做法。

第二是注重开展事故调查。如发生工艺安全一级事故、高风险事故（HiPo）、死亡事故（Fatality）、损工伤害事故（DAFWC）、工作受限事故（RWC）、医疗处置事故（MTC）、甚至一些未遂事件，都要开展事故调查。首先是组成事故调查组，找出事故发生的原因，明确出整改要求或整改措施、整改责任人和整改期限。事故报告经项目总经理批复后，进入落实流程，所有的整改要求、责任人和整改期限由项目的绩效管理团队录入 PMCS（Project management control system）系统，由绩效管理团队跟踪整改，预期不整改，HSE 经理会在月度安全会上进行通报，督促责任人尽快完成措施的落实。

第三是坚持实施求实的原则。每月或每周向伊拉克政府、伊拉克巴士拉石油公司（BOC）、BP 本部和伙伴提供 HSE 绩效管理数据，在联管会（JMC）上报告 HSE 绩效及缺陷，BP 上报其伦敦本部的 HSE 数据还在 IOGP 上发布。HSE 绩效越来越高的透明度，也赢得了越来越多的信任。

5 BP 管理层需要具备的素质和能力

BP 将项目比作一艘船，而项目管理层是舵手，好的舵手能够掌控方向，使船能够安全到达彼岸，实现既定的目标。因此 BP 要求管理层需要具备以下四种素质（图 2）。一是重视专业价值：具有严谨的工作态度和敏锐的判断力，因专业的卓越获得别人尊重的能力，能为企业培养出优秀人才，有学习并不断提升业务的能力。二是激励员工：激励和鼓励员工通过努力获得成功，培养有效的团队合作精神，能够倾听和整合不同的观点，给予和接收诚实的反馈。三是能够果断行动：制定清晰的目标，设定明确的方向、优先事项和

界限，展示不屈不挠的动力和决心，做出强有力的决定并坚持到底，为 BP 发声并做正确的事情。四是展示结果：能够管理风险，确保安全、可靠和有效的运行，做事力求标准化、简单化、减少复杂化，推动持续改进，严格管理业绩，并要求全员负起责任，根据严苛的竞争标准执行。BP 认为，一个人的安全视野和安全能力强，就能够做好安全工作，那么也能做好生产、作业、工程和财务等其他方面的工作。因此在选人用人上，管理层的安全能力是最重要的衡量指标。

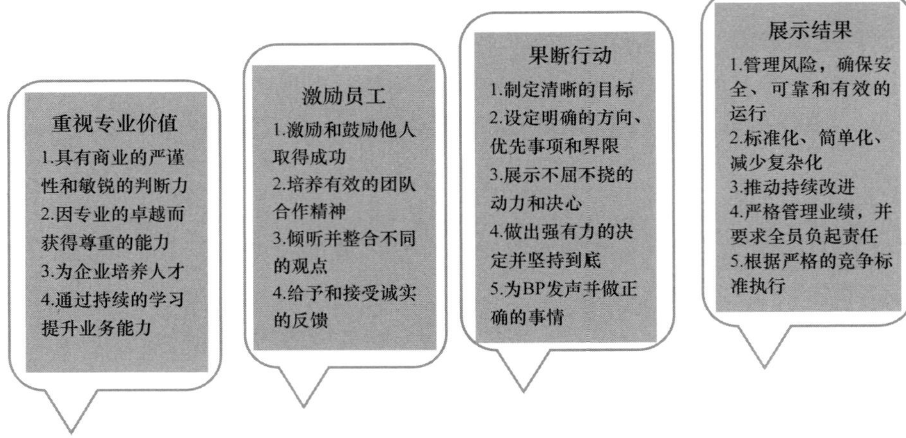

图 2　BP 管理层具备的素质

BP 的安全领导原则包括 5 个方面，并在工作中积极推行和实践。

（1）真诚地关心对方：

① 我们要像家人一样关心他人的安全。

② 我们互相照顾表示关心。

③ 我们帮助发现不安全状况，这些不安全状况或许他人没有看到。

（2）对安全的关注不打折扣：

① 我们要将安全置于所有工作的首位。

② 当感觉所做的工作不对，我们要停下来了解原因。

③ 我们要讨论发生冲突的优先事项，必要时升级管理。

（3）鼓励并接受大家提出意见：

① 我们要以开放和平易近人的方式，感谢那些提出意见的人。

② 我们要抱着积极的态度倾听并了解大家提出的问题。

③ 我们要对提出的问题进行关注和跟踪。

（4）了解实际工作是如何发生的：

① 我们支持员工解决问题。

②我们要花费时间与现场员工接触。

③ 我们要对现场进行检查，了解现场的工作是否安全或可靠。

（5）了解错误发生的原因并做出积极反应：

① 我们要探究事故发生的原因，并采取预防或纠正措施。
② 我们要深究事情进展顺利或出错的原因。
③ 我们以建设性的方式对问题做出反应。
④ 我们将追究那些故意无视规则的人的责任。

6　BP 强调领导层的执行力和推动力

BP 一直以来强调领导层的执行力和推动力在安全工作中发挥的重大作用（图 3）。领导对安全工作的坚强的执行力和推动力，可促使团队培养起安全信仰和安全价值观，这一阶段的行为对安全的影响是看不到的（输入的过程），但影响却是巨大的。员工产生了安全信仰、树立起良好的安全价值观，再引入激励机制，员工就会有良好的安全行为和行动，继而产生良好的安全结果（输出的过程），良好的结果是大家都能实实在在看到和感受到的变化。

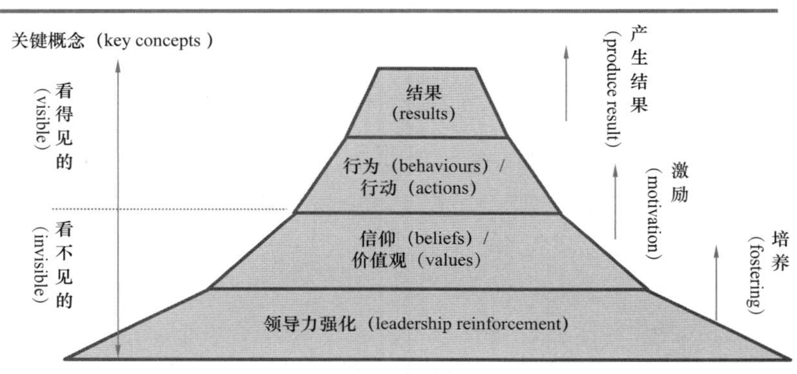

图 3　安全结果金字塔图（safety results ziggurat）

因此，领导需要具备强有力的安全领导力、执行力和广阔的安全视野，并重点从以下方面为抓手，推动整体安全绩效的改善和安全结果的产生。一是宣传并推动公司安全文化、安全价值观、安全理念的有效转化。二是推动开展安全知识培训、HSE 体系培训，开发运用有效的安全管理工具，推动安全工作标准化、程序化、简单化。三是推动标准的严格执行，促使员工或承包商转变安全观念，确保工作程序落地。四是如果发生了事故，及时组织开展事故调查，组织事故单位开展事故过程、事故原因等的分析研讨，吸取事故教训，杜绝类似错误继续发生。四是注重合规管理。及时了解当地有关 HSE 法规政策，确保不发生纠纷。

7　BP 管理层在油田安全工作中的实践

BP 管理层在安全工作中身体力行，为项目“安全文化”的提升及安全业绩的取得，起到了非常关键的作用。

一是坚持不懈地追求“零伤害”“零死亡”的安全愿景和期望，落实考核机制。对故意违反公司 HSE 制度的行为实行“零容忍”，对违反的员工坚决予以辞退，并立即执行。

同时公司加强 HSE 考核，HSE 年度考核指标由公司管理层讨论通过，主要包含 3 项指标：领导现场安全观察与沟通次数、本部门及本部门负责承包商的可记录伤害事故率、工艺安全事故率。分别对钻井部门、生产部门、工程部门、安保部门、基建部门和其他部门（IT、HR、Finance 等）下达这 3 项考核指标。各部门经理为完成项目下达的指标，再组织本部门各团队制定年度工作目标，确保目标合理且有挑战性。

二是以安全为导向，尽最大努力为员工及承包商创造安全的工作环境。在生产进度、效益、产量面前，BP 管理层更多的是将安全作为第一考虑的要素。对站内设施、生产工艺开展风险识别，发现隐患，进行大修维护或工艺更新改造等；执行工作“叫停”制度，对于存在重大隐患的生产作业或发生了严重安全事故的承包商必须停工整顿，直至隐患整改完毕，才允许开工；执行 HSE 管理体系，推行作业许可制度、安全黄金法则、工作安全前分析、开工前安全审计等制度，来规范员工和承包商的安全行为；并持续不断地落实风险识别职责，组织部门员工开展本部门及其负责的承包商的风险识别和排查工作，按照风险矩阵图，对各类风险进行量化打分排序，并在每个月的风险管控会（risk meeting）上，某一部门的经理或副总裁汇报级别最高的 5 项风险，提出整改措施并进行整改；亲自参与并组织本部门员工开展安全观察与沟通（leadership site visit）工作，查找现场深层次的安全隐患和问题，确保现场环境安全。

三是鼓励并要求全员履行安全职责，并采取果断行动。BP 践行安全工作由“专业部门总体负责，各站点履行属地管理、全员负责参与”的管理理念。各专业部门的管理层组织对其负责的所有生产活动进行全过程的监管，并检查承包商的 HSE 资质、HSE 体系、HSE 相关培训、PPE、使用的设备等，如钻井设备、吊装设备、交通工具是否符合安全标准，所有特种作业是否办理作业许可程序等。每个站点负责本站点的 HSE 风险识别和风险的控制，承包商在哪个站点施工，这个站点的团队就对承包商的 HSE 工作进行监管，颁发作业许可证，监督措施落实，发现隐患督促整改。如果发生事故，各专业部门严格按照事故调查程序开展事故调查，所有事故调查报告，HSE 经理必须参与审核签字。如果钻井承包商发生事故，安全业绩较差，钻井部门会组织承包商召开 HSE 会议或召开研讨会，剖析问题，督促隐患的整改，而不是由 HSE 部去组织和落实。充分体现了各团队在 HSE 工作中共同协作、共同履职的制度体系。

四是树立居安思危的忧患意识，注重事故管理和 HSE 绩效。利用 HSE 会议、研讨会等各种机会不断地播放 BP 曾经发生的事故，促使管理层不忘事故教训，认真履行好安全职责。首先是总经理带头履行安全职责。在全员安保例会上，总经理宣讲本周工作亮点及存在的问题，展示本周的 HSE 绩效，分享安全经验；在每季度末召开的由中层领导参加的季度会议上，总经理汇报项目 HSE 业绩，分析安全环保形势，提出工作目标或针对性的措施；在联合管理会议（JMC），会上总经理向 JMC 成员汇报项目绩效、HSE 预算及投资等具体事项；总经理和部门经理一样，深入现场开展安全观察与沟通工作、发现问题，督促相关部门落实整改。其次是 HSE 部经理和各专业部门经理认真履职。项目每月定期召开由各个部门经理参加的安全月度例会，HSE 经理通报整个项目 HSE 当月绩效，各专业部门经理汇报本部门及其负责的承包商的 HSE 绩效，HSE 经理还会根据项目存在的某一个方面的突出问题，准备一个专题汇报，展示现状和问题，提出整改建议，会上讨论通过后，立即组织实施。第三是 HSE 部和各专业部门抓好承包商的安全监管。组织承包商召开安全会议或研讨会，督促承包商整改近期安全事故和安全隐患，对发生人员伤害事故、高风险事故和工艺安全一级事故，专业部门的经理会商 HSE 经理成立事故调查组，开展事故调查工作，推动承包商改善绩效。第四是 HSE 部统计历年各类事故，分析事故发生趋势及事故发生的时间、地点、原因、责任承包商或责任部门等，进而制定出有针对性的措施建议，向总经理和各专业部门通报。目的是推动各责任部门或单位采取有效的干预或控制措施，减少事故发生，保障项目安全稳定运行。

8 BP 管理层在公共关系工作中的优良做法

油田在开发生产过程中，经常会遭遇偷油盗电、破坏油田设施、民众堵门，以及恐吓骚扰等事件，此类事件会严重影响项目的安全运行，甚至威胁员工的生命安全。项目管理层意识到，在紧邻社区开展油气业务，必须与社区建立良好的公共关系，积极化解纠纷和矛盾，尽最大努力减少来自社区的风险，并获得当地政府的支持，做一个负责任的好“邻居”。

项目自启动以来，成立公共关系部，负责处理油田内外部公共事务，多年来，未发生过因公共关系或政府的干预而影响生产运行的情况。做好公共关系工作，首先是加强内外部安全风险和商业风险的识别，做到有的放矢。例如项目阿里水厂周围有 16 个部落，各部落武器装备齐全，因种种原因和宿怨，这些部落经常发生激烈冲突甚至械斗，每年都有亡人事故发生。面对不利的安全局势，我们最好的反应就是与这些社区建立良好的信任关系，确保他们从来不把枪口对准鲁迈拉项目员工，这是重要的安全防线。在构建安全防线过程中，重点从五个方面开展工作。

一是成立社区委员会（community committee），加强社区和政府的工作沟通。在选取社区委员会成员时，首先考虑的是各成员需在当地社区和政府层面有影响力，能够被社区、政府部门所接受。委员会成员的主要职责是加强与紧邻油田的阿里社区和北鲁社区的沟通和联系，建立互信关系，共同负责解决民众面临的突出问题，减少社区对油田的干扰，杜绝纠纷事件发生，并让社区明白石油工业的重要性、石油工业成功运作的重要性，以及他们如何做可有助于石油工业获得持续成功。社区委员会加强和 AMAR 国际慈善基金会的协作，共同推动社区有关工作的开展。社区委员会还加强和当地政府的沟通联系，确保获得当地政府的理解和支持。

二是利用社会救助基金（social welfare fund）为社区、村庄建设福利性质的服务项目。开展福利性质的服务项目是化解风险的重要手段，让居民相信，这样做的目的是改善社区居民生活条件，这些项目实实在在摆在那里，民众能够切身感受到来自油田的实惠，而不是将社会救助基金捐献出去，使大部分普通民众无缘这块“蛋糕”。2013 年，在北鲁建立起容纳 7000 人的社区诊所，为祖拜尔医院捐赠医疗设备，为北鲁社区解决提供水泵，解决了当地居民饮水困难问题。2016 年，建立起能容纳 10000 人的 AL Khora 诊所，为 AL Khora 建造泵站和水管线，解决了 4000 人的饮水问题，并继续和巴士拉当地政府沟通，进一步扩建水厂，解决另外 3000 居民的饮水困难问题。为北鲁社区学校解决电力供应，更换电力设备、给学生捐赠书本，为当地社区修路，给社区居民提供电工、焊工培训，在阿里社区建立妇女培训中心，给 400 名妇女提供计算机、手工艺和健康等方面的培训，在北鲁和阿里社区共修建 4 个足球场，在阿里社区还建立幼儿园，在北鲁建立起移动诊所，解决居民去医院就诊的难题。

在与社区谈判和沟通时，坚决表明我们的底线和态度，并明确告知居民，除了这些服务类项目，我们没有更多可以给予。如项目占地赔偿等问题可直接找政府解决，让居民了解争议解决渠道，并让民众明白任何无理取闹的行为解决不了任何问题。

在建设这些福利性质的项目时，地方政府都考虑自己利益，都想分走一块蛋糕，这也是项目面临的困难，有时 BOC 会迫于压力更改计划，延缓项目的执行。

三是通过加强内外宣传，展示企业价值观，提升鲁迈拉项目的声誉。利用巴士拉和巴格达新闻媒体，开展对项目的正向宣传，宣传报道鲁迈拉油田的业绩，如生产了多少油，提供了多少个工作岗位，与当地承包商签订了多少合同，钻了多少口井等；利用社交工具，加强公司业绩宣传；邀请石油部长参加电站的启动仪式，进一步提升鲁迈拉项目的社会价值，化解油区居民对项目的误解。内部宣传主要通过报纸和公告，告知伊拉克雇员项目的理念、价值、开展的工作、取得的成绩等，并让员工参与其中，使得当地雇员及时地将公司的业绩和表现传递给他周围的人。

四是开展精神层面的激励，提升 BOC 雇员的成就感。项目 90% 以上的雇员是 BOC 员工,BOC 员工不归项目管理，项目对他们不进行绩效考核、不提供工资奖金、不提升职位。但为了激励他们的积极性，项目创办了 Akhbar AL-Rumaila 报纸，每期报纸上都选树先进典型，将先进员工照片、个人工作事迹、或安全认识、或工作感悟在报纸上展示出来，起到正面激励作用，总经理对优秀员工打电话表示祝贺，使员工感受到做好工作被认可的归属感和自豪感。

五是加强商业安全风险的识别和管理。与巴士拉政府利益相关方和政府部门人员建立良好关系，跟踪巴士拉政治动向和政治风险，识别哪些是我们可挑战的风险，哪些是需要规避或不可接受的风险，以及当风险来临时，如何化解风险。

结语

通过坚持不懈地努力，鲁迈拉油田的“安全文化”和安全绩效持续提升，管理层的能力、素质、树立的安全榜样和领导力，在安全文化的建设和安全绩效的改善上，发挥了重要的引领和推动作用，成为指导、推动和促进 HSE 管理工作提升的最重要力量，让广大员工清楚地看到、深刻地认识到，领导对安全的承诺和做法，绝不是一句空话。

作者简介

李瑾，女，天津工业大学环境工程硕士，具有国家注册安全工程师，HSE 培训师等资质，曾在伊朗北阿项目、中东公司从事 HSSE 工作，目前在中油国际（伊拉克）鲁迈拉项目从事 HSE 工作。

鲁迈拉项目 HSE 绩效管理在生产中发挥的作用

■李 瑾 曹 磊

【摘 要】本文阐述了项目 HSE 绩效管理的背景，绩效统计方法，绩效管理内容；通过系统的绩效管理和分析，展示事故发展趋势、项目存在的管理、技术和设备等方面的缺陷和问题；管理层通过直观的绩效数据，进一步分析项目存在的深层次问题，进而提出有针对性的解决办法，促进 HSE 绩效的进一步提升。

【关键词】HSE ；绩效管理；生产；作用

引言

项目高度重视 HSE 绩效管理，设有专门的绩效管理岗管理 HSE 绩效，HSE 绩效的好坏反应出一个企业的 HSE 管理水平，因此实事求是地反应项目 HSE 绩效，通过最基础的数据分析问题，采取有效措施解决问题，达到进一步改善 HSE 业绩的目的，因此有效的绩效管理在生产中会发挥越来越重要的作用。

1 绩效管理背景介绍

自 2010 年 7 月份项目启动以来，就积极倡导“零事故、零伤害、零污染”的安全理念。项目 HSE 组织机构同时组建，并设 HSE 绩效管理岗，10 多年来，项目进行了 5 次 HSE 组织机构的调整，有的岗位被裁掉，有的岗位合并，只有 HSE 绩效管理岗一直保留至今，表明项目对绩效管理的高度重视。项目绩效管理工作连续性好，自项目启动以来，所有的数据都保存完好，任何事故、调查报告及各位数据都可查询到，为后续工作分析提供了可靠的依据。绩效管理岗的主要职责是负责事故的统计、跟踪、记录；负责 HSE 周报、月报的编制和事故趋势分析；负责员工现场检查记录、统计和督促；负责收集统计交通、作业许可、工艺安全事件、应急培训和演练等数据；负责事故调查报告中所有整改行动的系统录入、事故关闭提醒和报告；负责 Sharepoint 中有关 HSE 内容的系统维护和录入等。

项目管理层认为：初始事故报告中，重大事故的多少能反应出项目的管理水平，而不安全行为和不安全状态及险肇事件报告的增加，从一个角度来说是一种积极的变化，表明越来越多的人及时制止或干预了不安全的情况，这种积极的干预措施将许多事故消灭于萌芽状态，让作业现场变得更安全。同时，基于事故报告的 HSE 业绩指标体系也会因此变得越来越真实，更好地提供准确可靠的事故趋势分析，让管理层及时地、有的放矢地解决事故暴露出的各种管理问题。

2 绩效管理内容

绩效管理重点包含两部分内容：一是制定项目年度 HSE 考核目标，之后生产、作业、工程、基建、安保和 HSE 等与生产密切相关的关键部门，根据自身管理实际，制定本部门的 HSE 目标或里程碑任务。二是加强绩效的统计。HSE 绩效岗实事求是地统计事故，分析事故发展趋势，展示项目真实的 HSE 工作状态，以及管理、技术、设备等方面或其他方面的缺陷。

2.1 制定年度 HSE 绩效考核指标

项目公司 HSE 年度目标和考核指标由公司管理层讨论通过，通常来讲，年度安全指标包含 3 项：领导现场检查数（35 个岗位）、人员安全事故率、工艺安全事故率。这三项指标强调了领导层对 HSE 的参与程度，人员伤害事故率和工艺安全事故率的年度目标，通过加强全方位的 HSE 管理，确保三项考核指标的实现。各部门根据管理实际，制定本部门的年度 HSE 考核指标，并在管理层会议上讨论通过。

HSE 部 2021 年度里程碑分为 15 项工作内容，并在公司管理层会议上讨论通过。

（1）健康方面：新冠疫情的预防、控制及应急反应，制订心理改进计划以提升员工心理健康。

（2）环保方面：2021 年减碳计划实施，并基于对碳排放数据分析和跟踪，开发 PowerBi 可视化管理图表以展示碳排放计划的进展趋势，放射性物质管理及对水减排管理提供环保方面支持。

（3）HSE 方面：将 BP 新的安全领导力原则下发给全员，使全员了解领导层的承诺及期望，执行新的事故调查程序，给相关人员提供事故“根本原因分析”培训，开发在线事故报告模块，并将 PMCS 系统的工作内容与 SharePoint 系统兼容。

（4）工艺安全方面：支持生产团队实施工艺安全改进计划。

（5）风险管理方面：在项目推行 WorkSafe 生产风险管理工具。

（6）自我审核检查表：生产和井筒 HSE 团队实施新的自我审核检查表，给员工提供相关培训，并通过 POWER BI 可视化图表进行数据分析，推动承包商加强现场管理。

（7）消防及应急管理方面：配合生产团队完成脱气站消防系统建设及相关审核工作。

HSE 部 10 个分团队根据年度里程碑任务，详细制订分团队的年度工作计划和实施目标，并每季度更新发给 HSE 经理了解工作进度。

2.2 绩效统计方法介绍

HSE 绩效统计是 HSE 最基础的工作，绩效管理和统计的主要数据来源之一是初始事故报告，事故的分级按照 <OSHA-Occupational Injury and Illness Recording and Reporting Requirements，the Recordkeeping Rule> 的定义进行分级，分级方法和中油国际的事故分类方法基本一致。

2.2.1 HSE 初始事故报告

初始事故报告是 excel 表，是绩效管理最基础的数据来源。项目公司鼓励全员上报初始事故报告。任何人都有权利叫停不安全行为，任何人都有责任上报事故报告。因此，无论是基层员工还是现场检查的管理人员，对发现的不安全行为、不安全状况、或发生了任何事故都可以通过填写初始事故报告表并上报给 HSE 绩效管理岗，HSE 绩效管理岗对初始报告的质量和信息准确性进行核实把关，之后将初始事故报告提交给 HSE 经理审核后记录或发布。多年来初始事故报告的模板不断的完善和优化，目前是第 9 版。

初始事故报告包含了事故发生的时间和地点、事故单位、事故负责部门、事故描述、简要原因和采取的措施。这里强调的一点是事故单位可能是项目公司也可能是承包商单位，但事故负责部门则必须是项目公司合同主体责任部门，如作业部门承包商发生的事故，必须是由作业部门负责跟踪、开展事故调查，采取后续整改措施等，突出了项目对事故高度重视和负责的态度。

事故分类包含人员受伤（死亡）分类、工艺安全事故分级、交通安全分级、油气泄漏分级、职业病、环境事故、UXO、着火爆炸、财产损失等共计 25 项内容。HSE 绩效管理对事故进行统计记录，分类、汇总、分析和发布，并负责找出事故发展趋势。

2.2.2 HSE 周报

周报的格式是 excel 表，数据来源比较全面：第一页的事故数来源于初始事故报告数据，主要包括本周事故数、月累计事故数、年累事故数，并在金字塔图上直观地反映出来；包含不同部门领导现场检查数的分类统计；不同站点工作许可的签发数量统计；表格中还包括消防应急反应、应急演练和训练统计、交通事故和违章情况等。周报第二页主要展示与生产紧密的生产部门、钻井部门、工程部门及其他部门本周发生的人员伤害事故和工艺安全事故，月度累计及年度累计事故，并分别在金字塔上展示出来，便于责任部门清晰地了解本部门发生的事故。最下面的部分是将本周发生的所有事故的时间、地点、事故简要描述和责任部门一一列举出来。

事故周报完成并经 HSE 经理审核后，以双语（英语和阿语）发布，供项目人员和承包商人员了解本周的事故情况。

2.2.3 HSE 月报

月报的格式是 excel 表，第一页包含 8 个方面的内容：包括当月事故、年累事故及与上一年事故的对比分析金字塔图，通过 12 个月滚动展示可记录受伤率和因工损时率，来反映人员及工艺事故趋势；展示项目当前的里程碑；展示 12 个月滚动的工艺安全事故率；领导现场月度检查数；当月漏油、漏水、漏气数据统计；当月及年累的工艺事故数据；公司和承包商交通违章率；当月作业许可签发的数量和作业许可执行审核数。第二页和周报类似，把与生产紧密相关的生产、井筒作业和工程部本月的事故及年累事故单独列出来统计，便于各部门更加清晰地了解本部门负责承包商的事故情况和生产工艺状况。所不同的是在最下面部分，只记录高风险事故、工艺安全一级事故、重大交通事故、损工伤害事故、工作受限事故、医疗处置事故发生的时间、地点及事故简要描述。和周报一样，完成并经经理审核后，双语发布。

3 绩效管理在生产中的作用

鲁迈拉项目高度重视绩效管理，并持续关注绩效表现，如人员伤害事故率、工艺安全事故率、交通安全事故率等。项目未将绩效数据束之高阁，而是充分利用 HSE 绩效数据，进行后续管理和干预。如对工艺安全事故，高风险事故，可记录的损工伤害、工作受限和医疗处置事件或未遂事件开展事故调查，从而发现项目存在的突出或深层次的问题。如果需要资金投入才能消除的隐患，需要管理层讨论决定。因此绩效管理在对开展后续补救和干预工作，持续改善项目业绩，保障安全生产发挥了重要的作用。

3.1 为开展事故调查提供基本信息

事故发生后，绩效管理团队会及时将初始事故报告发送相关团队，相关团队将按照事故调查程序要求，决定是否需要开展事故调查。开展事故调查时，不同的部门履行不同的工作职责。一般事故发生后，主管部门的负责人会商 HSE 经理指定调查组长及成员，开展事故调查。对于高风险事故、重大财产损失事故、重大环境（如溢油）事故、人员重伤或死亡事故，必须展开正式调查，事故调查组长由总经理指定，调查小组成员由调查组长会商 HSE 经理确定。每一份事故调查报告都要列出事故的详细描述、事故的直接原因、根本原因等，并全面分析出预防此类事故再次发生的整改措施，明确整改落实相关责任方、整改完成时间。对于特别重要敏感的事故，项目律师要参与审核，事故报告标记密级，并在一定范围内分享并采取补救或干预措施。

所有的事故调查，均由业务主管部门负责组织开展事故调查，HSE 部门配合，而不是由 HSE 部负责组织开展事故调查，这样做的优点是可使事故原因分析更加全面和专业，整改措施的执行或推动更加有力，使属地部门 HSE 责任更加明晰和具体，也促进业务部门“管生产必须管安全”主体责任能够有效落实，是值得我们学习和借鉴的地方。如发生生产事故，则由生产部开展事故调查，HSE 部指定生产团队 HSE 人员配合。

所有的事故报告都需要找出事故的原因，列出事故整改措施，包括体系缺陷、设计缺陷、工艺缺陷、管理缺陷或外部原因等各个方面，这些措施不是描述性的工作，都是非常具体的措施和行动，每一个措施和行动都必须明确责任人（岗位）、整改期限和措施的批复人。项目 HSE 绩效管理岗将事故措施、措施责任人、整改期限及措施批复人（岗位）录入 PMCS 系统。如果没有按时关闭，HSE 绩效管理岗和 PMCS 系统负责人要在每月底进行提醒。对于高风险或工艺一级安全事件，如果逾期未整改，要在月度 HSE 会上展示并通报未整改项，促使各业务主管部门高度重视 HSE 工作，重视隐患的整改和及时关闭。

事故调查组组长组织完成事故调查后，出具事故调查报告，根据不同事故分类，报告稍有不同，但基本包含以下几个方面内容。

（1）事故简介。

（2）调查组成员。

（3）调查方法。

（4）事故关键因素。

（5）事故整改措施（明确措施、负责人、整改日期）。

（6）事故根本原因。

（7）事故详细报告。

（8）事故发生后的活动记录。

（9）管理层需要关注的事项。

（10）事故现场人员访问列表。

（11）事故照片，事故现场布局图等。

因此以 HSE 绩效统计、绩效分析为依据，开展事故调查，让管理层了解真实情况，展示出各个管理部门所分管属地的薄弱环节，促使各部门通过加强 HSE 体系执行、管理工具控制、现场监督、HSE 培训、HSE 研讨等环节，落实 HSE 管理制度并尽力削减 HSE 隐患。

3.2 为管理层提供决策依据

HSE 绩效统计展示最直观、最可靠、最真实的数据，通过数据反映出项目的现状和问题，为管理层决策提供了可靠的证据或依据。首先在项目每个月的 HSE 及风险管控会上，HSE 经理通报整个项目 HSE 当月绩效，提出需要重点关注的事项；不同部门的经理或副总裁汇报本部门本月 HSE 绩效，以及本部门识别出的级别最高的 5 项风险，提出整改跟踪措施，会议通过后，形成整改项输入 PMCS（projects management control system）系统，进行跟踪，直至关闭。其次是以 HSE 绩效数据为基础，在 JMC 层面，总经理汇报项目绩效及拟采取的隐患治理资金及措施计划，获得伙伴或 BOC 的同意或认可后，进行后续的隐患治理或改进。所有资金的审批及隐患治理工作计划的制订，都是基于现场获得的第一手 HSE 数据资料，具有很强的说服力。

3.3 为经验分享和教训吸取提供第一手资料

项目以高度开放的态度对待 HSE 事故和事件，重视事故经验和教训分享，而 HSE 绩效数据是 HSE 各分团队分享事故经过，吸取经验教训的第一手资料。项目以绩效统计数据为基础，积极分享事故，体现了项目勇于正视事故，勇于剖析缺陷的勇气，并切实将事故作为学习资源的优良做法。

对发生工艺安全一级事件、高风险事件、死亡事故、损工伤害事故、工作受限事件和医疗处置事件等事故，绩效管理团队第一时间向全体员工及承包商分享事件的初始报告，提醒员工关注事故、吸取教训；事故调查完成后，HSE 分团队要在事故调查报告的基础上，总结出一份事故教训通报，并发布给所有员工分享了解事件经过、事件教训和预防措施；HSE 部的生产、钻井、交通、吊装、作业许可团队每月还收集一些典型事故事件，编写 HSE 月度警示材料，说明事故经过、事故原因、教训吸取，双语（英文和阿语）向公司员工和承包商人员发布；HSE 部生产、作业、工程等 HSE 分团队每季度对各业务部门发生的事故进行系统地分析，对于一些突出问题，发布专题预警信息和具体措施，如高温、交通安全、高空作业、吊装作业、人员跨越护栏进入雷区、受限空间作业、NORM 等方面的内容。因此对事故的统计和管理形成了一个 PDCA 闭环管理系统。

4 结语

项目高度重视绩效管理基础工作，这些基础工作和各个部门的作业活动紧密连接，各部门以这些基础数据、发生的事故事件为突破口，开展事故调查或问题讨论等多方面行动，找出管理、技术、设备、培训等各方面的缺陷和问题，采取行动进行干预和整改，推动类似错误不再重犯或减少，因此绩效管理在项目生产中发挥着非常重要的作用。

埋地运行管道面临的风险与挑战

■ 史英贺　朱俊燚　张　江　蒋易育

【摘　要】我国城市化进程的加快，对能源的需求不断增加，目前运送石油和天然气能源的管道在建设中面临的风险和挑战很多，石油天然气管道潜在危害越来越大，严重影响了公共安全。从埋地管道事故的危险性特点、隐患的严峻形势和整改困难等方面分析了我国石油天然气管道风险管理面临的挑战。详细分析了导致管道风险管理面临挑战的根本原因，即完整性管理方案实施不力、管理责任不明确、现行规范和标准的局限性、风险评估方法的差异、管道故障信息管理不足。最后，在原因分析的基础上，提出了石油天然气管道风险管理的建议和对策，为输送危险物品管道事故的预防提供了重要的启示。

【关键词】风险管理；事故特征；隐患；管道安全

引言

管道运输因其成本效益高、土地利用效率高、可靠性高、远距离输送等优点无可争议地超过了其他运输方式，对石油和天然气等危险物质的安全高效运输起着至关重要的作用。尽管石油天然气管道事故和人员伤亡数量低于其他运输方式，但其潜在的严重后果仍是我国管道建设方、政府和公众关注的重大安全问题。事实上，由于中国城市化的加速扩张，越来越多的埋地管道非法占用、安全距离不足、不规范交叉等问题日益突出，严重威胁人民的生命和公共财产安全。

1　事故特征

1.1　数据收集

从中华人民共和国应急管理部事故查询系统，中国化学品安全协会、国家化工注册中心日常事故信息库和中国安全生产报社主办的中国安全生产网收集信息，表 1 统计出来了 2007 年到 2019 年之间中国境内石油天然气管道事故发生的 274 起事故。

1.2　数据分析

根据数据统计，2007 年至 2019 年我国石油天然气埋地管道事故及死亡人数变化情况如图 1 所示。可以看到，2007 年至 2019 年的事故死亡人数明显多于 2013 年之后的数字。

2013 年青岛原油蒸汽爆炸事故造成的死亡人数明显高于以往。总的来说，与道路运输危险品相比，管道运输危险品的年事故总量和年伤亡人数都很小。然而，管道危险品运输事故的平均死亡率约为 1.04，明显高于公路危险品运输事故。

表 1　各种资源收集的事故数据

信息来源	事故数量	事故占比
事故查询系统	19	7.0%
中国化学品安全协会	121	44.2%
日常事故信息	124	45.3%
中国安全生产网	10	3.5%

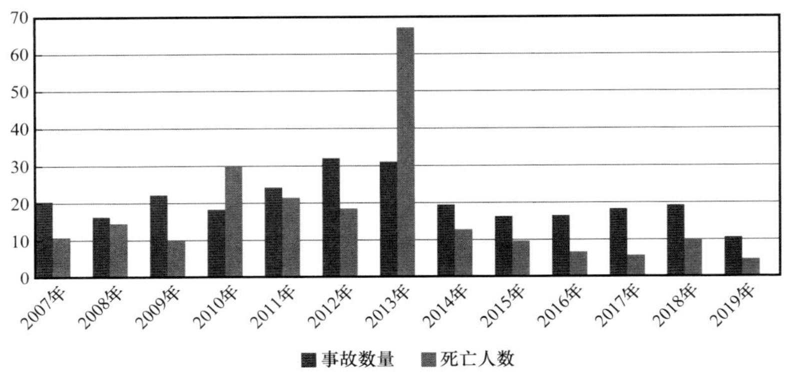

图 1　2007 年—2019 年中国地下管道事故及死亡人数

2　隐藏危险的状况

在中国，石油和天然气管道建设工程迅速扩张。立鼎产业研究中心发布的《2019 年版我国天然气管道建设现状及发展展望分析报告》数据显示：截至 2018 年底，我国运行的长输天然气管线总里程达到 7.6×10^4km，国内油气长输管道主要集中在三大石油公司手中，中国石油、中国石化和中国海油分别占比 69%、8% 和 7%，其他公司占比约 16%。干线管道总输气能力约 $3.5 \times 10^{12}m^3$/ 年；原油管道 23.4×10^4km，成品油管道 21.2×10^4km；运行时间 10 年以下的管道占 68.8%，10～20 年的管道占 16.9%，20～30 年分别为 6.45%，30 年以上分别为 6.85%。这些油气管道大多埋在地下，一些地下管道已经运行了 40 年之久，而且正在受到腐蚀和易碎。然而，在青岛原油蒸汽爆炸事故发生前，很少有人关注地下管道老化的潜在危害。此次爆炸引起了人们对一些石油管道与地下电缆和污水系统重叠所带来的隐患的高度关注。2013 年 12 月 5 日，国家安全生产监督管理总局下发《关于做好输油输气管道隐患排查工作的紧急通知》。随后，国务院启动了全国范围内对原油、成品油、天然气、煤气、危险化学物质等危险物质输送管道的安全隐患检查工作。

毫无疑问，任何一种隐患或其组合不及时识别和消除，事故隐患风险都会增加，特别是重大隐患被忽视。值得注意的是，将流经城区的管道路径所形成的地下封闭空间确定为一级隐患，即重大隐患。非法占据地面的危险，可能会增加危险物质的着火概率。此外，由于城市管道的不规则交叉铺设或交叉，增加了管道周围地下封闭空间出现的可能性。这将引发密闭蒸汽云爆炸，加剧事故的破坏性影响。综上，从重大事故预防的角度来看，管道运营商和监管机构采取措施尽快消除隐患是非常必要的，即使很难在短时间内纠正所有隐患。

3 原因分析

3.1 项目完整性管理不足

目前，越来越多的管道运营商为了提高其管道系统的完整性，大力推行完整性管理方案。美国政府颁布的《管道安全改进法案》（PSIA）强制要求管道运营商开发和实施完整性管理。完整性管理要求管道运营商识别任何“高后果区”或其管道，进行风险评估，并使用认可的检查方法对整个管道进行基本的机械完整性检查。管道完整性管理是风险管理的基石，有效预防管道事故的发生，已是不争的事实。然而，我国现行的实施情况并不十分有效。首先，根本原因是完整性管理不是中国管道运营商的强制性要求，这给了他们任意削减管道系统完整性管理安全投资的机会。事实上，对地下输送危险物质的管道进行重大检修或预防性检修费用也十分昂贵。

3.2 风险评估方法的差异

管道的风险评估是风险管理的重要组成部分，管道的正式风险评估，或称为定量风险评估，使用类似于在核、航空航天和化学工业中使用的技术，已被一些管道运营商和在一些监管环境中使用了多年，但这种做法并没有普及。更常见的是在管道操作中使用评分或索引系统，以响应对更正式决策支持的愿望或要求。这些风险评估技术的出现，是由于决策者在进行非正式讨论以获得最佳风险管理方案共同达成的一致意见。

4 结论

本文认为地下输送石油天然气管道事故的共同特点是发生概率低，但后果严重，尤其是地下输送危险液体管道事故。近年来，随着时间的推移，潜在事故风险显著增加。安全监测结果表明，井下输送危险物质管道的安全隐患状况十分严峻。而且，这些重大隐患很难在短时间内完成整改，因为很多涉及大量政府部门和企业的隐患只有在这些利益相关方的共同努力下才能解决。

面对上述挑战，应采取以下对策，提高地下输送危险物质管道的风险管理：

首先，综合管廊是一种综合的地下管沟或管道走廊，特别用于市政管道工程地下隧道的铺设。地下输导危险物质管道和综合管隧道中的其他市政工程管道可以得到有效的管理，不仅实质上可以不规则的交叉敷设，而且可以大大节省城市地下空间。因此，面对地下输送危险物质管道的严峻形势，推进综合管廊建设势在必行。

其次，要切实落实经营者主体责任和政府监管责任。在运营商和监管机构的共同努力下，需要对地下输送危险物质管道的隐患进行识别并按期消除。

最后，通过建立协调集成的失效事件数据库，完善地下输气危险物质管道失效信息管理，实现管道风险管理的高效率。

参考文献

[1] 赵丽娟，柯文祥．中国危险化学品事故统计分析及对策［J］．中国安全科学学报，2009（19）：165-170.

[2] 胡万吉．2009—2018年我国化工事故统计与分析［J］．工业安全与环境，2009（35）：37-38.

[3] 吴宗之，张圣柱，张悦，等．2006—2010年我国危险化学品事故统计分析研究［J］．中国安全生产科学技术，2011（07）：7-11.

[4] 吴志忠，张世忠，张勇，等．2006—2010年中国危险化学品事故统计分析［J］．安全科学学报，2011（18）：5-9.

[5] 张宏．中国危险化学品成因特征的统计调查［J］．安全与环境保护，2012（38）：10-11.

[6] 辛长林，王建林．危险物品运输事故历史分析综述［J］．中国社会安全科学，2012（22）：89-94.

[7] G. H. Antoine，S. Kim，R. Sethuraman，Characteristics of hazardous-material accidents in Pennsylvania，J. Transp. Eng-ASCE.119（193）226-238.

[8] J. A. Vilchez，S. Sevilla，H. Montiel，et al. Historical analysis of accidents in chemical plants and in the transportation of hazardous materials［J］. J. Loss. Prevent. Proc，1995（8）：87-96.

[9] E. P. Cuchi，H. Montiel，Casal J. A survey of the origin，type and consequences of fire accidents in process plants and in the transportation of hazardous materials［J］. Proc. Safety. Environ. Prot，1997（75）：3-8.

[10] 赵磊，王昕，钱艳．危险物品运输事故影响因素分析［J］．中国安全科学学报，2012（50）：1049-1055.

[11] E. Erkut，V. Verter. Modeling of transport risk for hazardous materials［J］. Oper. Res，1998（46）：625-642.

[12] M. Vema. Railroad transportation of dangerous goods：A conditional exposure approach to minimize transport risk［J］. Transp. Res. Pt. CEmerg. Technol，2011（19）：790-802.

作者简介

史英贺，男，中共党员，2008年学士毕业于辽宁石油化工大学建筑环境与设备工程专业，目前主要从事海外油气工程建设项目PMC管理工作，持有全国注册安全工程证书、全国注册监理工程师证书。

海外某地区管道风险管理分析报告

■ 朱俊燚　史英贺　隋鹏飞　刘兴福

1　风险事件总体情况

1.1　疫情方面

截止到 2021 年 5 月 13 日，A 国累计确诊 5325 例，B 国累计确诊 7995 例，A 国疫情在 A 国政府的强力控制下已有所缓解。

B 国的第二波疫情快速发展期 1 个月增长了将近 2200 例，且第二波疫情期间正好处于总统大选期间，且 B 国政府宣布选举期间将不会控制 50 人以上的聚会，这对 B 国的防疫工作带来了巨大的挑战。

1.2　两国总统大选

1.2.1　A 国大选

2021 年 2 月 27 日，最终结果公布，民主和社会主义执政党候选人以 2501459 票（占有效票数的 55.75%）赢得了总统选举。反对派抗议当局操控选举，他们在各地煽动支持者们反对当局，目前各地应总统大选造成的暴力抗议多达十余起，有数百人因制造骚乱被逮捕。3 月 31 日 A 国反动派悍然发动了反政府军事政变，组织叛军进攻总统府，被总统卫兵击溃。

目前宪法法院已确认第二轮选举结果，新总统已于 4 月 2 日正式宣誓就职。

1.2.2　B 国大选

4 月 11 日，B 国大选如期举行，B 国人民积极参加投票，以选举下一任共和国总统。B 国宪法法院 4 月 15 日宣布选举临时结果，4 月 11 日举行的总统选举注册选民约 490 万人，组合在首轮投票中获得 86.30% 的选票。另两组候选人分别获得 11.37% 和 2.34% 的选票。

4 月 21 日，B 国宪法法院正式宣布 11 日举行的总统选举最终结果，现总统与国民议会第一副议长组成的参选组合成功胜选。B 国新一届总统、副总统将于 5 月 23 日就任，任期 5 年。

B 国大选期间，除了选举前有数个城市发生暴力行为，虽然 B 国政府及时控制住了局势，但是还是造成人员伤亡，目前有反对派公开发表对大选结果质疑，他们对全国自治选举委员会给出的数据表示怀疑，认为民间社会组织的选举平台发生违规行为认为选举有违规行为。并且指责政府采取非常规手段排斥“竞争者”。

因此B国管道公司仍需持续关注两国总统大选后续进展，加强分析研判，切实做好社会安全管理工作坚持标准不降、力度不减，做好社会安全管理工作。

1.3 恐怖袭击方面

外国情报部门负责人2月1日称：恐怖组织一直在附近地区肆虐，且该组织的影响越来越广。

A国境内及周边恐怖组织袭击事件2021年1季度较2020年4季度更加频繁，死亡人数也直线上升，此外近几个月以来出现恐怖组织大批量绑架人质索要酬金的事件。2月25日至26日晚上，数十名武装分子闯入当地一所女子学校的宿舍，绑架了317人。3月2日至少有50名乘客在某地区路上被武装匪徒绑架。这两次绑架的地点都离两国边界不远，对该管道产生了严重的威胁。

1.4 海盗方面

2020年发生海盗事件87起，一共绑架138名人质，死亡5人。其中四季度和一季度是海盗事件的高发时期，而该项目海上施工最佳窗口期是11月到4月正好与海盗高发期重叠，因此施工时一定要做好防护措施和应急预案。

2 风险管理建议

（1）遵守所在国和地区的法律法规，尊重当地宗教、文化和习俗。

（2）遵循设计完整性要求，执行集团公司社会安全“物防、技防、人防、信息防”最低管理标准。

（3）留意当地报纸、电视等媒体信息，加强与该海外项目主承包商、业主和当地使领馆的协调、联系，加强对项目所在国政治经济形势、民族宗教矛盾、社会治安状况等信息的收集、评估和预警。

（4）项目人员必须服从所在项目部管理和组织安排，严格遵守项目部各项规章制度。在提高自我保护意识，加强安全防范的同时，在海外生产、生活工作中，也要学会与邻为善，入乡随俗，尽快适应当地生活。

（5）项目就行程安排计划、人员数量、行程人员沟通信息（电话、网络）、行程接送的沟通和协调、行程中突遇变化、境外接待站的转乘逗留等工作做到提前教育、告知，全面跟踪，及时掌握。

（6）在项目部所在国家政局不稳、社会群体情绪骚动的敏感时期，各海外项目部要减少人员非必要或非紧迫性的外出。

（7）在项目驻地外出时，要避免在人多混杂的地方长时间逗留。严禁围观当地的社会、宗教、纪念性集会活动，严禁在上述活动场所长时间逗留，并大声喧哗、拍照。

（8）每一位海外现场员工要熟知所在国、所在地的报警电话、我使领馆电话、项目部重要联系电话、网络信息，并做好个人备存。

（9）人员如遇紧急情况，要及时汇报所属项目部主要负责人或选择报警，必要时可向中国驻当地使馆寻求帮助。

（10）如果所在项目部发生人员被劫持的事件，要避免盲目反抗，知情人立即汇报项目部，项目部逐级汇报公司领导。被劫持人员在被劫持阶段应相互鼓励，不得出现私自活动，听从领队或管理人员的统一指挥和协调，保证人身安全。人员撤离时不得贪恋财物等，保证人身安全最为重要。

（11）密切关注疫情发展，结合集团公司和总部下发的各项防疫措施，因地制宜制定出符合两国项目实际情况的防疫方案。

作者简介

朱俊燚，2013 年毕业于西南石油大学，现就职于廊坊中油朗威项目管理有限公司，从事安全管理方面工作。

新冠疫情期间境外中资企业员工习惯性违章心理研究

■ 陆宝军　赵　潇　曾　进　刘安全

【摘　要】该研究以 298 名境外一线中方雇员为研究对象，涵盖非洲、美洲、中东、东南亚、欧洲等 23 个国家的石油矿产、工程建设、农业示范及经济贸易等不同领域。以 2019 年和 2020 年上述 298 名中方雇员两年习惯性违章数量进行对比统计分析，得出如下结论：新冠病毒期间受多种外部因素影响，境外中方人员长期在境外，不能与家人如期团聚，身心受到一定的影响，尤其是一线中方操作人员习惯性违章的现象较为普遍。该文章从主客观原因的角度分析了新冠疫情期间对境外中方雇员的习惯性违章的影响及应对措施。

【关键词】新冠病毒；中资企业员工；习惯性违章；心理因素；客观因素；心理测量

引言

习惯是人的主观意识认可或接受某一固定和需要的行为方式，可以简单地分良好习惯和不良习惯两种。这种行为方式涉及人的心理、生理因素的变化，反映其对待工作的态度，表现他的人生价值，因此，要改变一个人的一种习惯是很难的。习惯性违章是指在某项作业中长期逐渐形成并被特定群体或个体主观和客观所认可的、经常性地违反安全规定、标准的一种行为。事故统计表明，90% 的工伤事故是由人为因素造成的，70%～80% 的人为失误操作事故都与习惯性违章有直接关系。习惯性违章是一种不良行为方式，是人的不安全行为所导致的各类事故的罪魁祸首；实质上是一种违反安全生产客观规律的盲目的行为方式，这种方式本身就是一种潜在的安全事故隐患，如果在条件成熟的情况下很容易地转变为事故。反“习惯性违章”是安全生产的当务之急，是遏制事故的强有力措施，也是安全管理工作者面临的重要课题。

新冠病毒期间受多种外部因素影响，境外中方人员长期在境外，不能与家人如期团聚，身心受到一定的影响，尤其是一线中方操作人员习惯性违章的现象较为普遍。

1　研究对象样本介绍

该研究以 298 名境外一线中方雇员为研究对象，涵盖非洲、美洲、中东、东南亚、欧洲等 23 个国家的石油矿产、工程建设、农业示范及经济贸易等不同领域。以 2019 年和 2020 年上述 298 名中方雇员两年习惯性违章数量进行对比统计分析（表 1、表 2），得出如下结论：新冠病毒期间受多种外部因素影响，境外中方人员长期在境外，不能与家人如期团聚，身心受到一定的影响，尤其是一线中方操作人员习惯性违章的现象较为普遍。

表 1　2019 和 2020 年 298 名境外中方雇员习惯性违章同比比较

年份	1 月	2 月	3 月	4 月	5 月	6 月	7 月	8 月	9 月	10 月	11 月	12 月
2019	175	174	185	188	193	208	206	228	235	244	242	245
2020	179	177	190	201	209	218	226	235	253	252	260	259
同比增长数量	4	3	5	13	16	10	20	7	18	8	18	14
同比增长率	2.29%	1.72%	2.70%	6.91%	8.29%	4.81%	9.71%	3.07%	7.66%	3.28%	7.44%	5.71%

表 2　2019 和 2020 年 298 名境外中方雇员习惯性违章环比比较

年份	1 月	2 月	3 月	4 月	5 月	6 月	7 月	8 月	9 月	10 月	11 月	12 月
2019	175	174	185	188	193	208	206	228	235	244	242	245
2020	179	177	190	201	209	218	226	235	253	252	260	259
2019 环比增长数量	−1	11	3	5	15	15	22	7	7	−2	3	3
2019 环比增长率	0.00%	6.29%	1.72%	2.70%	7.98%	7.77%	10.58%	3.40%	3.07%	−0.85%	1.23%	1.24%
2020 环比增长数量	−2	13	11	8	9	9	9	18	18	8	−1	−1
2020 环比增长率	−1.12%	7.34%	5.79%	3.98%	4.31%	4.13%	3.98%	7.66%	7.11%	3.17%	−0.38%	−0.39%

2　习惯性违章的特点

行为心理学研究表明，习惯的形成分三个阶段：1～7 天——“刻意，不自然”；7～21 天——“刻意，自然”；21～90 天——“不经意，自然”。习惯一旦形成，就相当于一个人已经完成了自我改造，习惯就成为他生命中的一个有机舰部分。

2.1　麻痹性

在日常的安全生产中，违章的人一时没有发生事故的，他们就认识不到危害所在，就如同温水中的青蚊没有被立即煮死一样，“水”还没有升到使“青蛙”死亡的“沸点”，久而久之习惯成自然，他们就将其看成“正确”的操作，丧失了警惕性。如果每次习惯性违章都必然导致本人受到伤害或使他人受到伤害，就不会有人去做“温水之蛙”了。

图 1　习惯性违章的特点

2.2 顽固性

中国有句古训：江山易改，本性难移。在日常的安全生产中，发现很多违章操作的人，之前曾被检查发现过同样的错误，而且接受过安全教育，但是仍然旧习不改。这说明习惯性违幸确实非常顽固，受一定的心理定式支配，需要安全管理人员对违章现象严厉查处，对违章员工重复教育。

2.3 传染性

根据对员工存在的习惯性违幸行为的分析，员工自身存在的“不良习惯行为方式”并非自己“发明”，而是从老员工身上“学来的”。看到老员工违幸操作“既省力，又没出事”，自己也盲目效仿，而且用自己的习惯行为方式去影响新一代的员工，这就造成了“一脉相承”的严重后果。

2.4 排他性

习惯性违幸具有一定的排他性。有些习惯性违章的工人固守不良的做法，总认为自己的习惯性方式“管用”“省力”，不愿意接受新的工艺和操作方式，对安全操作规程学不进，不遵守。

3 惯性违章的原因分析

习惯性违章与事故之间没有必然的因果关系，但是习惯章是可能造成事故的一大潜在因素。因此，分析其原因有助于彻底消除习惯性违章的滋生土壤，提高安全系数。

3.1 习惯性违章的主观原因

习惯性违章的主体是人，人的错误思想认识是导致不安全行为的主要根源。由于文化层次、社会阅历、家庭状况、思想素质等各不相同，不同的人有不同的不安全心理，具体情况见表3。

表3 习惯性违章主观原因

序号	客观因素	习惯性违章主观因素分析
1	侥幸心理	以前同样作业都没出过事，就把潜在的危险抛之脑后，侥幸认为这次也不会发生事故。但是如果一旦环境、设备、人员发生变化，就很可能引发事故
2	麻痹心理	虽然已接受了培训教育，但在形势较为稳定的情况下，安全思想和警惕性就会不自然松懈下来，容易把安全规程、防范措施淡化，产生轻视已掌握的操作规程的心理，不严格按规程办事
3	取巧心理	为了获取更多地安逸舒服的时间，或有时为了抢时间赶工作进度，图省时省力，往往会投机取巧，简化操作规程，跨越操作工序等
4	马虎心理	自认为熟悉工作，作业时粗枝大叶，对暂时没有发生的危险、潜伏危险掉以轻心，结果发生意想不到的事故
5	逞能心理	岗位技能比较高，有一定的工作经验，理论上和操作上都有一定的水平，容易产生骄傲自满思想，认为别人不敢做的事自己却敢做，来显示自己的“艺高人胆大”

3.2　习惯性违章的客观原因

3.2.1　岗位培训不到位

由于企业的现行规章制度无法满足对员工进行定期的知识更新和技术培训，或现行的培训方式方法缺乏针对性，培训考核机制不健全，员工培训不能达到满意效果。表现为：员工对新技术、新工艺、新设备的操作规程一无所知，在不知情的状态下违章。

3.2.2　工作处环境不安全

作业环境内的设备工艺较为复杂，存在工艺设计考虑不充分，不符合人体生理特征，按正规的操作非常不方便。此外，随着生产规模的扩大，部分工艺设备不能满足当前生产需要，为保持正常生产，存在设备”带病上阵”或”超龄服役”，这些外界存在的问题迫使员工违章操作。

3.2.3　管理制度不完善

随着社会的发展，员工参与社会生活的程度在不断增加，受不良风气的影响，与高收入人群攀比造成心理失衡，思想不稳定，导致员工在作业中注意力不集中、行为走样。此外，在与同事、朋友、亲属发生一些矛盾及生活中遇到挫折，也会使员工思想情绪波动，在特定的条件和环境下导致行为失调。

4　习惯性违章规避措施

4.1　由专职安全管理人员组成

在日常监督工作中，针对员工违章行为，现场检查、纠正。完善制度建立、健全反习惯性违章的各项制度，使预防和纠正习惯性违章规范化、制度化。同时，把这些反习惯性违章规章制度细化到单位、细化到班组，落实到每一个岗位。应建立制度：《违章管理实施细则》《反习惯性违章奖惩条例》《习惯性违章处罚办法》及《责任制追查制度》等。

4.2　统一安全管理的相关标准

反习惯性违章行为整治活动要向纵向发展，必须在现有的安全作业规程及其保证体系的基础上制定详尽具体的章程，还要对各类习惯性违章行为及时收编整理、总结经验，充分发动职工参与其中，使员工在“制定前引起重视，制定中接受教育，制定后有章可循”，确保反习惯性违章的力度与深度。

4.3　加强各级员工安全知识培训

理论上的模糊必然导致行为上的盲目，思想认识上的错觉和误区必然导致管理上的盲区，技术上的生疏必然导致操作上的缺陷。安全培训作为企业安全管理一项重要内容和工作，培训的效果在一定程度上引导和决定员工安全意识的强弱、操作技能的高低。培训类型包括：岗位技能培训、安全知识培训及应急预案演练。

参考文献

[1] Jin-Hui L I, Ying L I. Exploration of the denotation and connotation of the environmental risk assessment [J]. Journal of Safety and Environment, 2012, 12 (1): 119-125.

[2] Liu C S, Liu G L. Study on judgment of miner's safety psychology status [J]. Coal Science and Technolog, 2004, 32 (7): 65-67.

[3] Ji-Zu L I. Safety psycholog [M]. Beijing: China Labor & Social Security Publishing House, 2007: 71-73.

[4] ZHOU Zhili, HAN Dong. The application of the psychological measurement technique in the safety management of the coal mine [J]. Sci-Tech Information Development & Econom, 2006, 16 (5): 159-161.

[5] ZHU Zuxiang. Industrial psychology [M]. Hangzhou: Zhejiang Education Press, 2003.

[6] SONG Weizhen, ZHANG Yao. Psychological test [M]. Beijing: Science Press, 1987: 48-60.

[7] TIAN Yanqing, YANG Zhenhong, ZHANG Yuanyong, et al. Workplace risk early warning model based on BP neural network [J]. Journal of Safety and Environment, 2011, 11 (6): 255-259.

[8] ZHOU Gang, CHENG Weimin, ZHUGE Fumin, et al. Analysis and discussion of mistakes and unsafe behavior principle [J]. China Safety Science Journal, 2008, 18 (3): 10-14.

[9] CAO Qingren. Management theory and methods of coalmine employee's unsafe behavior [M]. Beijing: Economic Management Press, 2011: 66-68.

作者简介

陆宝军，安全工程专业博士研究生，安全环境管理专业高级工程师，自2006年在中国石油参加工作至今，具备中国石油12年海外项目HSSE工作经历，3年集团公司国际部工作经验。

苏丹 6 区管道班组的“一双手”和“十根指”

■管　磊　杨　永　戴士毅　信　硕

苏丹 6 区项目共运行两条管道，其中稀油管道全长 96km，于 2010 年底投产；稠油管道全场 715.4km，一期二期分别于 2004 年和 2006 年投产，如何将这两条“步入中老年”的管道安全平稳地运行好却不是一个简单的课题。这个课题包含了定期开展管道清管、内外检测作业、泵站管线设备设施维护保养、管道沿线水工保护等常规作业，还有管道内腐蚀如何经济修复、超低输量下如何安全运行计量、如何基于有限人力资源提升管理效益、如何优化组织机构压缩运行成本等一系列新的课题横亘在管道班组面前。

目前管道班组分为管道运行和管道技术两个部门，由技术部回立为经理、运行部戴士毅经理和下属 Section Head、工程师、现场总监组成，按照职能分工细分为管道管理团队、运行团队、维护团队和计量团队。在工作中他们独当一面、各把一摊，在协作中他们维上护下、查漏补缺。管道运行部经理和技术部经理就似一双左右手，班组的十名成员就似十根手指头一样，虽然职能责任各有不同，但是却能引起共鸣，默契配合，将管道运行这个看似简单重复的工作弹奏出不一样的乐章。

1　善于“科学分配”、勇于“维上护下”、贵于“推功揽过”的管道管理团队

科学分配：安全是管道运行最基础也是最高的追求，为了实现这个目标，管道管理团队明白决策不能靠“拍脑瓜”，需要有详细的基础数据支持，任务安排不能靠“胡乱抓”，需要用科学系统合理分配。为此管理团队开发了周报跟踪系统和 KPI 考核系统，真正实现了管理科学制度化、任务分配合理化、组织结构动态化和员工培养专业个性化。

维上护下：管道部作为公司实现原油外输的“服务部门”，一方面要做好上下游的“穿针引线”，另一方面更积极维护公司领导班子的团结，特别是维护好公司“一把手”的权威、形象，工作实现出彩，而一旦碰到管道安全这个原则问题，管道管理团队坚决“维上”但不“唯上”，有理有据地坚持自己的原则性和专业性。面对管道班组的年轻成员，管理团队遵循的培养思路是：铺“路子”不如压“担子”，要求年轻员工在“转观念、勇担当、高质量、创一流”主题教育活动做出表率，一人多岗多能支持项目，其中信硕辅助工会、管磊负责党建、杨永支持 HSE，管道班组的年轻人力争在方方面面发光发热。

推功揽过：年轻员工在工作难免有失误和教训，考验的是团队管理者的“宰相肚”，更是年轻员工成长路上的“磨刀石”。当下属工作出现差错时，管道班组两位经理敢于担

责、敢于揽过；当集体获得荣誉、有了成绩时两位经理又主动谦让，希望把荣誉和功劳记在年轻同志身上；既敢负责又能负重，既能受苦、受累、受委屈，又要关心爱护部下，让他们吃苦不吃亏、受累不受气、流汗不流泪、埋头不埋没。

2 勤于“查漏补缺”、甘于“穿针引线”的管道运行团队

查漏补缺：制度制定得再周密，落地执行的时候难免出现疏漏和变化，这时候就需要将一线员工组织动员起来，在群众中找办法，将隐患消除在苗头，将这个漏洞尽快堵上，考验的是团队“查漏补缺”的能力。

管道运行团队 2019 年经过巡线现场排查，发现某稠油管道初穿越河流段存在重大隐患，提前组织工作成功修复，确保管线重点高危地段雨季安全度汛；在应急响应计划方面，对生产区域作业、收发球程序、吊车作业、高压电气设备维护等高危点进行了明确规定，使之成为规避泵站运行风险、提升设备安全水平的重要管理措施，据统计，2020 年管道全年泵站主设备运行可靠率达 99% 以上。

穿针引线：如果问起管道班组里事情最琐碎，工作最繁杂的团队，管道运行团队是当之无愧的“大掌柜”。它是“桥梁”和“纽带”，上对接油田、下对接炼厂和 PETCO 管道，考验了“穿针引线”的沟通协调能力；它是“话筒”和“门面”，下面的承包商最多，属地化员工最多，要求对上头的精神理解掌握得直接、深刻，对下头的实情了解掌握得清楚、全面，考验的是“优化整合”的组织执行能力。

3 敢于“独当一面”、乐于“排忧解难”的管道维抢团队

独当一面：如果管道运行团队注重的是“穿针引线”“心细如针”的柔，那么管道维护抢险团队要求的是“疾如风、徐如林”的猛，遇到险情“冲锋陷阵、独当一面”，平时待命时“不动如山”，守好管道安全的“责任田”，管好抢险维护的“三分地”。

2020 年初，某管道公司突发高倾点原油凝管质量事故，直接导致上下游多个项目相继停输停产。管道抢修团队接报后，立即与 PETCO 联系，协助制定了解堵技术方案，提供了紧缺应急抢险物资和管道抢修人员，全面参与并支持管道抢险施工作业。此外，管道运行团队创造性地实现了稠油注稀同步操作泵站全新运行模式，成功设计差值法计量模型，获得当地政府认可，既规避了稀油管道全线凝管风险，又解决了稠油掺稀精准外输这一技术难题，有效避免了后续操作和提油计量风险。

排忧解难：由于 6 区管道点多、线长、并逐步进入老化期，一旦出现管道漂管、露管，甚至漏油事件，设备人员在沙漠地段动迁难度很大，对抢修抢险的时效性要求极高。要想真正“任凭风浪起，稳坐钓鱼台”，就得提前提升管道整个系统的完整性，将管道腐蚀点和高风险点进行修复，目前这个“红线”“底线”的压力就是落在管道抢修团队身上。

根据 2018 年管道智能检测报告结论，稠油管道腐蚀问题加剧，近三年维护量大幅攀升，其他管道公司的做法是通过工程总包解决，经过仔细研究，决定利用 6 区管道现有资源，即大幅降低工程费用，又提高了管道维抢应急能力，起到了降本增效的积极作用。

2019 年当地政局动荡，维抢作业被迫中断 4 个多月，2020 年又逢疫情困扰，管道抢险班组重新调整策略，确保管线维抢作业不窝工、不怠工，最大限度地降低突发事件对按维抢计划的影响。2020 全年超额完成 400 个腐蚀点的年度维护计划，有力地保障管道平稳运行。

4 追求“精益求精”、严于“一丝不苟”的管道计量团队

精益求精：稠油管道计量装置建于 2004 年，设计、建设、运行均是按照美国标准，对管道计量团队的科学管理能力要求极高，建成以来经过数次升级改造一直运行平稳，未发生重大质量计量安全事故。2020 年，因疫情国际员工动迁封锁，管道计量团队“晓之以理、动之以情”多次沟通对接，说服其同意继续沿用上次标定结果，避免了后期的商务纠纷。2021 年初，管道标定团队克服柴油紧缺、超低输量、备件供应短缺等重重困难，协调承包商第一个到 6 区进行流量计标定，并最终顺利完成流量计标定，这种“精益求精”的工作态度赢得了政府、合作公司伙伴代表的尊重和肯定。

一丝不苟：管道计量团队不仅仅管好流量计“这杆秤”，还需要处理 124 管道质量银行、17 区管输费等诸多的商务问题，是代表中方争取中方伙伴利益的“前沿阵地”，考验的是团队成员连续开会奋战的“体力”，展示的是和其他伙伴和政府斗智斗勇的“脑力”，锻炼的是有理有据应对政府和其他伙伴的“博弈艺术”。

5 小结

管道班组的两位经理和班组的成员就和一双左右手和十根手指头一样，虽然职能责任各有不同，但是却能各司其职、默契配合。看起来似乎不可思议，更深层次的却是因为长期磨合下的信任和理解，大家心往一处想、劲往一处使。再往深处琢磨，管道班组有一个重要的品质，就是“Grit”，可直译为“坚毅”，但其涵义远比毅力、勤勉、热爱都要丰富得多。Grit 是对长期目标的持续热爱及持久耐力，是不忘初心、专注投入、自我激励和自我修正。正是靠着这个“Grit”精神，管道班组的一双手和十根指头将管道运行维护计量这个“小文章”弹奏出不一样的乐章。

作者简介

苏丹 6 区项目管道运行班组主要由管道运行部机关人员组成，其中有 4 名中方员工；杨永（左一）是提油计量工程师，负责管道末站流量计运行维护以及数据记录汇报，信硕（左三）负责管道运行调度；戴士毅（左六），运行部经理全面负责部门工作，管磊（左八）负责管道维护抢修工作，当地雇员分属不同组别，各司其职，团结互助。

着力推动三大管理创新，提升社会安全管理水平

■ 崔芹锋

【摘　要】介绍了中油国际某地区公司面对委内瑞拉日益恶化的社会安全环境，为了实现“保证人员安全，保持生产稳定，保障集团利益”的整体目标，结合委内瑞拉和公司实际，着力推动实施三大管理创新，即管理技巧创新、观念创新、手段创新来全面提升社会安全管理水平，确保了公司成立近 14 年来未发生一起因社会安全管理原因造成中方员工财产损失、人身伤亡事件，为公司优质高效可持续发展提供了坚强保障。

【关键词】苏马诺公司；社会安全管理；三大管理创新；提升水平

引言

中油国际该地区公司工作和生活驻地位于当地国家东部石油重镇某市，该市社会事件频频发生，是该国治安条件较差的城市之一。近年政治经济和安全局势不断恶化，给公司社会安全管理工作带来了极大的困难和挑战。公司始终牢固树立“员工生命高于一切”的安全理念，认真落实集团公司国际业务社会安全管理要求，结合当地和公司实际，积极探索实践，大力推动实施三大管理创新，即管理技巧创新、观念创新、手段创新，来全面提升社会安全管理水平，确保了公司成立近 14 年来未发生一起因社会安全管理原因造成中方员工财产损失、人身伤亡事件，为公司高质量发展提供了坚强安全保障。

1　管理技巧创新

管理技巧创新是指在管理过程中为了更好地实施调整观念、修改制度、重组机构，或更好地进行制度培训和贯彻落实、员工思想教育等活动所进行的创新。公司大力推动社会安全管理技巧创新来提高全体员工的安全观念和安全意识，让员工把思想转化为强烈的自觉意识和自觉行动，积极主动落实安全责任，在公司上下营造了人人讲安全、领导带头践行的浓烈安全氛围。

1.1　安保信息收集渠道创新打造“四个结合”

公司积极拓宽社会安全信息收集渠道，通过创新实施“四个结合”来打造安保信息收集网络，为防范和应对社会安全事件提供信息保障。

（1）与政府部门上下结合。与该国外交部、内政部等政府部门，中国驻委使（领）馆

等部门上下结合，通过政府部门公报、通告、中国驻委使馆通告来获得安保信息。

（2）与国际安保机构内外结合。与国际 SOS 和安保服务咨询公司 Control Risk 等国际安保机构内外结合，要求全员使用集团海外风险预警平台 App 和海外社会安全信息网络平台来获得安保信息。

（3）与油田现场前后结合。与渤海钻探等中国石油在该国子公司及加入合资公司油田现场内部工作交流群前后结合收集安保信息。

（4）与当地军警、居民、华商公私结合。通过加入中方驻地所在小区业主内部交流群，与华商、军警和小区居民保持联络沟通公私结合来获得安保信息。

1.2　安全文化活动创新实施“五感”创建

（1）使命感。领导带头开展社会安全专题授课、安全经验分享、严格执行安全制度，带队开展检查工作，有感领导内化于心，增强领导提升社会安全管理水平的使命感。

（2）责任感。通过全员轮流驻地夜巡制度，手机“随手拍”积极发现报告各类未遂事件和安全隐患，安全合理化建议征集活动，实现全员参与安全管理，增强员工安全意识和责任感。

（3）紧迫感。通过应急预案实战或桌面推演，来不断增强员工参与安全工作的紧迫感。

（4）自豪感。多年来公司始终遵循“员工生命高于一切”的理念来推行社会安全里程碑建设，近 14 年未发生一起因社会安全管理原因造成中方员工财产损失、人身伤亡事件，大大提升了员工自豪感。

（5）归属感。通过狠抓社会安全管理工作，加强和升级驻地安防措施，创造出在外部恶劣社会安全环境下的充分安全宜居的平安小区，不断增强员工的归属感。

2　管理观念创新

管理观念创新是指形成能够比以前更好地适应环境的变化并更有效地利用资源的新概念或新构想的活动。公司大力推动社会安全管理观念创新，积极调整工作思路，与时俱进，适应环境变化，持续提升管理水平。

2.1　社会安全物资采购渠道从当地转向国内

针对该国市场上长期短缺监控器材、急救药品、轮胎、汽车电瓶等安全物资，市场现有安全物资质量差、价格高的现状，公司通过和当地华商等合作，在中国国内采购摄像头、对讲机、联动警报装置等设施器材，利用其进口食品物品的集装箱运到该国，拓宽了安全物资采购渠道，既保障了社会安全需要，又节省了一定的安保费用投入。

2.2　变自行采购生活物资为华商送货上门，降低出行安全风险

近几年公司通过积极协调当地华商，由他们直接大量集中采购物资后送货上门，由公司直接支付美元或人民币，节约了员工大量时间，减少了之前公司用美元在当地换汇后使

用当地货币的汇率贬值损失，也大大降低了外出采购发生绑架、抢劫等社会事件的风险。

2.3 低成本创新引入高级武装安保力量，为员工安全和生产运行保驾护航

针对油田现场经常发生绑架、抢劫、盗窃、设备损毁等恶性事件，公司通过协调该国大股东高层和本地国民边防军，在油田内引入国民卫队进行防护，在办公室、联合站、压气站等重要场站设置6个板房，引入20名士兵，仅由合资公司提供一日三餐的较少投入。自此，现场偷盗、抢劫和绑架等事件再无发生，为现场中外方员工进行现场操作提供了强大安全保障。

借此机会，公司通过和合资公司外方高层沟通协调，以保卫合资公司中方员工人身安全的名义，获得一个闲置活动板房的中方免费长期使用权，将其安置在中方驻地小院门口，雇佣4名国民卫队士兵在中方驻地24小时护卫，公司仅为其提供吃住便利．自此，不仅中方驻地小院，连带所在小区整个社会安全环境也发生根本好转。

3 管理手段创新

管理手段创新是指创建能够比以前更好地利用资源的各种组织形式和工具的活动。公司大力推动管理手段创新，积极适应环境变化，通过“三自”手段去解决安全管理中的具体问题，堵塞漏洞，补齐短板。

3.1 自利利他，构建和谐，群居合一

公司高度重视社会贡献，通过加强与当地社区共建活动，努力构建和谐社区关系，在化解了社会矛盾，保证中方员工人身安全的同时，也大大提升了中国石油良好品牌形象。针对驻地小区无保安房，且社区自动遥控大门常因故障而敞开，匪徒多次直接闯入小区实施抢劫的情况，公司资助建设小区保安值班室供小区公用。还资助小区建储水罐，更换水泵，将驻地后院体育活动场地向小区居民开放使用，来构建和谐社区关系。另外，推动合资公司在油田周边实施了多项公益项目，如资助油田周边社区的生活用水、用电、住房建设，在油田工程施工时积极雇佣当地社区用工等。每年圣诞节前夕，为当地学校和社区捐献玩具及生活物资。

3.2 自力更生，完善设施，补齐短板

针对该国物资材料供应极度紧缺，人力成本和安全整改费用极高的问题，公司大力弘扬石油精神，组织中方员工周末义务劳动，在油田现场回收废弃管材，在驻地自己动手建设安装保安值守凉棚、搭建狗舍。另外在驻地院内自行修建一个小型停车场，可保证7台车辆全部停入院内，避免了车辆被偷盗和损坏的风险。

3.3 自我作古，根除隐患，正本清源

公司在解决问题上积极开动脑筋，发散思维，突破常规，自我作古，正本清源来推动问题的彻底解决。针对当地雨季雷大雨多，公寓楼内视屏监控系统、网络服务器等电气设备每年都要因被雷击损坏和损毁而多次维修及更换的问题，公司先后整改了大楼接地系

统，电路系统，并加强设备维护及管理，如根据天气情况提前关闭监控设备，延长设备寿命等手段，但始终未得到根本性解决。后来利用油田现场油罐建设公司服务合同，自己设计避雷针建设及安装方案，利用其金属材料和人力，以较低成本建成一个小型避雷针安装于公寓楼顶，自此彻底解决了雷击损坏损毁电器设施问题。

参考文献

[1] 刘文龙，张宏，陆宝军，等. 中国石油海外作业安全文化实践[J]. 天然气工业，2014，34(2)：135–142.

[2] 江文昌，俞秀宝，陈铭. 海洋石油班组安全业绩影响因素研究[J]. 天然气工业，2009，29(6)：123–125.

[3] 董正亮，王方宁，郭启明，等. 杜邦安全文化与企业本质安全[J]. 安全与环境工程，2008，15(1)：78–80.

作者简介

崔芹锋，男，毕业于江汉石油学院石油工程专业，曾在辽河油田从事采油生产、修井作业工作。目前在苏马诺合资公司从事生产优化工作，在中油国际（委内瑞拉）苏马诺公司从事 QHSSE 工作。

疫情下商业包机动迁倒班实践经验

■ 周　兵

自 2020 年初，新冠疫情开始在全球蔓延。为遏制疫情传播，1 月 22 日集团公司在某国中方员工停止休假倒班，3 月 17 日当地政府关闭所有机场，商业航班停运，千余名员工超期滞留。伊拉克复杂的社会安全形势、迅速蔓延的疫情、薄弱的医疗支持能力，时刻威胁着我方员工的健康安全，更无时无刻牵动着集团公司、中油国际各级领导的心。

惟其艰难，方显勇毅。面对严峻的疫情形势和广大职工家属的殷切期盼，在集团公司、中油国际本部的领导下，4 月初，中东公司迅速成立包机工作组，协同推进，统筹组织在伊各单位具体实施，经过四个多月的不懈努力，累计召开各方参加的内部协调会议 54 次，认真完成人员信息收集、审核、名额分配、核酸检测、隔离监测、旅途防护、分组管理、人员动迁等各项工作。该国三架次包机共动迁 1586 人（其中回国 898 人核酸检测全部阴性，返伊 688 人），圆满完成此次包机工作，为海外业务疫情防控及点对点包机倒班工作积累了较好的实践经验。

1　积极协调沟通，认真做好动迁许可准备工作

在驻当地使领馆的支持下，积极与当地相关机构进行沟通协调，办理了动迁人员出入境许可、宵禁期间出行许可并且动迁人员名单获得了当地政府部门批准。向当地石油部、民航部门申请了现场通勤飞机到附近机场的许可并且加速完成许可审批。向该国相关部门进行各单位动迁车辆信息及司机信息报备，并办理各单位陆路动迁许可。积极协调该国民航局、卫生部、边防、海关等部门给予中国石油包机在伊拉克境内机场起降、飞机航权、签证办理等事宜，给予医药防疫物资清关的便利。

为加强油田现场防疫专业技术力量，经过使馆协调，该国健康和安全最高委员会批准中国石油派遣医疗队赴伊拉克项目现场，对中方员工进行新冠肺炎防疫和医疗救治服务，给予医疗队签证、医疗执业许可、医疗设备和物资、该国境内通行、该国境内机场起降和飞行航权的许可。

2　洽谈包机资源，建立与当地航空公司的良好合作

在当地的封城、关闭民航航空的情况下，国内及中东其他国际航空公司难以执行该国点对点包机。中东公司积极与当地航空公司联系，推动该航空公司为包机提供优质服务。商业沟通中，要求当地航空公司提供正式函件，指定业务负责人并与其多次商谈，争取到

最优价格，为各单位减轻负担。要求航空公司提供双机组配置，确保航行安全，并且为乘机人员提供优质服务。当地航空公司提供包括飞机适航证、授权书、维护保养记录等相关技术文件，保证机组人员出发前完成核酸检测，在中国机场降落后不入关。

3 商业包机动迁组织主要工作流程介绍

3.1 包机人员筛选、信息收集、审核和更新

包机人员的筛选，按照病患、有基础病、家庭有特殊情况优先排序，充分考虑各单位人员总数、回国需求及入境点等因素分配名额。收集乘机人员护照、签证扫描件，并一一核对，确保个人信息正确无误后上报并及时更新。

每架次乘机人员信息均进行了30余次版本更新与调整，收集了1586名乘机人员中英文信息共48500条，将确定后的中英文名单提交集团公司国际部、当地办公室、使馆、航空公司及国内入境地。

3.2 乘机人员分组

按所属单位、基础病及座位等情况将人员进行分组，3次包机共设立159个小组，每组指定组长，负责组内的人员管理；同时每架次在回国及赴该国团队设立总领队及副领队，负责团队的构建与组织，统筹做好乘机团队的疫情防控措施，确保旅程安全，切实承担起领队的职责。

总领队和副领队主要考虑单位人数及国内入境地进行选择。领队制定包机团队工作细则，建立组长群，及时发布各项要求，并跟踪各组完成进展。

3.3 严格实施核酸检测及隔离观察

抓严、抓实各单位疫情防控，从根本上奠定疫情零输入的基础。严格对回国人员进行筛查和检测。回国人员进行全面核酸检测，实施两次核酸检测和14天隔离措施，并从自第一次核酸检测后开始隔离时填写健康记录表。要求乘机人员将个人核酸检测报告原件、承诺书原件、健康记录表携带至机场交专人检查。各单位提交阴性核酸检测报告、隔离监控记录和承诺书后方可登机。严格核酸检测报告审核，共审核检测报告1527份，对其中6份不合格报告及时进行整改。最终保证898名回国人员核酸检测均为阴性，做到了疫情零输入。

3.4 严格路途防疫保护

在包机动迁前，向各单位发布了往返当地旅途防疫要点指南，要求遵守组织纪律并严禁个人以任何形式在媒体上发布相关信息，确保稳妥、安全、有序地完成人员动迁。

指南分为纪律规定、团队管理、出发准备、旅途注意事项、入境中国要求、入境该国要求及其他相关信息七个部分。要求各单位在本指南的基础上结合自身情况继续完善、细化本单位的员工动迁旅途防疫细则。

3.5 组织协调会议

中东公司共组织 54 次各单位包机协调视频会，会上就各项准备工作、人员动迁要求、核酸检测情况、病患人员重点照顾等多项问题进行讨论、答疑，指导、协助各单位有序、高效地完成准备工作。组织回国及赴该国团队领队、小组长建立微信群，先后召开领队、组长视频会，并在微信群中随时交流动迁情况，保障旅途安全。

3.6 提前排定乘机座位

提前按照乘机人员分组情况，安排好队伍登机和下机顺序，按分组有序排定座位，乘机期间严禁个人调换座位。

根据飞机机型制作中英文版登机人员座位图，将中文版座位图发给领队组长中方人员使用，并发给国内接机人员和防疫人员备查，将英文版座位图发给航空公司以便核对人员座位信息防止出现漏人错人情况。

3.7 跟踪各单位该国境内动迁

严格审核各单位人员该国境内动迁方案，包含动迁路线选择，防弹车辆及安保人员安排，人员分组及应急联系方式等。收集各单位动迁车辆、司机信息，提前向使馆及当地政府部门报备。

向该国石油部、民航部门申请，获得了现场通勤飞机到巴格达机场的许可，规避部分陆路动迁风险。

3.8 做好机场登机协调组织

为动迁车队提前办理进入机场许可，便于进出接送人员。提供防弹中巴车，为部分单位人员进出机场提供摆渡服务。组织 200 余人次的机场服务，为包机团队往来人员提供现场服务，包括收集团队资料、引导、登机、出关、入关咨询指导等。

组织协调内政部、民航总局、国际机场安排途中安全和进入机场和防疫物资和药品相关事宜。

4 伊拉克包机工作小结

一是有力保证员工生命健康。实现 1586 人次动迁，运送了 231 名患病员工其中包括 21 名重病患者及时回国救治，保障员工身心健康，起到了稳定队伍、稳定家庭、稳定人心的作用。

二是帮助兄弟企业共同抗疫。医疗队 2 名专家到国机集团现场指导抗疫和人员救治工作，项目向国机集团赠送了一批防疫物资，同时第二架包机为国机集团拉运了 1.26 吨防疫物资，三架包机共帮 15 家兄弟企业 359 人实现动迁。

三是树立国有企业良好形象。三架包机各单位共 159 个小组团结配合、步调一致、服从安排、遵守纪律，展示了国有企业员工良好的精神面貌。

四是验证疫情防控措施有效。三架包机过程中全员零感染、回国零输入，充分验证了各单位安全岛、网格化、岗前筛查及医疗队派遣等疫情防控措施有效。

作者简介

周兵，2007 年 7 月参加工作，投身海外油气事业，长期奋战在现场一线，先后在非洲、中东地区 5 个国家、6 个项目从事 QHSSE 管理工作，处理各类杂难问题的经验较为丰富。

积极推行标准化管理，努力提高油田现场HSE管理水平

■ 中油国际（哈萨克斯坦）ADM公司

1 概况

中油国际（哈萨克斯坦）ADM公司于2005年4月26日正式完成交割，是中国石油天然气勘探开发公司在哈萨克地区第一个全资子公司。公司位于哈萨克斯坦共和国南部克孜奥尔达州，西北部与阿克纠宾州接壤，西部濒临咸海，南部与乌兹别克斯坦接壤。ADM公司油田位于市区东北约160km。

公司的工区位于南图尔盖盆地东南部，拥有阿雷斯和布里诺夫两个油气开发许可证，其中布里诺夫许可证下只有布里诺夫一个油田投入开发，阿雷斯许可证范围内目前有阿雷斯、东阿雷斯、南阿雷斯、萨雷布拉克和克拉库里等区块进行勘探、开发和试采，目前工区总面积661.2km^2，2019年年采油量11.8×10^{4}t。公司目前在用装置主要有阿雷斯油气集中处理站（CPF），阿雷斯天然气发电站、布理诺夫预脱水（转油）站、萨雷布拉克油气集输站和萨雷布拉克—阿雷斯油气集输管线（27km）、阿雷斯—库姆科尔集输管线、库姆科尔油气集输末站等。

ADM公司油气集输处理流程如图1所示，布理诺夫油田生产的原油经预脱水处理后

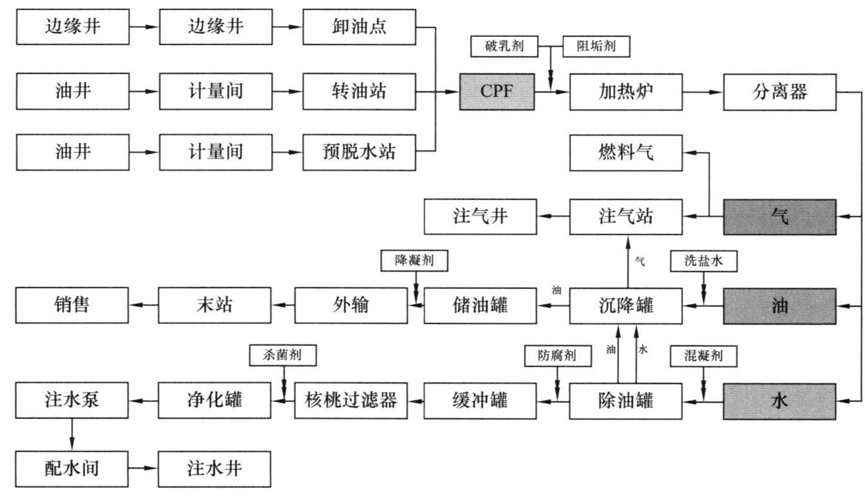

图1 ADM公司油气集输处理流程图

输送到 CPF，萨雷布拉克油田生产的原油经内部管线混输到 CPF 统一处理，最后将经过脱水脱盐脱气处理的原油由 CPF 经 80km 长的阿雷斯—库姆科尔管线输送到库姆科尔末站，并通过 KTO（哈油管道公司）进入中哈原油管道销往国内。

2 标准化管理在 CPF 站实践

2.1 标准化管理概念

标准是通过标准化活动，按照规定的程序经协商一致制定，为各种活动或其结果提供规则、指南或特性，供共同使用和重复使用的文件。标准以科学、技术和经验的综合成果为基础。

标准化是为了在既定范围内获得最佳秩序，促进共同效益，对现实问题或潜在问题确立共同使用和重复使用的条款及编制、发布和应用文件的活动。标准化以制订、发布和实施标准达到统一，确立条款并共同遵循，来实现最佳效益。

我国古人很早就有标准化的理念，儒家倡导礼乐文化，强调的就是天地万物的秩序，反映的是标准化的意识。孟子说“不以规矩，无以成方圆”，是古代标准化的经典表述，并将标准化理念延伸到了社会人伦领域。《史记》记载大禹治水“左准绳、右规矩”，都体现了标准规范一致的属性。秦始皇统一度量衡，并实现“车同轨、书同文、行同伦”，是历史上以标准化手段治理国家的范例。

标准化在我国历史上广泛运用于生产和技术领域。《考工记》记载了战国时期官营手工业各工种规范和制造工艺，广义讲就是一部标准文本集。宋代《营造法式》详细规范了建筑技术要求，在保障建筑物质量 HSE 等方面起到了重要作用。隋代产生的雕版印刷术、宋代毕昇发明的活字印刷术，乃至于产生并繁盛于唐代的格律诗都是标准化活动的结晶。明代《天工开物》是世界上第一部关于农业和手工业生产的综合性著作，是我国古代标准化经验的集大成者。

HSE 管理标准化是指通过建立 HSE 责任制，制定 HSE 管理制度和操作规程，排查治理隐患和监控重大危险源，建立预防机制，规范生产行为，使各生产环节符合有关 HSE 法律法规和标准规范的要求，人、机、物、环处于良好的生产状态，并持续改进，不断加强 HSE 管理规范化建设的过程。

中油国际（哈萨克斯坦）ADM 公司在严格遵守资源国法律法规的基础上，积极探索创新管理模式，将中油国际 HSE 管理体系与站内生产实践相结合，建立了一套具有自身特色的 HSE 标准化管理体系，取得了良好的效果。

2.2 CPF 简介

阿雷斯油气集中处理站（简称 CPF）位于阿雷斯油田核心区域（图 2），于 2007 年 5 月建成投产，设计年原油处理能力 7×10^5t，原油管线年输油能力 1×10^6t，原油储存规模 2.5×10^4t，污水回注规模 2000m^3，天然气回注量 10^5m^3 / 天，目前，累计输送原油约 4.2×10^6t。

图 2　ADM 公司 CPF 站全景图

2.3　HSE 标准化管理在 CPF 实践

HSE 管理源于精细，事故出自随意。HSE 管理必须严字当头，严格要求，严格管理。严格管理，首先必须让执行人清楚知道，该怎么执行，如何执行，按照什么标准执行，所以一套完善的标准化管理在日常 HSE 生产管理中显得尤为重要。

近年来 ADM 公司积极贯彻集团公司 HSSE 管理理念，逐步建立完善各类作业标准，实行 HSE 标准化管理，取得了很好的 HSE 业绩。CPF 积极探索创新管理模式，注重标准化管理在生产运行和 HSE 方面的应用，取得了较好的效果。

（1）分解流程，细化作业，制定执行标准，规范作业行为，实行 HSE 标准化管理。

多年来一直以工艺流程为主线，风险控制为核心，以点带面、滚动推进，以我为主、兼收并蓄的工作思路，制定了日常各种操作的执行标准（图 3）。对于任何一个作业操作，小到油品取样化验，大到停产检修，都结合现场实际情况，充分讨论后，作业分解被分解成若干步小操作，每步操作明确如何执行，执行要达到的标准，以及谁是执行人和谁是检查负责人，谁负责最终的验收，明确各级执行人的责任，都明确细化备案，并要求细化后的操作要一步一步执行，唯有上一步细化的操作成功完成后，才能得到执行下一步操作的指令。

标准化管理方便了 HSE 管理。标准化管理建设把作业票管理融入操作手册，优化操作程序，把 HSE 生产分级防控和隐患排查治理双重预防工作机制融入其中，明确了每项工作的性质与类型、每个人的功能定位和作业中每个人的权利责任与义务，大家对照管理手册，干什么、怎么干、干到什么标准一目了然，达到了同一件事情，一个人做一百次一个结果，一百个人都做一次仍然是同一个结果的实效，不仅使工作更具效率，HSE 更有保障，助推了每位员工的 HSE 技能提升。

标准化管理方便了现场实际操作。操作标准化让巡检“方便”起来，像以前“巡检到位、按要求执行”等模糊表述已被“HSE 阀每日巡检，至少每年校检一次”“低点排凝每小时检查一次”这样的具体内容代替。操作手册完成后各班组都有一份想想作业指导书和操作手册，员工参照这份指导书就能清楚地知道自己该做什么、怎么做、做到什么标准，实现了工作效率和 HSE 保障的双提升，确保每一个程序都可以量化执行，清晰可依、统一规范。

ЦППН АО СНПС-АйДанМунай
中油国际ADM油气集中处理站

Инструкция запуска и отключения нагревательной печи 加热炉启、停简明十条

1. Перед запуском подтвердите: уровень воды в печи нормальный, горючий газ чистый, все клапаны открыты и закрыты правильно, зи вытяжной вентилятор активирован.
2. Откройте впускной клапан горючего газа и проверьте значение манометра. Нормальное давление составляет **20 кПа~30 кПа**.
3. Запустите распределительный шкаф питания, подайте питание для PLC и горелку, и убедитесь, что данные дисплея PLC соответствуют данным удаленной передачи.
4. Установите температуру пара на PLC **110 градусов**, кнопка управления переключается в положение автоматической передачи, состояние пламени горелки выбирает контроль датчика пламени и нажимает кнопку питания горелки.
5. Двигатель горелки запускается, печь автоматически продувается, и продувка автоматически запускается.
6. Следите за температурой водяной бани. Когда температура воды поднимется до **100 градусов**, откройте верхний выпускной клапан и удалите воздух из водяной бани.
7. Закройте выпускной клапан и откройте впуск печи.
8. Следите за температурой на выходе из печи, соответствующим образом отрегулируйте заданное значение температуры ПЛК и убедитесь, что температура на выходе из печи поддерживается на уровне около 60 градусов.
9. Не реже одного раза в **30 минут** проверяйте уровень воды в печи, клапан слива топливного газа, а также соответствие данных на площадке и удаленных данных.
10. Кнопка управления в положении остановки, печь автоматически отключает печь, правильно закрывает впускной клапан, наблюдает за температурой водяной бани, а затем полностью закрывает впускной клапан после того, как температура снизится до **80 градусов**, и, наконец, закройте впускной клапан топливного газа.

1. 启动前确认：炉水液位正常，燃料气是否纯净，各处阀门开闭正确，启动排风扇。
2. 打开燃料气进气阀门，观察压力表数值，正常压力20KPa~30KPa。
3. 启动配电柜，给PLC和燃烧器送电，确认PLC显示屏数据和远传数据一致。
4. 在PLC上设置蒸汽温度110度，控制按钮打到Auto档位，燃烧器火焰状态选择火焰光感监测，按下燃烧器送电按钮。
5. 燃烧器电机启动，开始自动吹扫炉膛，吹扫完毕自动点火。
6. 观察水浴温度，待水温升高到100度，打开顶部排气阀，排空水浴内空气。
7. 关闭排气阀门，打开炉子进口进油。
8. 观察炉子出口温度，适当调整PLC温度设定值，保证炉子出口温度控制在60度左右。
9. 至少每30分钟巡检一次，检查炉水液位，燃料气排污阀，现场各点数据和远传数据是否一致。
10. 控制按钮到Stop位，炉子自动停炉，适当关闭进口阀门，观察水浴温度，等温度降低到80度后完全关闭进口阀门，最后关闭燃料气进气阀门。

ЦППН АО СНПС-АйДанМунай
中油国际ADM油气集中处理站

Инструкция работы пожарного насоса 外输泵启、停简明十条

1. Оператор **открывает** впускной клапан насоса перекачки нефти, открывает выпускной клапан слива воздуха входного манометра, закрывает клапан после полного слива и **наблюдает** за давлением манометра.
2. Оператор вручную ведет вращение вала, чтобы **подтвердить**, что вал насоса находится в рабочем состоянии и нет блокировки.
3. Оператор **сообщает** дежурному мастеру о подготовки к запуску насоса, попросить **разрешение** запуска насоса.
4. Дежурный электрик просит подстанции **разрешение** запуск насоса.
5. В рабочей пульте управления нажмите кнопку запуска, соответствующую шкафу номера насоса. Насос запускается и **наблюдать** ток двигателя.
6. Оператор медленно открывает выпускной клапан насоса, **наблюдает** за значением манометра на выходе и регулирует давление на выходе примерно до 40 кг.
7. Дежурный электрик **наблюдает** за током двигателя, и ток двигателя не должен превышать максимально допустимый ток.
8. Оператор **наблюдает** за давление перепада входного фильтра насос и подтверждает, что подача входной нефти дублируется.
9. Не реже одного раза в 30 минут **проверить**, достаточна ли подача входной нефти, состояние работы насоса, температура подшипника в каждой точке и ток двигателя.
10. Оператор медленно закрывает выпускной клапан, электрик нажимает кнопку остановки шкафа источника питания, **отключает** насос перекачки нефти и оператор закрывает впускной клапан.

1. 操作工打开外输泵进口阀门，打开进口压力表排气底座，排尽空气后关闭，观察压力表压力。
2. 操作工手动盘车，确认泵轴盘车灵和，无锁死情况。
3. 操作工向值班队长报告消防泵启动准备情况，请示起泵。
4. 值班电工向配电站请示起泵。
5. 值班电工按下配电柜和泵位号相对应的启动按钮，泵启动，观察电机电流。
6. 操作工慢慢打开外输泵出口阀门，观察出口压力表数值，把出口压力控制在40公斤左右。
7. 值班电工观察电机电流，电机电流不得超过允许最大电流值。
8. 操作工观察进口压差表，确认进口供油充分。
9. 至少每30分钟巡检一次，检查进口供油是否充足，泵有否异常，各点轴承温度，电机电流。
10. 操作工缓慢关闭出口阀门，电工按下供电柜停机按钮，关停外输泵，操作关闭进口阀门。

ЦППН АО СНПС-АйДанМунай
中油国际ADM油气集中处理站

Инструкция работы пожарного насоса 消防泵启、停简明十条

1. Оператор **открывает** впускной клапан пожарного насоса, открывает выпускной клапан слива воздуха входного манометра, закрывает клапан после полного слива и **наблюдает** за давлением манометра.
2. Оператор вручную ведет вращение вала, чтобы **подтвердить**, что вал насоса находится в рабочем состоянии и нет блокировки.
3. Оператор **сообщает** дежурному мастеру о подготовки к запуску пожарного насоса, попросить **разрешение** запуска насоса.
4. Дежурный электрик просит подстанции **разрешение** запуск насоса.
5. В рабочей шкафе управления нажмите кнопку запуска, соответствующую шкафу распределения мощности и номеру насоса. Насос запускается и **наблюдать** ток двигателя.
6. Оператор медленно открывает выпускной клапан пожарного насоса, **наблюдает** за значением манометра на выходе и регулирует давление на выходе примерно до 10 кг.
7. Дежурный электрик **наблюдает** за током двигателя, и ток двигателя не должен превышать максимально допустимый ток.
8. Оператор **наблюдает** за давление перепада входного фильтра насос и подтверждает, что подача входной воды дублируется.
9. Не реже одного раза в 30 минут **проверить**, достаточна ли подача входной воды, состояние работы насоса, температура подшипника в каждой точке и ток двигателя.
10. Оператор медленно закрывает выпускной клапан, электрик нажимает кнопку остановки шкафа источника питания, **отключает** пожарный насос и оператор закрывает впускной клапан.

1. 操作工打开消防泵进口阀门，打开进口压力表排气底座，排尽空气后关闭，观察压力表压力。
2. 操作工手动盘车，确认泵轴盘车灵和，无锁死情况。
3. 操作工向值班队长报告消防泵启动准备情况，请示起泵。
4. 值班电工向配电站请示起泵。
5. 值班电工按下配电柜和泵位号相对应的启动按钮，泵启动，观察电机电流。
6. 操作工慢慢打开消防泵出口阀门，观察出口压力表数值，把出口压力控制在10公斤左右。
7. 值班电工观察电机电流，电机电流不得超过允许最大电流值。
8. 操作工观察进口压差表，确认进口供水充分。
9. 至少每30分钟巡检一次，检查进口供水是否充足，泵有否异常，各点轴承温度，电机电流。
10. 操作工缓慢关闭出口阀门，电工按下供电柜停机按钮，关停消防泵，操作关闭进口阀门。

ЦППН АО СНПС-АйДанМунай
中油国际ADM油气集中处理站

Инструкция работы компрессора 注气压缩机启、停简明十条

1. **Нажмите кнопку сброса (Reset)** в модуле TTD, чтобы сбросить системный аварийный сигнал и начать обратный отсчет предварительной смазки.
2. Включите насос предварительной смазки компрессора в положение автоматической передачи (**Auto**), запустите масляный насос компрессора, посмотрите на индикаторную лампу давления масла и проверьте систему предварительной смазки на месте.
3. Вручную откройте насос охлаждения сальниковой воды и вручную включите воздухоохладитель в **High** положение.
4. Когда обратный отсчет насоса предварительной смазки компрессора закончится и загорится индикатор работы агрегата **Unit Running**, вручную включите запорный газовый клапан.
5. Нажмите вручную буксирный переключатель двигателя с правой стороны панели управления, запустится насос предварительной смазки двигателя, и давление масла в двигателе будет установлено после того, как давление масла в двигателе достигнет 30 фунтов на квадратный дюйм（**30psi**）.
6. Отпустите буксирный переключатель двигателя после запуска агрегата.
7. Отрегулируйте частоту вращения двигателя, вручную отрегулировав переключатель регулировки скорости на левой стороне панели управления.
8. Проверьте рабочие параметры устройства, проверьте рабочее состояние устройства, при необходимости увеличьте скорость и загрузку.
9. Уменьшите частоту вращения двигателя до **800rpm** и откройте нагрузочный клапан.
10. Нажмите кнопку **«Stop»** на модуле TTD, чтобы **остановить** устройство и закрыть впускной и выпускной клапаны.

1. 按下TTD模块中Reset键（复位键），复位系统报警，预润滑倒计时启动。
2. 开启压缩机预润滑油泵到Auto档位，压缩机油泵启动，观察油压指示灯亮，现场检查预润滑系统。
3. 手动开启盘根水冷却泵，手动开启空冷器到High位置。
4. 当压缩机预润滑泵倒计时结束，Unit Running 指示灯点亮后，手动开启燃气切断阀。
5. 手动推入控制屏右侧的发动机拖转开关，发动机预润滑油泵启动，发动机油压建立达到30psi后托转启动马达。
6. 机组启动后松开发动机拖转开关。
7. 手动调节控制屏左侧的转速调节开关，调整发动机转速。
8. 检查机组各项运行参数，观察机组运行状况，适时提速、加载。
9. 降低发动机转速到800rpm，开启加载阀。
10. 按下TTD模块中的Stop键，机组停机，关闭机组进出口阀门。

图 3　CPF 站内 HSE 规章制度

标准化管理方让现场的管理“活”起来。无论是施工现场的 HSE 指示牌，还是驻地墙上粘贴的警告标识，每个区域的 HSE 风险点都按照现场手册被标注得一清二楚。“作业许可证公示栏”“有电危险”“当心机械伤害”“非工作人员禁止入内”……各类提醒标识和现场操作职能十分明显。检查人员可以按照现场手册检查作业现场 HSE 措施布置、HSE 工器具使用、标准化作业执行情况，发现问题及时督促整改，做到了让 HSE 管理“看得见、摸得着”，实现 HSE 管理无盲区，岗位操作无缺陷，只有规定动作，没有自选动作，全面提升管控水平。

（2）加强培训和考核力度，提高管理人才和员工队伍素质，抓好班组 HSE 教育到位。

在 HSE 标准化管理体系运行过程中，各专业的管理人员、岗位操作人员的整体素质是关键，决定了 HSE 管理体系能否持续有效运行。培训和考核是提高员工素质的最好的手段。在体系运行过程中，日常组织经常性的多种形式的培训，充分利用每日的“班前 10min 的班组培训学习”，组织岗位工人复习作业标准，掌握标准体系文件的基本要求，熟练掌握操作技巧，养成按 HSE 标准规范操作的习惯。另外每年组织班组技能大比武，对比武优胜者提高奖励，这些大大提高了员工学习的热情，取得了很好的效果，营造了学标准、用标准、执行标准的良好氛围。

（3）不断完善制度标准，努力提高油田现场 HSE 管理水平。

建立完善 HSE 制度体系是使 HSE 走向制度化管理，建立 HSE 长效机制的必由之路。现场的情况是变化的，所以我们一定要根据现场实际，明确现场岗位责任和操作流程，简化操作规程描述，突出实用性，采取制度评审、现场试用、广泛征求操作员工的意见等方法，不断对制度标准进行完善，提高针对性和可操作性，改变标准上下一般粗、缺乏操作性的现象。唯有不停优化才有更完善的标准，取得更好的效果。

通过实行标准化管理 CPF 站连续安全平稳运行 15 年，在标准化流程指导下几次大规模检修也是在未全面停产的情况下实现的，为公司原油生产和销售指标完成发挥了巨大作用。通过标准化管理，CPF 站内工作人员每班只有 5～6 人，人人都清楚自己的岗位职责和流程，即使站长等负责人不在岗位，一样保证站内正常运转，节约了大量人力物力，为公司降本增效做出重大贡献。

如今 CPF 已经成为展示 ADM 公司形象的一个窗口，集团公司各级团组到达油田现场一定会去 CPF 站内观摩，2018 年 CPF 站获得了集团公司“绿色基层队站”荣誉称号。

3 CPF 标准化管理模式在油田推广

为了全面提升公司 HSE 管理水平，公司组织油田现场其他基层站队到 CPF 取经学习，按照 CPF 的管理经验和模式在全油田范围内开展标准化建设，目前已经取得了初步成果。今后，我们将以中油国际基层站队 HSE 标准化建设实施方案为契机，认真查找差距和不足，进一步推动 HSE 标准化建设在油田现场全面落地生根，争取早日建成既符合中油国际要求又具有自身特色的标准化现场、标准化站队、标准化车间，促进公司 HSE 管理水平持续提升。

4 结束语

ADM 公司 HSE 管理标准化建设起步较晚，与中油国际其他兄弟单位相比还有很大差距，目前，通过 CPF 标准化管理实践，为公司摸索了一套适合哈萨克斯坦国情和公司实际的管理模式，今后的任务是如何进一步完善和全面推广，同时要与时俱进，不断学习、探索、总结、提升，使其在公司 HSE 管理上发挥更大的作用。公司还要在中油国际公司指导下与 HSE 管理体系框架有机结合，虚心学习其他公司的先进经验和良好实践，进一步提升公司的 HSE 标准化管理水平，为公司 HSE 管理绩效改善和公司生产经营指标的完成发挥应有的作用。

哈萨克斯坦地区环境影响因素分析及员工健康管理实践

■ 尚卫忠　张永利

【摘　要】为探索“以人为本”作为科学发展观的核心思想的贯彻落实途径，切实提高企业员工健康水平，建设负责任的世界一流能源企业，中油国际（哈萨克斯坦）PK 公司对项目所在地周边自然环境中健康影响因素开展调查、分析，有针对性地制定和实施了一系列如：源头控制、防护隔离、跟踪监测、健康恢复、影响补偿等健康危害影响因素消减措施，为企业健康管理提供了参考经验和努力方向。

【关键词】人；环境；危害因素；健康

引　言

人是社会发展中最活跃的因素，同样是企业发展的主宰，企业发展的一切是为了人，更重的是要依靠人。科学发展观将“以人为本”作为核心，体现了中国共产党全心全意为人民的根本宗旨，中国石油天然气集团有限公司作为负责任的国有企业，更是将“以人为本”作为其 HSSE 工作理念的重要内容。

健康需求是马斯诺人的需求层次理论中，仅次于生理需求的第二层次需求，是安全需求的一部分，属于较为基础的需求，必须得到保障。健康管理是企业 HSSE 管理的首要内容，人的健康管理是企业健康发展的保障，员工的总体健康水平则侧面反映着企业管理的发展水平。

1　项目公司基本情况及地区自然环境

1.1　PK 项目

Petrokazakhstan 公司（简称 PK 公司），是一家在加拿大注册的上下游一体化的石油公司，主要油气资产全部位于哈萨克斯坦，按业务单元分为五大板块：总部板块、上游板块、合资板块、运销板块及下游板块。其中总部、运销板块位于哈萨克直辖市阿拉木图市，上游板块、合资板块主要生产区域位于克孜勒奥尔达州（距总部阿拉木图市 1125km），管理机关位于该州首府克孜勒奥尔达市，下游板块，即炼厂位于奇姆肯特州首府奇姆肯特市西郊（距总部阿拉木图市 685km，距上游板块克孜市 456km）。

上游板块包括 PKKR、Kolzhan 公司，合资公司包括图尔盖、哈德公司，共管理 13 个油田，年产原油 500 多万吨；下游炼厂年原油加工能力 600 万吨，炼油能力和成品油销售占该国总量的三分之一。

表 1　PK 项目员工分布情况表

	阿拉木图	克孜勒奥尔达	奇姆肯特	小计
员工数量	404	3065	1701	5170
其中中方员工数量	16	66	21	103

总之，PK 项目业务几乎涵盖中石油上游业务的全产业链（勘探、开发、集输、炼油、销售），具有石油行业所有普遍存在职业危害因素，即有害化学制剂、粉尘、辐射（此处仅指物探、测井所使用的放射源带来的辐射）、高温低温、工业噪声等。除此之外，项目公司因所处自然环境影响，还有一些特有的健康危害因素。

1.2　地区基本自然环境

PK 项目所在地地处中亚地区，属大陆性气候，1 月份平均气温 -19℃～-4℃，7 月平均气温 19℃～26℃。项目上游板块所在地克孜勒奥尔达州（部分油田区块位于卡拉干达州境内），属于半荒漠地带，夏季最高气温 53℃，冬季最低气温 -40℃，年降水量 100mm 左右，秋冬季节风暴、大雾天气频繁，冬季易出现导致道路结冰的气候条件。下游炼厂所在地奇姆肯市位于特乌加姆山脉山麓，年降水量 500mm 左右，虽降水偏少，但地下水资源丰富，城市植被茂盛，自然环境条件较好。

2　项目所在地特有健康危害因素分析

2.1　克孜地区辐射情况

自 2008 年中国石油接管 PK 项目以来，一直严格遵守当地职业健康管理的相关法律法规，在开展的年度危害因素监测中发现，在 Kumkol 油田个别单井采出液中含有放射性物质，导致后续工艺，如计量站、原油储罐、污水处理系统等存在辐射超标的情况（表 2）。

表 2　Kumkol 油区部分场站 γ 辐射情况表（2017.06）

地点描述	测量点描述	测得值，μSv/h
Kumkol 处理站	净化油罐罐底	0.4～0.6
东库 1# 计量站	集油管汇	1.4～1.8
南库 30# 井	采油树及单井管线	1.5～2.0
南库 1# 计量站	计量分离器底部	2.5～3.0
南库 2# 集油站	管汇间	4.5～6.5
南库 20# 井	采油树及单井管线	6.0～7.5
Kumkol 废料堆放场	废旧管材	11.0～12.0

哈萨克斯坦法律规定辐射强度高于0.25μSv/h，则应归为辐射性物质或环境。克孜地区自然环境中的γ辐射强度本底值为：夏季0.15～0.19μSv/h，冬季0.11～0.16μSv/h（实地监测量）。为做对比，下面列举原国家环保总局《中国环境天然放射性水平》1995年的部分监测数据，见表3。

表3　区环境γ本底水平（原野）

地域	范围，μSv/h	平均值，μSv/h
江苏省	0.033～0.072	0.050
广东省	0.017～0.193	0.085

可以看出，克孜地区自然环境辐射本底值偏高，Kumkol油区部分生产场站监测值超标。辐射强度和剂量超过规定值，会对人体健康造成不可逆的损伤。国家标准规定：凡是每年辐射物质摄取量超过6mSv的，应被列为放射性物质工作人员；受职业照射的个人剂量限值为每年20mSv（与哈国标准对应限值相同）[1]。

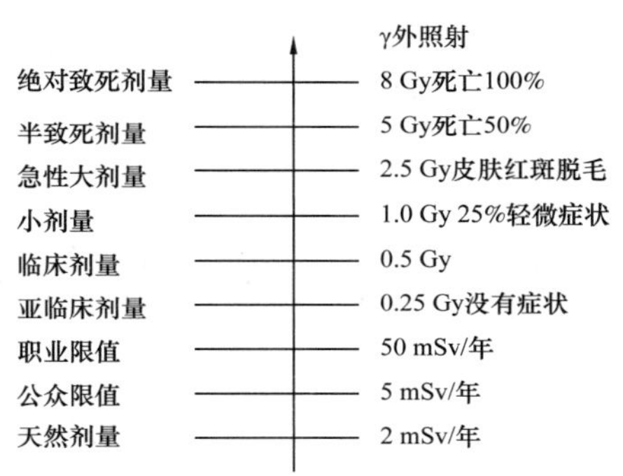

图1　γ射线照射引起人体症状示意图

哈萨克斯坦首座年产3000t的铀矿就是位于克孜勒奥尔达州扎纳科尔甘地区的“北哈拉桑”矿区，该矿于2009年4月23日正式开工投产，距克孜市约200km。另外还有西里、伊尔科立和塞米兹巴三座铀矿也位于克孜州，其中西里距克孜市最近，仅约120km。

铀矿开发产生的坑道废水、水冶废水、尾矿废水均含有有害物质，这些处理不彻底的废水会被排入农田，影响土壤、地下水源，致使农作物放射性核元素含量升高、地下水污染加剧。另外，铀矿开采过程中，凿岩、爆破、矿石装卸和运输过程产生的铀矿尘会带来大量风尘污染，铀矿尘呈细散颗粒，能长时间悬浮在空气中；加之开采过程会产生废气氡气，氡是镭的衰变产物，属放射性气体，氡气传播范围大，对空气质量影响严重。

铀矿本身的存在，及其开采导致的地下水和空气的污染，正是克孜州自然环境辐射强度偏高的主要原因之一。

2.2　咸海“萎缩”对克孜州的影响

曾经是世界上最大的内陆湖之一的咸海位于克孜勒奥尔达市以西约445km，进入20世纪后半叶，咸海开始呈现快速萎缩的形势，导致湖底盐碱裸露，在风力作用下，约有4000万吨至1.5亿吨的咸沙等有毒混合物从盐床（湖底、河滩）上刮起，吹向中亚草原，吹向农田和城镇，包括克孜州在内的大片土地出现高度盐碱化，并严重污染地下水。

有资料显示：“土地盐量与有害物的增加威胁着当地居民的健康，白血病、肾病、伤寒、肝炎、支气管炎、痢疾、食道癌、发育不全和婴儿夭折的发生比例都在不断升高。地处锡尔河下游的克孜勒奥尔达市（哈萨克斯坦境内），儿童患病率1990年每千人为1485

人次，到 1994 年增加到每千人为 3134 人次。”

在一些沙漠化地区，水质恶化和土壤污染已直接威胁人类生存。如哈萨克斯坦的克孜勒奥尔达州，一些地方已不能提供合格的饮用水。该州血液病发病率是全国平均值的 4 倍，病毒性肝炎是全国的 2.1 倍，达到 856.7 人 /10 万人。急性肠道传染病发病率最高达到 937.7 人 /10 万人，其他如伤寒、副伤寒、结核等疾病发病率都很高，都在共和国平均数的 2 倍以上，有的甚至高达 9 倍[2]。

2.3 拜科努尔航天发射中心对环境的影响

举世闻名的拜客努尔航天中心就位于克孜勒奥尔达州，距离克孜市约 248km，该发射中心共设有 40 多座发射台，其中离航天中心最近的约 38km，最远的约 138km，离 PK 项目所辖油区 Aryskum 最近距离约 100km。

半个多世纪以来，从拜科努尔发射场发射的俄“质子”型火箭多达 2000 多枚，其在飞行中脱落的第一节火箭 90% 都掉落在哈境内，而散落在该地区的有毒物质起码有 6000 多吨，离该中心最近的卡拉干达州和克孜勒奥尔达州则深受其害。

火箭发射所用燃料中的有毒残留物会对土壤产生污染，燃料中的庚基对人畜的身体也有严重危害。1999 年 7 月 5 日，“质子–K”号运载火箭出现故障，升空 5min 后即与地面失去联系，未能将军用通信卫星“虹–1”号送入轨道，事后，信息不断传来，一个村庄水库的庚基浓度超过了允许限度的 50 倍；2007 年 9 月 6 日，一枚携带日本通信卫星的俄罗斯“质子 –M”型运载火箭在升空过程中发生故障坠毁在拜科努尔东北部，该事故导致部分土地受到了高毒性火箭燃料的污染，《哈萨克斯坦快报》曾报道称，该事故所波及地区孕妇的流产数量突增至此前的 3～4 倍。

2.4 项目所在地为鼠疫（黑死病）防控区域

鼠疫，又称黑死病，是由鼠疫耶尔森菌感染引起的烈性传染病，属国际检疫传染病，也是我国法定传染病中的甲类传染病，在 39 种法定传染病中位居第一。鼠疫为自然疫源性传染病，主要在啮齿类动物间流行，鼠、旱獭等为鼠疫耶尔森菌的自然宿主。鼠蚤为传播媒介。

鼠疫在哈萨克斯坦近年来仍有多次不同规模的爆发，是哈萨克斯坦重点防控的传染病之一。1998 年 12 月，哈萨克斯坦东部爆发流行性鼠疫，疫情非常严重，导致 7 人死亡，600 多人感染[3]；2001 年克孜勒奥尔达州一名 41 岁男子感染鼠疫死亡；2003 年克孜勒奥尔达州一名 4 岁女孩感染鼠疫死亡，与其有过接触的 18 人均经隔离治疗得以康复；同年，曼克斯套州有 3 人感染鼠疫。

3 PK 项目健康管理方面的探索和实践

对于石油行业常见典型职业健康危害因素，PK 项目公司立足于完备的 HSSE 管理体系，严格遵循三级预防原则，第一级预防，即通过采取工程技术措施从根本上、源头上消除或控制职业危害因素，主要措施有：改进工艺，以低毒、无毒的物质代替高毒物质，使用远程控制或自动化密闭操作代替现场手动操作，加强对设备的检修，防止跑、冒、滴、漏，对建设项目进行职业危害预评价，加强通风、除尘、排毒措施；第二级预防，即加强对危害因素的危害程度和接触者健康状况进行双跟踪，做到早发现、早诊断、早整改或早治疗，主要措施有：对作业场所职业危害因素定期进行监测，一旦发现超标，及时查明原因，采取防制对策，对危害因素接触者进行定期的职业健康检查；第三级预防，即做好伤害处置预案，目的是使患者明确诊断后，得到及时、合理的处理，防止恶化和复发及并发症，最大限度地减少或降低伤害程度。除上述针对石油石化行业典型危害因素的传统防控措施外，针对所在地特有的危害因素，项目公司摸索实施了一系列健康管理和提升措施。

3.1 源头管理类举措

3.1.1 饮用水安全保障

水是生命之源，为杜绝水质对员工健康造成不良影响，针对项目公司上游板块所在地克孜奥尔达州地下水水质较差的情况，公司规定所有办公场所、中方驻地、油田餐厅、公寓，全天候供应产地和品牌均经过严格甄选的桶装/瓶装饮用水，2012年至今，一直选用南哈州奇姆肯特市 Artesi 公司生产的饮用水，该公司通过哈国食品质量认证，选用水源 Tacayiakecy 深井水，是哈萨克国家一级水源地。

另外，公司自建有反渗透水处理净化车间，所有洗漱用水均经过净化处理，达到饮用水标准，每个员工宿舍安装有家用水净化装置，全程确保用水安全。

3.1.2 年度、班前班后健康体检

公司严格履行年度健康体检制度，所有员工必须全员通过年度体检。为保证该制度有效实施，公司与医疗机构签订送检上门服务合同，基础项目检查全部在油田现场或公司办公楼集中进行，特殊项目或因检查设备原因不能送检上门项目，员工再需到合作医疗机构进行补充体检，合作医疗机构跟踪完成情况。医疗机构负责对员工健康状况进行逐一评估，提出改进计划，保存健康档案。

对于处理站、注水站、司机等岗位风险较高的工作人员，每日需进行班前班后两次身体健康状况检查，主要检查项目有血压、心率、酒精等，确保员工不带病上岗。

3.1.3 鼠疫疫苗接种

每年4～6月份，公司安排医疗服务机构，为员工免费进行鼠疫疫苗接种，接种工作分批次在油田现场和市区办公楼进行，以确保除部分经测试，确存在过敏反应的员工外，全员必须接种。由于接种工作的有效落实，近年来公司员工中未发生鼠疫感染的情况。

公司每年邀请当地传染病防控中心专家，为员工进行鼠疫预防及感染诊治知识讲座。通过该活动，员工充分认识鼠疫感染的严重性、掌握预防知识、会辨识初期症状、了解该疾病的发展和扩散趋势等，有利于防控工作开展。

3.1.4 健康生活文化建设

公司在当地建有两座综合体育馆，在两个主要油田基地分别建有室内体育馆和室外运动场，体育馆配有专职健身教练，全天候为员工提供健身指导和运动安全保护，室外体育场铺设人工草坪。

行政部、公共关系部定期组织各类文艺、体育比赛，号召员工积极参与，培养团队精神的同时，锻炼了员工体魄。优良的基础设施，丰富多彩的文体活动，吸引员工主动参

与，提升身体健康水平。

倡导员工健康饮食；加强后勤餐饮营养搭配管理，专门设置夜班食堂，确保夜班员工用餐质量；为油田一线员工，每人每天免费提供牛奶。

3.1.5 健康知识培训

组织医疗服务机构讲师，为员工进行急救知识培训，培训内容包括心肺复苏、外伤包扎、急救技能等，该培训工作已经成为公司 HSSE 年度管理工作的一项例行内容，培训既有理论讲解，又有实践操作，反复的培训确保了员工记得住、用得会、用得好。

3.2 监控、控制类举措

3.2.1 辐射强度及剂量持续监控

为将员工遭受辐射的强度和剂量控制在不影响人体健康的水平以下，公司制定了严密的辐射强度及剂量监测控制措施。对于辐射平均水平较高的场站，通过工艺、技术改造，提高其自动化作业水平等，减少人员进入或接触几率。

环保管理工程师定期持移动式辐射强度测试仪，测试记录各站点辐射强度值，根据其变化情况调整防控措施。对于清罐作业产生的油渣、各类维修作业更换下来的设备及管材，均需经过辐射强度监测。对于辐射强度高于 0.25 μSv/h 的，须集中存放至公司专门设置的低辐射污染物存放场，由专业服务公司定期回收处理。

给如注水站、采油站部分岗位员工配备辐射剂量记录仪，要求在岗期间持续佩戴，每季度读取记录仪数据，严密监控，确保其累积受辐射剂量不超标准。另外，公司严格按照当地法律要求，执行油田现场员工倒班制度，即上班两周，休息两周（法律要求每次连续工作不得超过 15 天），每天工作不超过 8h，以此确保辐射累积剂量处于较低水平。

表 4　2019 年一季度辐射剂量监测报告节选

序号	岗位	监测设备编号	测量值，mSv
1	注水站操作工	257	0.27
2	注水站操作工	259	0.30
3	注水站操作工	282	0.27
4	注水站操作工	366	0.27
5	注水站操作工	419	0.35
6	注水站操作工	433	0.42
7	注水站操作工	483	0.34
8	注水站操作工	486	0.38
9	注水站操作工	546	0.39
10	注水站操作工	571	0.35

注：受职业照射的个人剂量限值为每年 20mSv。

3.2.2　医疗设施完善

公司建立了三级医疗保障体系，确保患病员工得到及时有效的治疗，同时为每位员工购买医疗保险，保险金可覆盖三级医疗体系内所有治疗费用。

员工医疗保险、医疗服务均由 INTERTEACH 公司提供，该公司在哈萨克斯坦的 14 个州和 2 个直辖市共设有 23 座规模大小不等医院，基础设施、科室设置、服务质量均在中亚地区处于领先水平。其在公司上下游项目共设有 7 个医疗服务站，配备常用医疗药品和器械，在油田现场的 4 个医疗服务站配有 5 台救护车；在克孜设有一家初级医院；与克孜州立医院签有长期合作协议，能够满足为公司员工提供所有常见疾病诊治的需求。

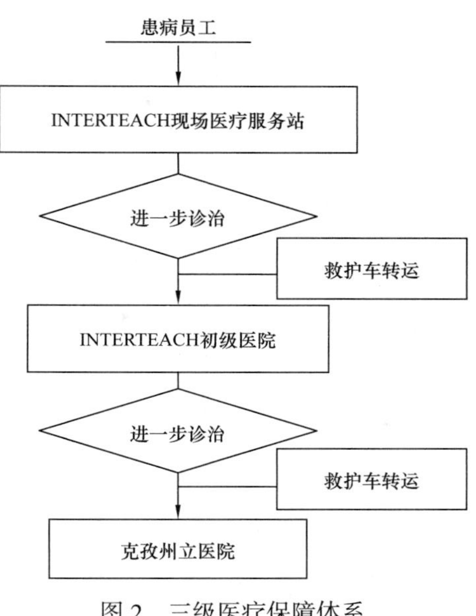

图 2　三级医疗保障体系

另外，公司为患有脑血管、心血管等疾病或健康风险较高的员工配备健康监护装置，该装置能够实时监测佩戴者的脉搏、血压等参数，具有一键紧急呼救（直通 24 小时工作制的油田医疗服务站，医疗工作人员可根据预案做出必要反应）、GPS 定位、拨打电话等功能。

公司各场站或部门，均配备急救药箱，医疗服务站人员负责其定期检查维护。

3.2.3　年度疗养制度

公司年度预算中划拨专项资金，组织员工到哈国境内环境优美、气候宜人、配套完善的疗养院（当地一些知名的疗养院都与公司有合作协议）进行健康疗养。所有员工每两年参加一次，每次疗养历时 7 天，参加疗养的员工可以在疗养院内休息、桑拿、观影，参加游泳、健身等体育锻炼；也可接受康复治疗，治疗项目包括心理咨询、针灸、理疗、肠道清理、营养控制等；员工还可在疗养院参加各种趣味活动，或参加心理健康讲座，涉及生产经营、HSSE 管理等内容的知识讲座等。

疗养按照公司计划和员工意愿相结合的原则安排进行，但疗养费用不可货币化，不可作为现金福利发放给员工，确保了疗养对员工身心健康的促进作用。

3.3　补充举措

3.3.1　生态补贴及带薪休假

1992 年 1 月 18 日，哈萨克斯坦共和国最高委员会通过“关于彻底改变咸海地区居民生活条件的紧急措施”的决议，设立《哈萨克斯坦共和国关于咸海地区受生态环境灾难影响居民社保法》（以下简称《社保法》），至此受咸海影响区域被以立法的形式，确定为生态受灾区，对生活在该区域内居民的生态补偿由该法确立，生态影响区域等级划分及主要补偿措施见表 5。

表 5 《社保法》规定的涉及企业员工补偿的内容

受灾区域划分	主要行政区域	劳动报酬调整系数	补充带薪休假天数，日历日
生态灾难区	克孜勒奥尔达州的卡萨林区和阿拉尔区，阿克托别州的切尔嘎勒区	1.5	12
生态危机区	克孜勒奥尔达州（除卡萨林区和阿拉尔区外），克孜市和拜克努尔市	1.3	9
生态濒临危机区	阿克托别州、突厥斯坦州、卡拉甘达州的部分区	1.2	7

注：1. 表中调整系数乘以员工合同工资额即为企业应付工资。
2. 哈国法定年度带薪休假天数为 24 天（日历日）。
3. 员工申请带薪休假情况下，可获得申请天数内的三倍工资。

PK 项目公司严格按照《社保法》及其他相关法律规定，落实对员工在薪酬及带薪休假方面的补偿政策。

3.3.2 危害因素接触岗位补偿

对于生产场所或设施存在的诸如噪声、辐射、有毒有害化学制剂等危害因素，公司聘请有资质、政府认可的职业危害因素监测评级机构，每两年进行监测一次工作，出具监测报告。公司组织成立职业危害因素鉴定评估委员会，成员包括工会、人事部、HSSE 部、生产部等部门代表，根据上述监测报告、岗位设置、员工实际接触程度（时间）等因素，综合确定危害因素接触补偿等级。补偿包括薪酬补贴和增加带薪休假两个方面，比如化验室化验员危害因素接触补偿系数为 8%，带薪休假天数增加 6 天；采油工危害因素接触补偿系数为 4%，带薪休假天数增加 2 天。

4 结语

PK 项目作为上下游一体化能源公司，具有石油石化行业所有典型的职业危险有害因素，同时由于其所处地域等原因，又存在诸多特殊的危险有害因素，威胁着员工个人健康。为持续保障员工身体健康，贯彻科学发展观“以人为本”的核心理念，树立不仅经营业绩优良，而且有责任担当、有人文关怀的世界一流能源企业形象，公司在不断完善三级预防原则的基础上，探索实践了源头治理、监测控制、影响补偿等各类健康提升管理措施，员工整体健康水平不断向好，团队凝聚力不断增强，企业社会形象稳步提升。

参考文献

[1] GB 18871—2002，电离辐射防护与辐射源安全基本标准［S］.
[2] 杨恕，田宝．中亚地区生态环境问题述评［J］．东欧中亚研究，2002（05）：51–55.
[3] 徐日新，尚晓晖．针对哈萨克斯坦国发生疑似鼠疫疫情的防控措施及建议［J］．口岸卫生控制，1993（03）：41–43.

突出问题导向，以 HSE 体系审核为契机全面提升 HSE 管理能力

——将 HSE 体系审核发现问题之过程，转变为解决问题之契机

■ 中油国际（哈萨克斯坦）PK 公司

前言

“他山之石可以攻玉”，何也？如何珍惜每一次外审、每一次体系认证机会，让每一次审计和认证变成公司 HSE 管理能力和水平的提升过程。

一般 HSE 外审工作由审核方主导，通过查看资料、访谈、现场复核、考试，被审核方提供资料、场所、被访人员等方式进行。一些被审核单位将外审工作全部责成公司 HSE 部应对，整个审核、认证过程呈现出：被审核方 HSE 人员忙忙碌碌，其他人或偶尔围观，或不闻不问，完全一副“事不关己”的局外人姿态。

一些单位在外审过程中，希望外审报告漂亮，外审结论光鲜，没有将关注点放在发现和解决 HSE 问题上。而在体系认证过程中，将主要精力放在完善体系文件上，将 HSE 体系管理的初衷堂而皇之地变成了完善体系文件、形成审计报告和整改报告，至于公司 HSE 管理能力有多少改进和提高，却鲜有人关注。

审计报告常以“八股”之文风，点评工作亮点、罗列发现问题、提出整改建议。老生常谈式的审计发现，大家已经习以为常。比如“一些管理程序文件缺失，HSE 意识薄弱，HSE 管理能力不强”等等，审计之后的一系列问题，特别是这些老生常谈的问题、习惯性问题和重复性问题，该如何解决？缺失的体系文件，操作程序，能很快编写打印出来，是否落地生根、发挥其应有的作用？“HSE 意识薄弱”，薄弱的 HSE 意识如何建立？改变一个人的意识，甚至改变一个管理团队的工作习惯，甚至思维习惯或文化传统，谈何容易？“管理层 HSE 管理能力不强”，如何才能加强？部门经理 HSE 岗位职责和属地责任不落实，又该如何纠正？

多年的 HSE 工作实践告诉我们：公司 HSE 管理体系和管理工作存在的问题和薄弱环节，哪些问题急需解决，哪些问题长期困扰公司 HSE 管理工作，却又无法解决，本公司 HSE 管理人员最清楚、最了解。

HSE 外审专家团队和体系认证专家团队，都具有丰富的 HSE 体系审计经验，他们可

以提供更多解决思路和方案。但是外审工作时间短，任务重，短时间内难以发现被审核单位的根本性问题，难以梳理出公司 HSE 工作的关键薄弱点和深层 HSE 文化形成的根源，难以精准选择适合被审单位的解决方案。

如何不忘审计初衷，解决困扰审计方和被审计方的审计难题，真正实现通过 HSE 审计和体系认证，破解被审单位的 HSE 管理过程中的难题，切实提高和促进被审单位的 HSE 管理能力和管理水平。

PK 公司充分利用 ISO 最新标准体系认证时机，HSE 管理团队与初审咨询团队、认证审计专家团队，三方密切合作、提前设计，创造性地优化审核程序，将咨询、培训、预审、认证审计等传统程序与公司 HSE 管理问题解决方案的探索工作进行了有机的结合，形成了独具特色的审计和体系认证经验。

首先需要重新认识审计，将审计的习惯性单方面主导，变成审计专业团队和被审核单位 HSE 团队“精诚专业协作”“精准问题发现”“精细方案制定”“精心开展培训”“精锐收官点评”和“精良计划补充”，将审计过程变成组建“临时专业 HSE 团队”，携手“会诊”HSE 管理问题，共同制定方案，对症下药，精准施策，将传统以发现问题为审计目的的审计工作，转变为以解决 HSE 问题为导向的团队合作模式，形成有针对性的解决方案，有效提升公司的 HSE 管理能力。

1 “精诚专业协作”

（1）改变通常意义上的“审核方”与“被审核方”的角色认定，将审核工作变成“审核方”与“被审核方”的团队协作任务和工作目标。

（2）充分发挥两个专业团队的优势。一是外审团队的审核经验，解决方案制定的资源优势；二是本公司 HSE 管理团队对本公司 HSE 管理中存在问题十分了解的属地优势（图 1）。

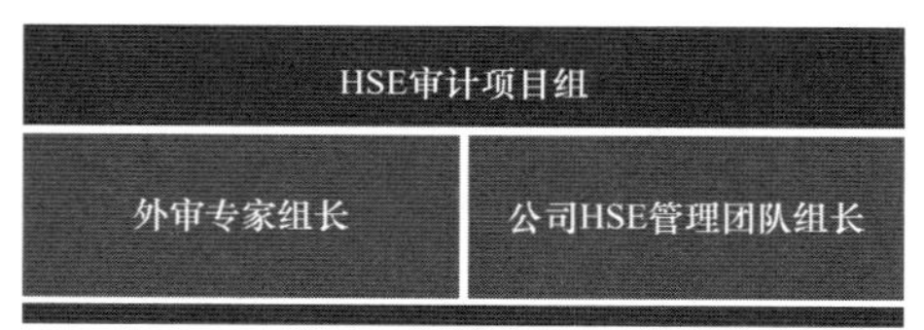

图 1 精诚专业协作

（3）两个 HSE 专业团队，组建 HSE 审计和体系认证项目组，明确项目组的工作目标：解决公司 HSE 管理过程中的难题，提升公司 HSE 管理水平和管理能力。

（4）审计项目组设置两名组长，分别由审核方负责人和被审核 HSE 负责人担任。

（5）召开项目组审核预备会，审核方介绍其团队审计优势和审核组成员专业优势、特长，以及审核经验。被审核方介绍公司 HSE 管理体系、管理能力现状等。

（6）通过前期交流与沟通，审核项目组成员之间有了初步了解，公司 HSE 管理人员了解了审核专家具备的 HSE 问题解决能力，外审专家初步掌握了公司目前 HSE 体系运行的现状和存在的主要问题，以及公司 HSE 管理团队对本次审计的基本诉求。

2 “精准问题发现”

（1）公司 HSE 团队，全面分析本公司的 HSE 管理体系的薄弱环节和存在问题，特别是难以解决的关键问题。

（2）审核组专家，开展初步资料查阅和交流访谈，形成 HSE 管理专家组主要问题意向。

（3）项目组开展公司 HSE 管理问题讨论，从外审专家角度和本公司 HSE 管理人员角度，对发现问题进行研究和讨论。

（4）项目组经过认真分析与讨论，形成公司 HSE 管理的关键问题、急需解决的问题，以及需要长期关注的问题等 HSE 问题共识。比如：管理层和部门经理层 HSE 管理意识明显较低，属地 HSE 风险识别能力较差，主要管理人员回避参加 HSE 管理评审，HSE 培训总是以工作忙为理由安排属下参加等等（图 2）。

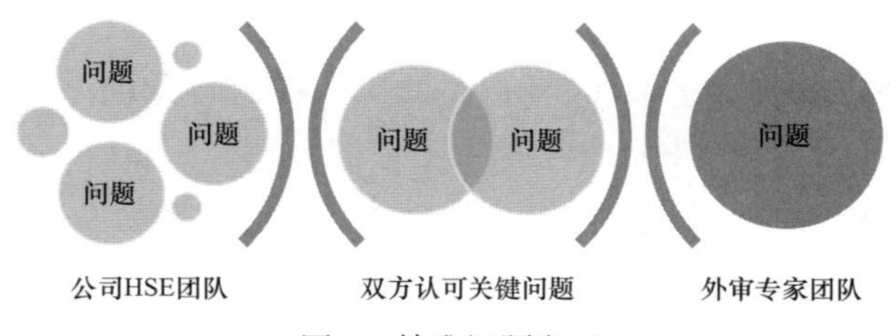

图 2　精准问题发现

3　“精细方案制定”

（1）公司 HSE 团队需要将本公司 HSE 管理的主要目标，包括短期目标和长期目标，向外审专家说明，以便制订更加优化的审计计划和问题解决方案。

（2）审核项目组根据梳理出的 HSE 管理中存在的关键问题制订审核计划和解决方案。

（3）问题类型包括：本次审核需要解决的问题、审计后 HSE 团队需要解决的问题，以及公司本年度和较长一段时期内需要解决的问题和需要关注的关键点。

（4）制定问题解决方案和实施计划。将方案实施计划与审核、认证工作结合在一起，形成有效的实施计划方案，本次方案、近期方案和长期方案（图 3）。

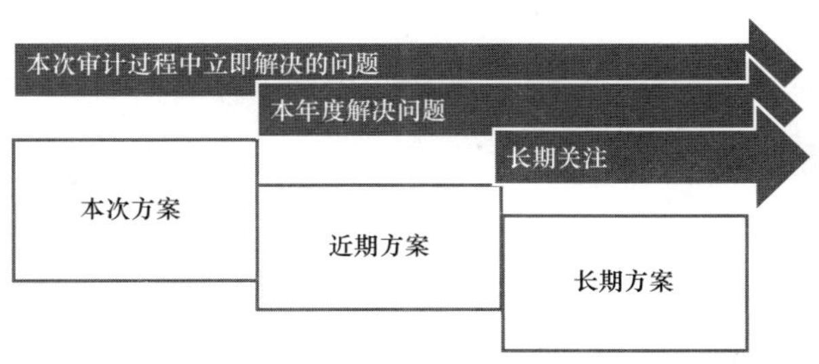

图 3　精细方案制定

（5）PK 公司在 ISO 最新标准体系认证预审过程中发现并制定解决方案的主要问题，包括管理层的 HSE 培训、部门经理层的 HSE 培训，管理层对管理评审的参与度，主要管理人员本岗位、本部门的 HSE 风险评估技能，以及领导对属下 HSE 培训等。

（6）项目组最终形成了审核实施计划和本次审核目标：提高管理层 HSE 管理意识和管理能力，公司部门经理层落实属地 HSE 责任；公司 HSE 管理人员参加 ISO 标准体系咨询师培训；公司管理层和部门经理参加 HSE 管理体系内审员资格培训；一般员工参加 HSE 管理体系内审员资格培训；立即组织管理层参加的公司 HSE 管理评审；部门经理对直接下属开展 HSE 培训；外审专家团队对所有管理层成员和部门经理人员进行访谈和交流。

（7）第一次在审计认证过程中，将提升管理层的 HSE 管理意识和管理能力作为工作重点，第一次将 HSE 管理传统意义上的难题放入审计解决问题。凭借“他山之石可以攻玉”的优势，在内外 HSE 管理专家的合力配合之下，形成“克难于无形”之势。

4 “精心开展培训”

（1）组织公司 HSE 管理人员全部参加 ISO 新标准培训师培训，并获得培训师资质。

（2）组织开展 HSE 体系内审员资质培训，根据公司实际特点，组织英语和俄语两期内审员培训，与生产安全直接相关的管理层成员和部门经理必须参加。

（3）组织对部分关键岗位员工进行 HSE 体系管理内审员培训。

（4）组织全员参加公司 HSE 管理体系和本岗位 HSE 职责培训。

（5）组织开展管理评审，通过参加管理评审，让管理层参加完 HSE 培训后，拥有立即参加 HSE 管理实践的机会（图 4）。

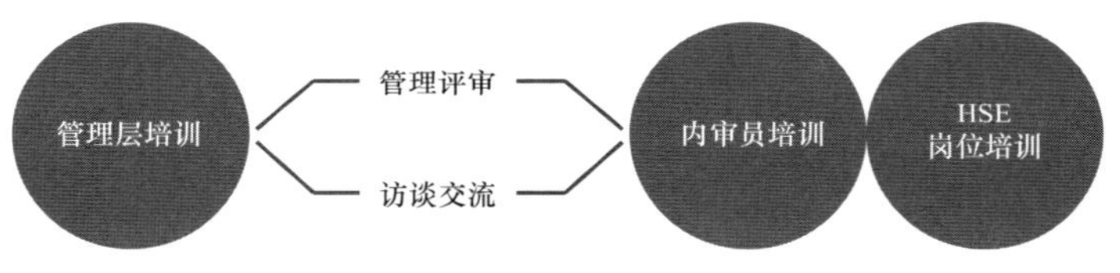

图 4 精心开展培训

（6）通过培训，培养了一支公司内部从管理层到一般员工的 HSE 体系审核队伍，三名 PK 班子成员、4 名部门经理获得了 HSE 内审员资格，一般员工 9 人获得 HSE 内审员资格，形成了公司 HSE 管理能力提升的有力支撑。整个管理层的 HSE 意识和管理能力有了史无前例的提高。

5 “精锐访谈点评”

（1）访谈之后、预审之后和最后认证审核之后，都安排由外审团队主持的审核点评分析会，将发现问题予以发布。

（2）点评问题，简短直接，在管理层与部门经理层之中形成一种无形压力氛围，形成自学 HSE 管理体系和管理知识的积极态势，从以前“被迫性”学习变成“主动进取型”学习。

（3）多次专家点评，创造了更多管理层之间、部门经理之间的交流、沟通和提高的机会与空间。使其对本岗位领域的 HSE 职责有了更清晰的掌控，对其他部门的 HSE 职责也有一定程度的了解。

（4）事实证明，管理层和经理层管理人员，具备很强的学习能力，特别是自学能力，部分领导全程参加培训并取得内审员资格。

（5）普遍的突出问题，表现在对下属员工的HSE职责培训。之前由于管理人员本身HSE知识和意识的缺失，直接导致了对下属HSE职责培训的缺失。培训之后，短期还不能形成培训下属的习惯。根据这种情况，外审专家临时安排了几场管理人员对所属员工开展HSE职责培训的现场符合检查，面对面给予指导，提升了管理人员的HSE意识和能力。

（6）根据外审专家的建议，安全理念提升需要与HSE实际操作培训相结合，才能起到事半功倍的效果。审核期间组织了灭火器使用全员实操培训和火灾紧急疏散演练，从理性到感性，从文字材料到实操培训，员工HSE理念与HSE岗位技能有了明显提升。

6 “精良计划补充”

HSE工作习惯是一个部门、一个公司的HSE文化表现。审核工作完成后，项目组根据审计发现问题和解决方案制定与落实等情况，研究制订HSE工作补充计划，作为项目组的收官之笔。补充计划包括管理人员对下属HSE培训的个人计划、实操培训计划、场景模拟应急演练计划、HSE检查计划、管理层和部门经理单独组织本业务板块或本部门的HSE内审等。

结论

改变HSE审计工作的流程，将以前的审计结果发现，转变为审计工作的第一步，后续工作围绕如何解决问题展开，借助外审专家团队和本公司HSE专业人员的各自优势和团队协作，组建HSE审计与方案定制的专家团队项目组，紧紧围绕如何解决公司管理过程中存在问题的关键核心，将审计过程转变成HSE问题解决过程，切实提升公司HSE管理水平和管理能力。

通过HSE体系外审和认证，让公司各个阶层，特别是管理层和部门经理层深度参与到HSE体系建设和日常管理之中，让HSE管理逐步成为一种工作习惯和职业素养，各部门、各业务单元，各级领导和员工将会在HSE管理过程中形成合力，HSE管理水平和能力得到切实提升。

系统实施油田防腐　消除安全环保隐患

■ 中油国际（伊拉克）艾哈代布公司

1　油田基本情况

1.1　油田分布

艾哈代布油田位于巴格达东南约 180km，距巴士拉入海口约 500km，紧邻底格里斯河。5 月至 9 月为旱季，平均气温 38～50℃。12 月至 2 月凉爽多雨，最低气温为 0℃，年平均降水量为 165mm。

油田共有 15 个 OGM，集油干线 138km、单井油管线 294km、注水干支线 164km、单井注水管线 205km，油田设施分布如图 1 所示。区块农田密布，AD1 区约 90% 的管线在农田中，AD2 和 AD4 区约 70% 的管线在农田中（图 2）。管线穿越河流和沟渠较多（图 3），其中 OGM15 油水干线穿越底格里斯河（图 4）。

图 1　油田设施分布

图 2　管线穿越农田

图 3　管线穿越沟渠

图 4　OGM15 干线穿越底格里斯河

1.2　油田介质

油田产出水高硫、高氯、高矿化度和低 pH 值，对管线及设备带来了很高的腐蚀风险。自 2011 年投产来，水系统的腐蚀问题日益凸显，同时随着服役时间的延长，其他系统的腐蚀问题也逐渐暴露。

表 1　产出水水质分析

序号	测试项目	单位	AD1 井 1980 年数据	实际	变化率，%
1	Ca^{2+}	mg/L	6000	9523	58.72
2	Mg^{2+}	mg/L	1215	1751	44.12
3	CO_3^{2-}	mg/L	Nil	Nil	—
4	HCO_3^-	mg/L	1439.60	352	−75.55
5	SO_4^{2-}	mg/L	1400	709	−49.36
6	Cl^-	mg/L	62125	122795	97.66
7	H_2S	ppm	40.12	140	248.95
8	矿化度	mg/L	99040	208484	110.50
9	pH 值		6.29		—
10	CO_2	%	—	—	—

1.3　主要风险因素分析

根据油田介质的腐蚀特性，结合油田环境及设施运行情况，参照《管道风险管理手册》(中国石化出版社，2005 年)，对油田设施进行风险评估，主要有以下潜在风险：

(1) 穿越底格里斯河的油水干线泄漏导致河水污染。

(2) 管线泄漏导致土壤和沟渠水污染。

(3) 管线泄漏引起 H_2S 中毒。

(4) 高压管线泄漏造成人员打击伤害。

(5) 环保事故和人员伤害引发巨额罚款和赔偿。

(6) 石油部腐蚀委员会的专门调查可能导致商务风险和社会影响。

1.4　油田腐蚀情况

自投产以来，截至 2019 年 12 月，共 8 年时间，全油田地面管线共发生腐蚀穿孔 2674 次。CPF 共发生腐蚀穿孔 1538 次，主要集中在 WPS 区域；FSF 共发生腐蚀穿孔 1136 次，其中注水 Flowline 腐蚀穿孔 1096 次，输油 Flowline 腐蚀穿孔 35 次，注水干线 5 次；井下管柱共检查 144 井次（油井 17 井次），发现有腐蚀穿孔的有 75 井次。

2　腐蚀防控措施

2.1　主体防腐工艺技术路线

油田介质严重的结垢和腐蚀现象，成为开发的瓶颈，也成为伊方高度关注的问题。项目公司集中了设计院、研究院、第三方腐蚀检测评估机构、施工单位的专家力量，开展了技术调研、机理研究、现场试验和专家会诊等工作，遵循“标本兼治、完整性管理”理念，建立了“水质改性 + 新型防腐管材 + 电化学防护”的技术路线。

2.1.1 水质改性

水质改性主要体现在脱酸、除机杂、杀菌、防腐、阻垢 5 个方面。通过研究和试验，建立了综合的水质改性配套技术。

（1）化学药剂体系优化：

腐蚀机理研究表明，油田腐蚀主因是在 H_2S-CO_2 二元体系下，FeS 沉积与微生物腐蚀的共同作用。需优化油田加药措施，形成针对性的加药方案。

油田注水为清污混注。产出水为高矿化度、高 H_2S、高氯化物和钙镁离子、低 pH，具有强腐蚀性和结垢倾向；清水含氧、硫酸盐还原菌（SRB）、铁细菌（FB）和腐生菌（TGB）。针对水质特性，通过室内评价和现场试验，优化了药剂种类、浓度及加注位置，较好地实现了除氧、杀菌、缓蚀、阻垢的目标。

表 2 药剂加注工艺

序号	药剂名称	加药点	加注方式	初始浓度，ppm	优化浓度，ppm
1	缓蚀剂	注水罐入口	连续加注	30	30
		冷却水塔	连续加注	30	30
2	杀菌剂	注水罐入口	连续加注	300	100
		冷却水塔	连续加注	300	100
3	除氧剂	脱氧塔出口	连续加注	160	100
4	阻垢剂	接收罐入口	连续加注	20	20
5	氢氧化钠	注水罐入口	连续加注	80	30

（2）产出水脱酸工艺：

产出水中硫化物是腐蚀的主要因素，其腐蚀产物 FeS 是一种缺陷结构，易形成 FeS 大阴极，钢材小阳极的微观电池，加速腐蚀。

通过实验室研究、加装气泡发生器改造气浮选，考察了干气及氮气气提脱硫效果，确定了干气气提脱硫化氢方案，获得了气液比、脱酸效率、酸碱度变化等参数，同时开展为期 1 年的室内静态腐蚀挂片实验，为脱酸提供了基础数据。

目前，产出水总硫含量在 130～140mg/L，改造气浮选脱酸后，总硫含量为 80～90mg/L。要达到 10～20mg/L 的指标，需进行 3 级脱酸，即：IGF（induced gas flotation）气提 + 气提塔气提 + 除硫剂。

2.1.2 新型防腐管材配套技术

开发初期，根据伊方所提水质，管材采用碳钢加腐蚀余量。但后来产出水的水质偏离巨大，尤其是氯、硫化氢和 TDS 增至两到三倍，具有严重的结垢、腐蚀倾向，造成大量的腐蚀穿孔，见表 3 和表 4。

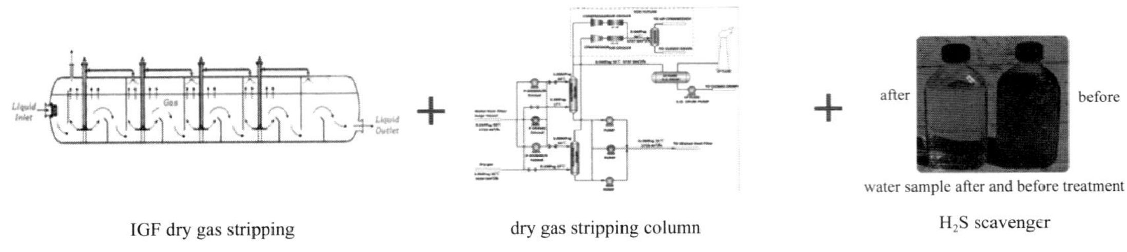

IGF dry gas stripping　　dry gas stripping column　　H_2S scavenger

图 5　产出水三级脱酸方案

表 3　WPS 穿孔统计

年度	穿孔，个
2016 年	154
2017 年	331
2018 年	416
2019 年	183

表 4　FSF 注水管线穿孔统计

年度	穿孔，个
2016 年	80
2017 年	170
2018 年	370
2019 年	236

频繁的腐蚀穿孔严重影响了油田生产，注水系统受限严重，造成地层欠注，同时需要较大的人力、物力、财力去修补，从安全环保考虑，急需对管线进行升级。通过研究提出了新型管材防腐路线，即：CPF 低压管线玻璃钢更换、站外注水管线 HDPE 穿管、注水井超高分子量聚乙烯（UHMWPE）内衬油管和 CPF 高压管线双金属复合管应用技术。

（1）CPF 低压管线玻璃钢应用：

为彻底解决 CPF 低压管线腐蚀问题，项目公司从工艺可行、成本、施工等方面，选择了玻璃钢作为防腐材料。

截至 2020 年 2 月，WPS 地面主体管线更换完成，正在进行地面部分收尾和埋地管线施工，计划年底施工完成。目前，更换过的管段未再发生腐蚀穿孔。2017 年开始玻璃钢管线更换作业以来，CPF 站内腐蚀控制逐步收到明显效果。OPS 自 2017 年 11 月产出水汇管玻璃钢更换完成后再未发生腐蚀穿孔，WPS 自 2018 年 7 月份腐蚀穿孔开始呈现总体下降的趋势，减少了因腐蚀穿孔造成的环境污染，包括土壤污染和地下水污染等。

图 6　玻璃钢管线更换施工现场

（2）站外 HDPE 穿管应用：

为控制站外注水管线腐蚀、降低 OGM15 底格里斯河穿越管段和高危单井油管线的腐蚀风险，项目公司通过技术、市场调研，确定进行 HDPE 穿管。

截至 2020 年 2 月，共完成注水管线 297.6km。穿管管段未再发生腐蚀穿孔，根据历年腐蚀穿孔统计数据进行估算，HDPE 内穿插减少腐蚀穿孔约 600 个，节约补漏成本 2100 万美元、减少污染土壤更换费用约 200 万美元，同时提注效果明显；OGM15 底格里斯河穿越管段防护效果良好。目前正计划 6 口高危油井的 HDPE 穿管，以进一步降低油井管线泄漏风险。

表 5　FSF 注水管线穿 HDPE 前后腐蚀穿孔情况对比

年度	HDPE 穿管前穿孔个数（估算）	HDPE 穿管后穿孔个数	估算穿孔减少个数
2016 年	140	80	60
2017 年	350	170	180
2018 年	500	370	130
2019 年	470	236	234
合计	1460	856	604

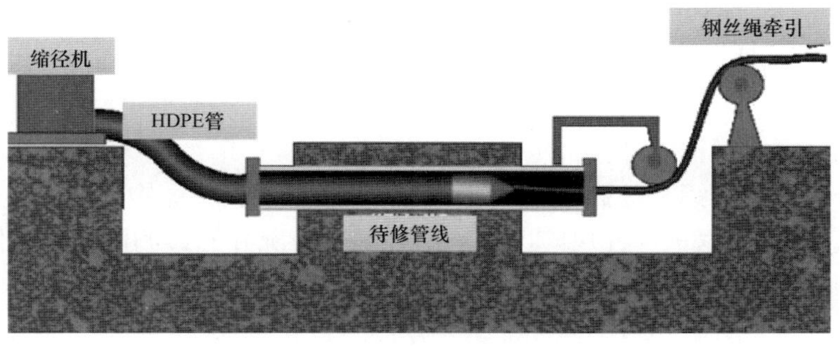

图 7　HDPE 施工示意图

图 8 HDPE 施工现场

（3）注水井超高分子量聚乙烯（UHMWPE）内衬油管应用：

为了解决注水井井下油管腐蚀结垢问题，项目公司调研了各种耐蚀油管，最终确定使用 UHMWPE 内衬油管开展先导试验。

项目公司采购了 2 万米 UHMWPE 内衬油管，目前共有 9 口注水井使用了 UHMWPE 内衬油管，如表 6 所示。截至目前，除 AD2-4-1H 在测试作业发现工具遇阻，起井作业发现两根内衬管有两处异常（一处内衬水滴状脱落、一处鼓包，正联系厂家分析缺陷原因），其他内衬油管均正常注水，防腐阻垢效果良好。

表 6 内衬油管应用情况

序号	井号	井深，m	完成日期	运行时间（截至 2020.3.15）
1	AD2-10-2H	2280	2018/8/4	589
2	AD4-12-1H	2280	2018/8/17	576
3	AD1-8-6H	2231	2018/9/1	561
4	AD4-12-4H	2103	2018/8/30	563
5	AD2-4-1H	2200	2018/9/13	549
6	AD1-18-3H	2300	2018/9/26	536
7	AD2-4-3H	2050	2018/9/26	536
8	AD2-6-1H	2260	2018/10/10	522
9	AD2-8-4H	2200	2018/10/10	522

（4）双金属复合管：

CPF 低压管线玻璃钢管材更换效果显著，然而，玻璃钢不适用于站内高压管线，将导致 WPS 高压管线成为腐蚀穿孔风险区域。结合油田情况并通过调研管线内防腐技术，初步筛选出堆焊 825 双金属复合管方案。该方案于 2019 年 12 月报技术分委会讨论，会议计划两种方案的招标：方案一为更换双金属复合管；方案二为新建钢管与原有系统备用，最终方案将根据投资差异决定。

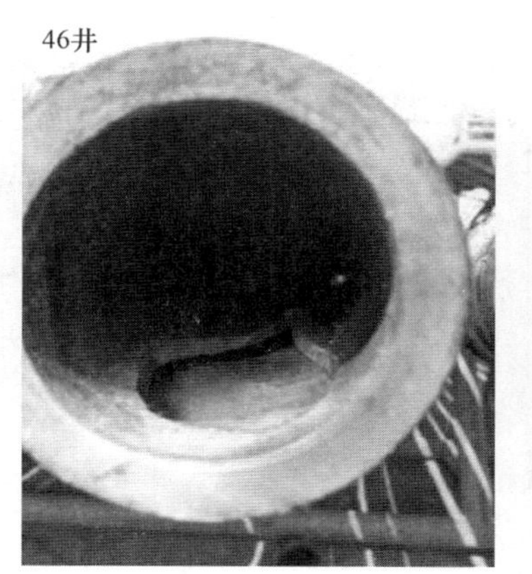

图 9　UHMWPE 内衬油管（AD2-4-1H）

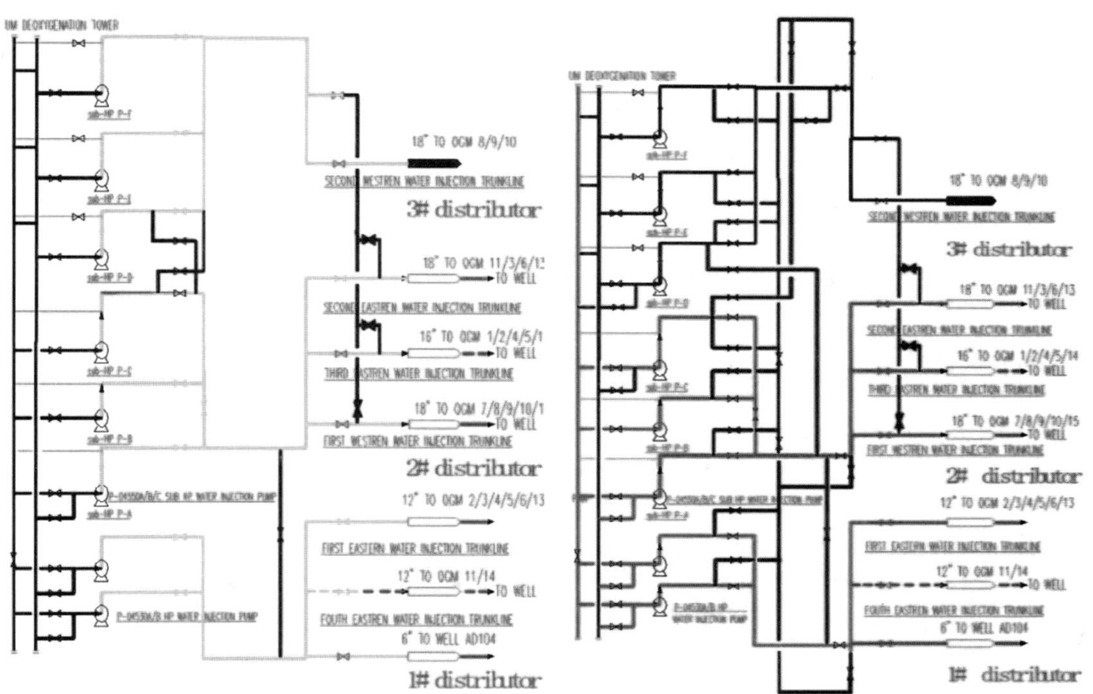

图 10　高压管线防腐方案（左：方案一，右：方案二）

2.1.3　电化学防护：

艾哈代布油田大量使用了电化学腐蚀防治方法，包括 CPF 站内的储罐和站外埋地管线，具体实施如下：

进行阴极保护系统日常维护与完善、管道外防腐层 PCM 检测与修补及储罐内牺牲阳极定期更换等工作，以保证防护系统的完整性和有效性。通过上述工作，在油田强腐蚀性的土壤环境（地下水位较高、土壤电阻率较低，1.354Ω · m）和产出水介质下，管线的外腐蚀和储罐的内腐蚀都得到了很好的控制，避免了管线外腐蚀和储罐内腐蚀失效事件。

图 11　阴保测试和 PCM 检测

2.2　特殊风险的综合防范措施

针对油田不同类型的特殊风险，项目公司通过技术经济对比和风险评估，制定了有针对性的防护措施。

2.2.1　沟渠污染风险

当地农民农耕、挖渠作业频繁，为避免出现较严重的环保事件，对油田所有管线穿越沟渠情况进行梳理（表 7），制定了内防腐（HDPE）+ 外防护（混凝土套管、防挖掘围栏）的方案。

表 7　管线穿越沟渠统计

项目	油井一级	油井二级	油井三级	油井小计	水井	油水井总计
Canal 井数	4	3	17	24	48	72
Canal 点数	4	3	19	26	52	78
Canal 穿越，m	24	18	114	156	255	411
Irrigation Channel 井数	42	34	78	154	106	260
Irrigation Channel 点数	64	49	108	221	191	412
Irrigation Channel 穿越，m	138	108	237	483	394	877
Drain Channel 井数	43	30	78	151	108	259
Drain Channel 点数	60	51	122	233	172	405
Drain Channel 穿越，m	225	189	414	828	612	1440

说明：1. 油井一级含水＞30%，H_2S＞1000ppm；二级含水≤30%，H_2S＞1000ppm；三级为其他油井。

2. Canal 指来自底格里斯河的水渠，Irrigation Channel 指来自 Canal 的水渠，Drain Channel 指排碱渠。

2.2.2　高危硫化氢油井泄漏风险

为防止油井管线硫化氢泄漏威胁周边村民的生命安全，项目公司依据油井 H_2S 含量、路由范围内居民密度等，筛选了 12 口高危油井（H_2S 含量大于 1000ppm，距离居民区 100m 以内），并通过加密标志桩、内穿插 HDPE 等措施，降低该类管线的泄漏风险。

露地管线保护方案

埋地管线保护方案

图 12　外防护方案

表 8　12 口高危油井

序号	OGM	Well ID	投产日期	含水率，%	H_2S，ppm
1	OGM1	ADM4–1	2012/3/1	76	25000
2	OGM1	ADM4–3	2012/2/6	70	15000
3	OGM2	ADM2–4	2011/9/22	79	40000
4	OGM5	ADM5–3	2012/12/26	80	25000
5	OGM5	ADM5–4	2012/12/25	78	10000
6	OGM5	ADR5–4	2012/12/25	78	19000
7	OGM6	ADR5–9	2012/5/7	50	3200
8	OGM6	ADM5–9	2012/10/4	78	10000
9	OGM6	ADR5–8	2012/10/2	80	1000
10	OGM6	ADR6–8	2014/2/28	78	20000
11	OGM6	ADM6–8	2014/2/28	64	40000
12	OGM6	ADM6–9	2014/2/13	70	40000

2.2.3　油管线泄漏风险防控

（1）绝缘接头跨接：

前期，油井管线腐蚀穿孔主要集中在 OGM 内非阴保端，现场防腐团队和国内专家进行了专题研究，通过腐蚀情况调查、理论分析、现场试验，得出腐蚀穿孔是由于非阴保端受阴保系统干扰造成的，如图 14 所示。

基于上述腐蚀机理，提出了 5 种解决方案，对比各种方案的优缺点、可施工性等，最终选择操作性强的解决措施，即：绝缘接头两侧跨接，消除或降低两侧的电位差。

2018 年 9 月完成了所有 OGM 油管线绝缘接头两侧跨接，自此油管线绝缘接头非阴保端未发生泄漏，大大减少了油井管线腐蚀穿孔造成的经济损失、环境污染等。腐蚀泄漏统计如图 16 所示。

图 13　高危油井防护措施

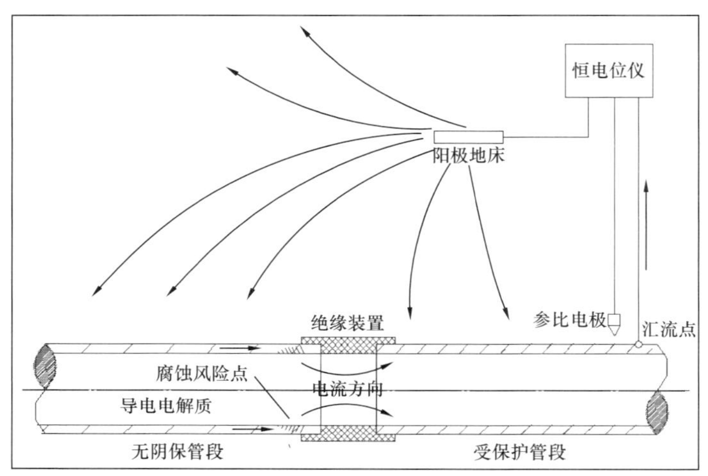

图 14　绝缘接头非阴保端腐蚀原理

表 9　方案优缺点对比

序号	方案	优点	缺点
1	橇装接地体上安装固态去耦合器	可以从根本上解决问题	费用较高
2	重新为非保护侧设计一套阴保系统	可以很好地解决问题	费用高，设计和施工周期长
3	通过锌接地电极进行排流	可以解决问题	施工周期长
4	通过牺牲阳极进行排流	可以解决问题	施工周期长
5	绝缘接头两侧进行跨接	可以解决问题，施工方便	现有设备输出将增大

（2）定期扫线：

基于腐蚀理论，项目公司针对集油管线长关停期间可能存在的腐蚀风险，制定了《AHDEB 油田管线扫线管理试行办法》和《AHDEB 油田长关停油井保护液加注管理办法》，并严格执行，降低集油管线停输期间的腐蚀风险。

图 15　绝缘接头跨接图

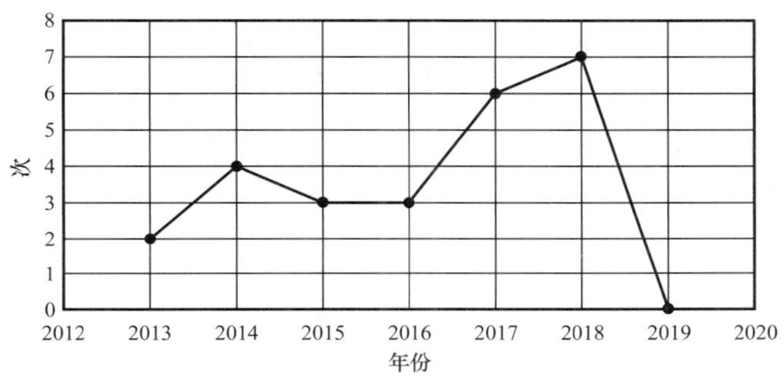

图 16　绝缘接头非保护侧历年泄漏次数

图 17　扫线作业

2.2.4　污染物处理

（1）蒸发池防渗：

容器检维修和注水管线穿管作业时产生的污水储存在蒸发池中。为防止 CPF 蒸发池原有防渗膜破损、渗漏造成环境污染，项目公司对 6 座蒸发池先后进行了升级改造并通过了瓦西特环保部的审核验收。改造后，蒸发池运行良好，避免了因防渗膜失效造成的土壤和地下水污染。

图 18　蒸发池防渗改造

（2）硫化亚铁集中堆场：

在容器检维修和 HDPE 穿管清管作业时均会产生固体污垢，其主要成分为硫化亚铁（FeS）。为避免 FeS 自燃引起的风险，项目公司通过技术调研、可行性分析，研究对比了 5 种处理方法，最终确定了新建 FeS 集中堆场，通过晾晒来控制该风险。

表 10　FeS 处理方法优缺点对比

序号	处理方法	优点	缺点
1	清洗法	安全性高、FeS 处理彻底	成本高、废液废渣需二次处理
2	隔离法	简单易行、避免火灾	需定期维护
3	焚烧	安全性高、FeS 处理彻底	成本高、会产生酸性气体污染环境
4	填埋	简单易行、避免火灾	会产生掩埋固废，环保审批困难
5	晾晒	简单易行、避免火灾	临时存放、未彻底处理

图 19　硫化亚铁（FeS）集中堆场

2.3　腐蚀防控完整性管理

依据“三分技术、七分管理”的腐蚀治理理念，腐蚀防控技术的实施需要完善的管理体系。由于国际上无可用经验借鉴，项目公司建立了一套自己的腐蚀防控管理体系。

2.3.1 《艾哈代布油田腐蚀防控指导手册》

作为油田管理工作的总纲，手册内容涵盖全油田生产和非生产系统，提供了完整的腐蚀机理分析、腐蚀风险分析和腐蚀防控方案设计，从而指导全油田的腐蚀防控工作。

图 20 《艾哈代布油田腐蚀防控指导手册》

2.3.2 腐蚀防控管理规定

项目公司编制了一系列腐蚀防控管理规定（表 11 和图 21），对全油田容器和管线实施有针对性的管理，对监检测工作、分析化验工作实施系统化、可追溯的规范管理，对防腐相关药剂的评价、使用等实施精细化、规范化管理。

表 11　腐蚀防控相关管理规定

序号	类别	管理规定
1	容器	钢质容器检修管理规定
2		CPF 容器检修防腐涂层涂装施工技术要求
3	管线	单井扫线管理规定
4		油套环空验串补液管理规定
5		PCM 检测管理规定
6		埋地管道外防腐层维修管理规范
7	腐蚀监检测数据管理	PCM 检测动态图
8		腐蚀穿孔动态图
9		腐蚀风险图
10		阴保动态图
11		腐蚀穿孔数据库
12		分析化验数据库

续表

序号	类别	管理规定
13	腐蚀监检测工作管理	超声波测厚操作规程
14		阴保测试操作规程
15		PCM 检测操作规程
16		大罐检查操作规程
17		实验室仪器操作规程
18		室内腐蚀实验操作规程
19		在线腐蚀监测操作规程
20		在线挂片拆装操作规程
21		井下油管腐蚀检查操作规程
22	药剂评价制度	缓蚀剂评价操作规程
23		阻垢剂评价操作规程
24		杀菌剂评价操作规程
25		除氧剂评价操作规程
26		pH 值调节剂评价操作规程
27	药剂加注管理	化学药剂加注安全规定
28		化学药剂加注工作操作规定

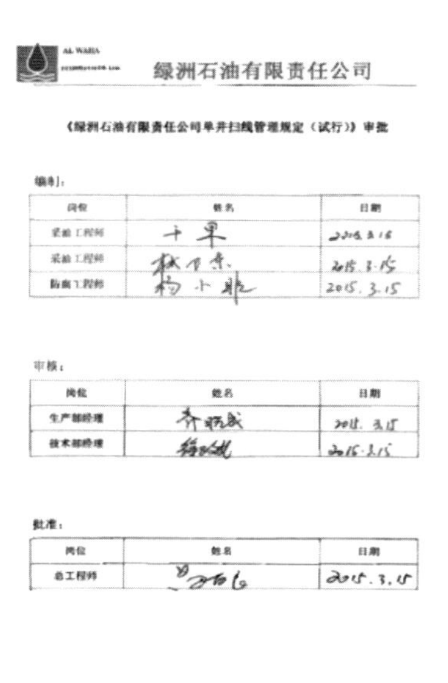

AL WAHA

绿洲石油有限责任公司

《绿洲石油有限责任公司单井扫线管理规定（试行）》审批

编制：

岗位	姓名	日期
采油工程师	[illegible]	2015.3.16
采油工程师	[illegible]	2015.3.15
防腐工程师	[illegible]	2015.3.15

审核：

岗位	姓名	日期
生产部经理	[illegible]	2015.3.15
技术部经理	[illegible]	2015.3.15

批准：

岗位	姓名	日期
总工程师	[illegible]	2015.3.15

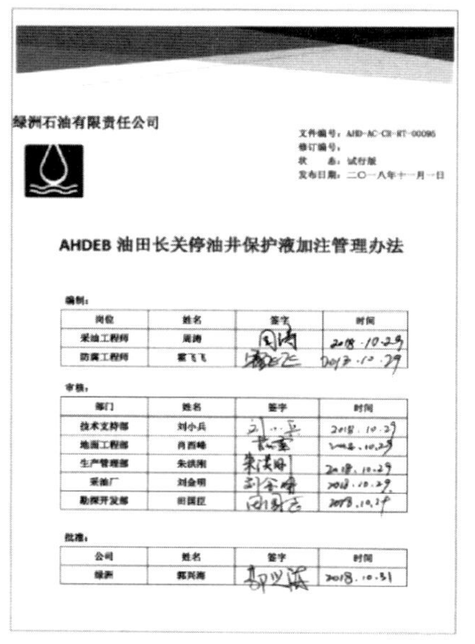

绿洲石油有限责任公司

文件编号：AHD-AC-CB-RT-00096
修订编号：
状　　态：试行版
发布日期：二〇一八年十一月一日

AHDEB 油田长关停油井保护液加注管理办法

编制：

岗位	姓名	签字	时间
采油工程师	周涛	[illegible]	2018.10.29
防腐工程师	霍飞飞	[illegible]	2018.10.29

审核：

部门	姓名	签字	时间
技术支持部	刘小兵	[illegible]	2018.10.29
地面工程部	肖西峰	[illegible]	2018.10.29
生产管理部	朱洪刚	[illegible]	2018.10.29
采油厂	刘金明	[illegible]	2018.10.29
勘探开发部	田国庆	[illegible]	2018.10.29

批准：

公司	姓名	签字	时间
绿洲	郭兴海	[illegible]	2018.10.31

图 21　管理规定

3　后续相关工作及计划

通过腐蚀机理研究和相关防腐工程实施，水系统高发、频发的腐蚀势头得到了遏制。但随着投产时间的延长及原油含水的上升，油气系统的腐蚀风险依然较高。因此，未来的防腐工作重点将由被动防御转向主动实策、将在继续推进水系统防腐的基础上开展油气系统的腐蚀检测评价与防治研究、将由腐蚀治理向腐蚀防护转变。将主要开展以下工作（图 22）：

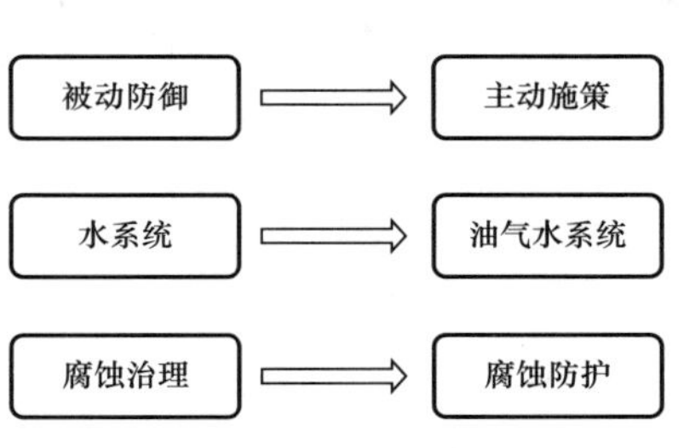

图 22　防腐工作总体思路

（1）继续推进产出水脱酸工程。

（2）建设模拟试验站（图 23），进行药剂优化筛选。

（3）高压注水管线更换施工。

（4）PCM 检测及破损点修补。

（5）穿越沟渠管线外防护实施。

（6）GPS 系统风险评估与防控。

（7）采油工艺管线风险评估与防控。

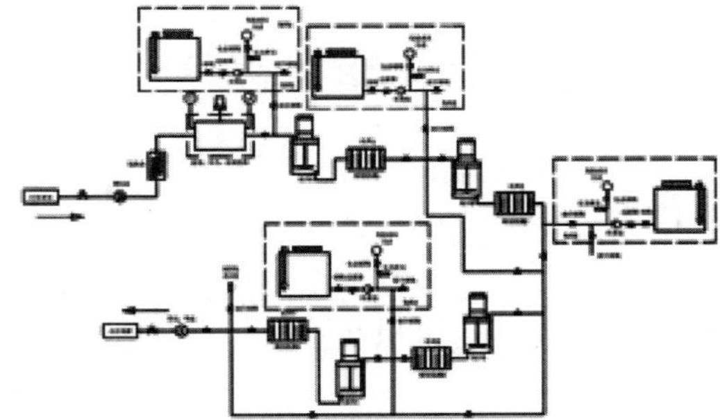

图 23　模拟试验站

承包商全流程 HSE 管理实践

■ 中油国际（厄瓜多尔）安第斯公司

前言

安第斯联合公司有 400 多家服务商和供应商，为公司提供日常服务的承包商超过 100 家。联合公司不断完善发展承包商全流程 HSE 管理机制，注重过程控制，并将承包商管理纳入公司 HSE 管理体系，在实践中持续探索和改进承包商管理，近年来承包商 HSE 绩效不断提升，成效显著。

根据联合公司承包商 HSE 管理程序文件，设定了 23 个分解流程，下面按准入管理、施工管理和绩效促进三个主要方面简述如下。

1 承包商准入审核程序

加强准入门槛监管，实施源头控制。承包商进入公司需要经过系列审核，采办合同部在国内（为主）、国际（为辅）市场上遴选有资质的承包商，或业主部门进行推荐，主要依据其既往服务资历进行资质预审，安全环保部负责审核其 HSE 资质、财务部负责审核其财税资质、法律部负责审核其合规资质，多部门通力协作为承包商资质预审提供专业意见。如有必要，可协调安保部门对承包商进行背景调查。

联合公司采办合同部在公司网站发布承包商资质预审表格，承包商如实填报后如通过公司进行的资质预审，进入公司承包商名录，将有资格参加公司发布的招标。

联合公司安全环保部设置承包商 HSE 资质预审的专业岗位，主要负责承包商 HSE 管理体系的审核、与公司 HSE 管理体系符合度评估和承包商 HSE 承诺等。

2 承包商施工 HSE 管理

联合公司业主部门根据业务需要，按程序向联合公司大 / 小标会先后陈述招标申请和合同授予申请，中标承包商将签署采办合同部出具的业务合同，业主部门规范工作内容并在部门内部指定合同管理者。承包商进入公司场地之前，安全环保部组织入场培训和考核。在公司场地开工之前，业主部门协同安全环保部在油田现场 HSE 监督和承包商召开启动会议，明确任务、分析风险、提出建议等。

在承包商施工期间，业主部门负责承包商 HSE 行为的主体监管责任，通过每天召开作业会等途径，确保充分辨识施工作业危害，准确评价风险因素，研究制定削减措施，提前做好应急准备，履约对承包商作业过程的全面管理。安全环保部负责定期或不定期的 HSE 检查，以及承包商年度审计，监督承包商施工过程中的 HSE 措施落实情况，并下达整改通知单。

安全环保部在油田现场执行承包商双周会议制度，在会上分享承包商 HSE 事故事件的经验教训，结合作业风险进行专题培训等，以此精细培训、时刻敦促，持续激励承包商提升 HSE 管理。

业主部门和安全环保部门分工负责、齐抓共管，多方联动督促承包商不断改进 HSE 管理。

3　承包商 HSE 绩效促进

项目公司业主部门可以在合同中设定鼓励条款，HSE 绩效优秀的可给予奖励。

联合公司安全环保部按照监督检查发现和通过事故事件管理，如有违反公司规章制度，将协同采办合同部对承包商处以三个级别的惩罚，分别是：警告、罚款和解除合同（或进入黑名单）。安全环保部对承包商的 HSE 绩效定期进行考核，如 HSE 绩效考核优秀，将在公司举办的半年度、年度承包商会议上进行表彰，按名次授予奖牌。以此调动承包商主观能动性，鼓励建设 HSE 自主管理机制，长效促进 HSE 绩效。

结束语

在承包商全流程 HSE 管理中，不同承包商之间的 HSE 管理水平差异较大，而且交叉作业、高风险作业项目较多，同时还存在 70% 的亚马孙当地居民依法参与承包商作业，HSE 风险复杂多样。

安第斯公司在实践中不断夯实基于风险管理的承包商 HSE 全流程管理，不断探索作业全流程 HSE 管理的有效办法，共建承包商全流程 HSE 管理的良好实践。

以“火线规则”为基础的“红区管理”法在里贝拉超深海油气勘探开发项目的应用

■ 中油国际（巴西）公司

火线规则来源于IOGP组织于2018年8月发布的459号报告（IOGP Life-saving rules）。经统计，在过去的3年多时间，钻井方面发生的57%的事故和86%的高风险事件与10项火线（line of fire）危害有关。

巴西里贝拉项目自2014年以来，积极与钻井承包商合作提升现场HSE管理水平，在“火线规则”的基础上，为进一步增进钻井现场员工安全管理，引入“红区管理”法。通过4年多的实际应用，成效显著，截至2019年钻井承包商Seadrill公司合同结束，两部钻井船累计实现了700万人工时安全作业，取得了良好安全业绩。

1 基本情况

里贝拉区块位于巴西桑托斯盆地东北部，水深1800～2200m，设计井深近6000m，距海岸线164km，西北区探明原油地质储量16×10^9t，属超深海巨型油气勘探开发项目，由巴西国油、壳牌、道达尔、中国石油、中国海油五家合作伙伴和PPSA组成联合体共同管理，巴西国油为作业者。项目自成立以来，各方精诚团结、同舟共济，实现了项目安全、高效推进。安全完成超深海钻井21口，第一艘FPSO已经安全生产近3年，巴西公司正朝着高质量建设巴西深海油气合作区的目标奋勇前进。

2 主要做法

深海油气项目勘探开发作业风险高、挑战难度大，各方均对里贝拉项目HSE表现给予了高度关注。为确保安全，联合项目部于2015年8月成立安全提升管理团队，中油国际（巴西）公司在联合项目部派员，积极参与了安全管理提升项目。如何使钻井船上员工远离危险区域和必要时安全地在危险区域作业，是该项目研究的一项重要课题。

2.1 火线规则的来源

“火线”是一个军事术语，描述了放电导弹或火器的路径。在安全管理上，意思是物体将要行进的路径。在实际工作中，人员处在物体移动的路径上而可能造成受伤，就将其路径称为“火线”。

安全管理中的火线的主要含义有3点：一是避免处在移动物体区域内，包括车辆之间、压力释放区域及可能的高空落物区域；二是设置安全隔离或禁止进入区域，屏蔽他人进入高危区域和禁区，同时自己也遵守禁止进入的规定；三是对散放物品加以管理，并报告出现的高空落物情况。

作业现场常见的火线有 10 类，主要包括起重 / 吊装、具有潜在释放张力的线性物品，如电缆，链条和绳索等、具有坠落潜力的物体、具有滚动潜力的物体，如工具，气缸等、承压管线和容器、高压液压工具、电气作业、弹簧加载设备、移动车辆 / 重型设备、高处作业等。

2.2 红区管理法的实施

在钻完井现场，重型设备在四处移动，但是仍然需要员工在同一区域内执行特定的工作。降低风险并提高作业人员的安全感知是提升安全表现的重要手段。在“火线”规则基础上，里拉贝项目在钻井现场建立动态安全区域管控制度，针对特定作业划分危险区域，采取相应管理措施。需要进行特殊作业管控或人员不得进入的区域，被称为“红色区域”或“红区”。

在红色区域内，人员很可能因为接触设备、机械、工具、有毒有害材料和能量意外释放而受到伤害。通常的红色区域包括：有落物的区域、人员可能接触到的设备运动或移动区域、高压管线或设备能量意外释放的波及区域、起下钻转盘区域、高空作业、有限空间作业区和压力释放区、吊装区域和叉车、吊车及传送区域。正常情况下，人员不允许进入红色区域。如果一定要进入，则需要申请作业许可。

临时作业也会使得一些区域风险上升，可能会对人员造成伤害，因此也需要划分红色区域。这种情况下，应重新进行风险分析、检查现场情况重新界定红色区域、宣贯警示牌和设置警戒线、告知周边工作人员风险直到告知完成。如果有人需要进入临时红色区域，必须要得到现场监督的许可并配备旁站监督。

2.3 红区管理法的技术支撑

为了确保红区规则得以刚性执行，消除和限制人员暴露于高风险的作业区域，必须通过辅助工具，来监测人员位置和提示人员远离危险。

里贝拉项目钻井承包商 Seadrill 公司与 Marsden 集团共同开发了一种光探测和测距（LIDAR）解决方案，以协助钻探区域的红区管理。LIDAR 系统通过发光和测量反射来提供高达 360° 的区域覆盖，以计算精确到几毫米的距离。这样可以实现每秒大约 700000 个传感器读数，并实时进行分析，识别并跟踪人员和设备的位置和移动。该系统开始只是作为司钻的警报工具，在对系统改进后，加入了包括防止设备与人员碰撞功能，可以充当钻井设备的备用防撞系统监视器。

里贝拉项目钻井承包商还采用了 Rolloos 公司红色区域监视解决方案。在人员突破红色区域时，系统会立即通知工作人员，以便提前采取防范措施，从而提高安全性和作业效率。Rolloos 公司的红区监视系统，通过增强的感知能力提高员工作业过程的安全性。其在每个区域配备至少两部摄像头，可以智能引导员工在红色区域安全作业。当员工进入动态红色区域时，司钻可以通过直观的用户界面掌握人员位置和作业状况，专用的状态灯会警告员工在红色区域需要有条件作业。当出现员工有不安全行为时，也会及时报警。

3 主要认识

通过现场推广使用基于“火线规则”基础上的“红区管理”法，主要认识如下：

一是个人安全意识是安全的第一道防线，必须警惕可能发生“红色区域”内存在风险，包括不可预见的突发风险，例如阵风和物体坠落等。带班人员应认真巡查作业现场，找出缺失或防护不足，例如安全标示不全、设备防护装置不足等。

二是有效沟通可以有效削减风险。通过使用做标记、硬隔离、召开班前会和各方沟通会等，提醒员工远离危险。在评估风险时，要密切注意上方、下方和直接工作区域内的人员和物体。除非绝对必要，否则不允许有任何物体坠落现象。允许坠落区域应在批准后确定，并应始终保持隔离和清洁。

三是要建立风险评估和削减流程，掌握公司和承包商死亡事件和高危事件相关的历史数据，建立这些事件与红区划分之间的联系，从而有效划分“红色区域”。制订实施“红区管理”的宣传和推广计划和绩效监测方法，确保红区管理”有效实施。

四是要求全体员工充分了解“火线规则”。做到“四个知道”，即：知道“火线规则”的价值和遵循规则的意义；知道工作场所条件是否符合规则的要求（例如为所有高空作业配备安全带悬挂点）；知道如果不遵守规则，否则不得开始工作；知道如果每个人都被授予叫停违规作业的权力。管理层鼓励对违规行为进行干预，因为主动干预可能是预防受伤或死亡的最后机会。

五是故意违规事件属于极少数，因此有效的技术支撑对“火线规则”的实施非常必要。根据国际油气生产商协会（IOGP）对违规事件原因的统计，90% 的员工违规是因为潜在的原因，不清楚程序的占 23%，个人能力不够和公司提供资源不足原因占了 30%，使用不当工具、标签错误和系统误报警占了 21%，因此故意违章只占了很小的一部分。这不仅仅适用于油气行业，根据建筑业的统计，现场故意违章也只占了人员违章总数的 5%。因此管理层应该一方面更关注违章的深层次原因，而不仅仅是简单处罚违章人员，另一方面采用信息化等安全技术手段，实时监控和提示员工，从而避免员工无意识违章。

该项目一直积极落实 HSSE 和商业原则是全部合作伙伴共同努力和承诺的体现，取得的成绩得益于团队成员的安全信念和价值提升，并使全体参与者深刻认识到卓越的 HSE 管理是项目运作并取得优秀业绩的重要保障。巴西公司将再接再厉、团结奋进，全力推动安全管理持续改进，为中国石油巴西深海合作区建设保驾护航。

热带雨林航空作业安全管理实践和探索

■ 中油国际（秘鲁）公司

【摘　要】58 区项目位于秘鲁东南部亚马逊热带雨林，以平原和浅丘地貌为主，区内森林茂密，特点是交通困难，没有公路，政府也禁止在雨林修路，靠河边的地区可以使用内河运输，远离河边的区域只能靠直升机运输，项目以勘探施工作业试水，通过管理实践和经验总结，逐步探索出了适用于当前及今后生产运行期的航空安全管理规范。

【关键词】热带雨林；直升机；航空安全

引言

1992 年，为了响应国家“走出去”战略，原中国石油天然气总公司提出了“开发国内国外两种资源，利用国内国外两个市场”的战略决策，在这个时代背景下，中国石油迈出了走向国际市场、开始实施国际化经营的第一步，并于 1993 年在国际竞标中一举中标秘鲁塔拉拉油田 7 区的作业权，从此拉开了中国石油进军秘鲁油气田勘探开发市场，并逐步做大、做强的序幕。

58 区是 2014 年购入的巴西石油秘鲁资产 3 个区块之一，构造上位于秘鲁东南部 Madre de Dios 盆地，勘探矿权面积 $3401km^2$。在该区内的 Urubamba，Picha，Taini 和 Paratori 构造中，各钻探井 1 口，发现并落实了 4 个气（凝析气）田。经对四个气田进行测试，单井无阻流量 235×10^4～$697\times10^4m^3$/ 天，落实 2C 凝析气地质储量 $1115\times10^9m^3$，为大型凝析气田。

由于区块位于亚马逊热带雨林区，具有不同于其他地区的特殊性：

从地理位置上看，区块地处山麓地带与冲积平原，受安第斯山造山带剧烈的影响，工区内发育多期断裂，构造复杂，勘探开发难度较大。

从生物多样性看，雨林中栖息着猴子、树懒、巨大蝴蝶、蜂鸟、金刚鹦鹉等各种动物，亚马孙河中生活着凯门鳄、淡水龟、海豚、食人鲳等，有着丰富的生物多样性，对施工作业提出了极高环保要求。

从气候环境看，每年 11 月份至次年 3 月份为雨季，是施工动迁的窗口期。4 月至 10 月为旱季，货物船运受限，仅能通航小型货船和客船，导致每年有效的施工期仅为 7 个月左右，严重制约工期。

从人文环境看，亚马孙河流域分布着众多的土著部落，他们有自己特有的传统生活方式，全球化进程在这里步伐缓慢。如何在工业开发和雨林保护中求得平衡、实现可持续发展，是极大考验。

从环保要求看，当地环保法律规定十分严苛，雨林作业产生垃圾都要运出雨林，到首都利马进行集中处理。此外亚马孙河流域热带丛林环保要求污水回注，需要巨大投入。

最困难是交通，雨林中没有道路，政府也不允许修路，区块内的施工作业、货物运输，以及人员进出，全部要通过直升机完成，除成本高昂之外，安全风险增大，给丛林施工难上加难。

1 区块施工作业运输特点

2005 年至 2020 年，共计完钻 4 口探井，剩余主要是地震勘探工作，地震施工地形主要为雨林、山前带地形，西部紧邻 ANDES 山脉，起伏剧烈，海拔 370～970m。

地震勘探由一系列高风险活动组成，众多高风险活动中，交通安全是 58 区雨林安全管理的突出重点和难点。通过水路完成一部分运输任务，靠岸后，工区内基本没有道路，其余运输需要通过直升机完成。地震施工在测线上建立直升机支持点，由租赁的直升机支持作业。

58 区块内共涉及 20 个社区及 4 个定居点，共 7000 余人，社区关系本身极为敏感，一旦发生航空事故，除了对公司造成自身严重后果外，还极容易引发媒体事件和社区冲突事件。

2 项目交通安全管理应用理论

航空安全管理作为 58 区 HSSE 管理中的重要组成部分，秘鲁公司对航空交通安全进行专项管理。数据显示海外项目每年上报的事故中交通事故占比 40% 左右，通过对事故分析，人的不安全行为是事故多发的主要原因，因此，我们将人、设备和旅程管理作为交通安全管理的核心。

交通安全管理离不开管理理论的支持，58 区在对交通安全管理过程中，遵循管理的普遍规律，应用现代管理的基本原理和原则，支持各项控制手段和控制措施，使交通安全管理科学化、条理化、实用化，其主要应用的管理原理是系统原理及其原则和预防原理及其原则。

在交通安全管理工作中做到预防为主，通过有效的管理和技术手段，减少和防止人的不安全行为，物的不安全状态，把事故发生概率降到最低、合理、可行（ALARP）。

3 航空安全管理实践

3.1 危害辨识

危害辨识是风险管理的前提和基础，识别的准确与否在很大程度上决定风险管理效果的好坏。为了保证最初分析的准确程度，以及风险消减措施的实施，地震项目落实谁参与谁识别，在每个项目启动前期都要对工区进行全面系统的调查分析，将风险进行综合归类，揭示其性质、类型及后果，其中就包括行船和飞机运输安全的风险识别，在长期从事物探安全的前辈的不断经验积累和总结过程中，我们认为航空安全事故是由“人、机、管、环”四个要素即“4M”要素构成，即人的不安全行为、机的不安全状态、管理欠缺、环境不良四个要素构成。

3.1.1 人的因素

（1）情绪不好。（2）睡眠不足。（3）精神不集中。（4）注意力不集中。（5）思想开小差。（6）驾驶技术不佳。（7）不熟悉路线。（8）疲劳驾驶。（9）判断错误。（10）误操作。（11）未使用个人防护用品（PPE）。（12）沟通不佳。（13）经验不足等。

3.1.2 直升机的因素

（1）设施陈旧，状况差。（2）制动不灵。（3）方向失控。（4）安全设施不齐全。（5）没有及时对设施进行维修与保养等。

3.1.3 管理的因素

（1）私自动用飞机。（2）设备带病作业。（3）不及时要求维护。（4）规章制度不严谨。（5）安全教育不落实。（6）安全事项交代不清楚。

3.1.4 环境的因素

（1）气候不良。（2）路况信息不明。（3）指挥不当。（4）社区地形不熟悉。（5）与其他飞机沟通不畅等等。

在上述造成安全事故的四大因素中，人的因素是最主要，也是起决定性作用的因素，其次是设施因素，居第二位。这两个因素是密切相关不可分割的，因为直升机是由人驾驶的，如果操作者的安全素质高，就能够及时发现和处理设施故障，设施存在的不安全因素，是司机存在的不安全因素的具体反映。环境因素也是不可忽视的因素，这个因素中的不安全问题也和司机有关，因为旅程环境存在的不安全问题，要靠操作者发现和预防，如果操作人员的安全思想牢固，技术熟练，即使遇有恶劣的自然环境，也能保证行车安全。管理因素也是关键的因素，对交通安全起着重要的作用，组织管理部门重视交通安全工作，设施安全就会改观、情况良好。

3.2 风险评估

风险是指某种事物发生特定危害事件的可能性及发生事件结果的严重性，是失效所造成的后果的严重性和形成失效的概率两者的乘积。风险评估作为预测、预防事故的重要手段，将传统管理方法的凭经验进行管理，转变为预先辨识系统的危险性，事先预测、预防的“事前过程”，它是 HSE 管理和决策科学化的基础，是依靠现代科学技术预防事故的具体体现。其实质是以保障安全为目的，按照科学的程序和方法；从系统的角度出发对工程项目或工业生产中潜在危险进行预先识别、分析和评价，为制定预防控制措施和管理决策提供依据。

3.3 风险控制

针对秘鲁 58 区地震作业特点，我们按照安全科学原理，依据预防事故的“3E 对策”

理论，即预防事故需要实施工程技术对策（engineering）、教育对策（education）和管理对策（enforcement）。采取以下相应措施：

3.3.1 人员招聘、教育和培训方面

针对驾驶船只类型和直升机类型选择经验更加丰富的操作者，并针对性地进行分别的管理和会议、宣传和专项课堂等多方式培训，无培训和无安全意识的员工不录用原则，通过对作业人员进行作业安全知识和职业安全卫生知识教育，让其对地震队作业及作业环境有一定了解，让其熟悉针对相应风险制定的应对措施，在遇到困难和危险时能够正确寻求帮助或者自救。

乘客的安全意识在交通管理中也是需要关注的，安全意识强的乘客可以提前辨识出驾驶员的不安全驾驶行为，提醒驾驶员注意或者拒绝乘坐，从而避免交通事故的发生。

3.3.2 直升机管理

提高直升机的本质安全是杜绝小队交通事故的关键。针对不同的设施，满足相应的安全设施配备。如直升机上的救援设备、卫星电话、电台、急救包、灭火器、耳罩等等。

直升机每年在指定的检测站进行年度检测，通过第三方的检测部出具合格证明后方能使用。行程监控记录仪数据要按时进行分析，全面掌握驾驶员的驾驶行为和其他各项数据。所有直升机执行日检制度，及时排除设施本身的安全隐患。

3.3.3 旅程管理

除了对驾驶员和直升机的管理外，在开始一段旅程前对旅程进行策划、识别旅途中存在的风险，并针对这些风险制定相应的措施、进行有效的控制是确保交通安全的有效管理方法。比如：根据旅程的目的地选择合适的航线；并对航线中的特殊风险段做出针对性风险提示；核实执行旅程的驾驶员各种信息，以及驾驶员的身体状况是否适合旅程；核实旅程途中的天气状况；检查操作的检查记录；旅程中的汇报；旅程中突发事件的应对措施等等。

在此基础上，提前与社区沟通联系，因为当地居民主要活动为狩猎、打鱼和采集野果，只有先取得社区同意飞行的许可，才能避免与社区发生矛盾和纠纷。

最后，与相邻区块塔台建立协同安全联系机制，三方联合实施掌控航空交通状况，消除空中交通碰撞事故。

3.3.4 制度和政策管理

首先建设具有物探小队特色的正向激励的安全文化，运用传统有效的安全文化建设手段：入职培训，岗位变更培训，安全晨会和周会，技能演练。推行现代化的安全文化建设手段：群策、群力、群管对策，加强当地船长和飞行员的主人翁精神，实现本土化管理。应急演习常态化，提高应对各种危险的现场应对能力，增强船长和飞行员的安全意识。

其次全面的安全管理、安全生产责任制，队长为小队第一责任人、定期检查制、有效的行政管理手段。推行现代化的安全文化建设手段，持续改进与遵纪守法的承诺，“零事故”安全目标，完善的激励机制。

运用传统有效的安全文化建设，安全宣传栏，安全生产月，安全竞赛活动，同行业事交通故经验总结与分析会。推行现代化的安全文化预防手段，充分调动员工的积极性，查

一个事故隐患、提一个安全建议、创一条安全警语、讲一件事故教训、当一周安全监督等等。

最后建立全员约束激励机制，进一步提升员工安全意识，实现个人行为规范化、岗位操作标准化、安全效益最大化，有效激发安全管理个体主动抓安全的积极性。

结束语

秘鲁 58 区的显著特点交通难、施工难、融合难，其一是交通难，进入雨林没有公路，全部依靠直升机和船运。如果走水路，大船换小船，昼夜兼程耗时不说，且水流湍急，暗滩密布。

其二是施工难。技术方面，由于 58 区块地处山麓地带与冲积平原，受安第斯山造山带剧烈的影响，工区内发育多期断裂，构造复杂，勘探开发难度大。同时，丛林中潜伏的箭毒蛙、亚马逊森蚺、食人鲳等，给施工带来了极大挑战。

其三是融合难。主要是与当地社区的沟通、协调，与政府的商务谈判等，仅 58 区的开发方案许可就多达 100 多项。挺进雨林，就意味着签订安全环保、和谐发展的法律承诺。

而且在后期的开发和生产中，作业量会大幅增加，航空安全管理风险会显著增加，航空安全管理愈加关键。

在航空管理面临诸多困难和挑战的情况下，秘鲁公司结合勘探期取得的航空安全实践，进行不断探索、优化，强化安全生产责任不可替代的原则，从主管部门、支持部门、监督部门多方面规范航空承包商管理责任制的落实，贯彻“以人为本”的管理理念贯，把航空承包商当作自己的队伍，把飞行员当作自己的员工，严格管理、严格要求、严格考核。加强项目管理，利益共享、风险共担，履行社会责任、社区责任，由结果性管理向过程性管理和绩效管理转变，严把航空公司资质关、HSSE 业绩关、人员素质关、监督监理关和现场管理关，同时与资源国航空安全监管部门加强承包商管理沟通、协调和对话交流，共管公抓，在雨林地区缺乏依托和自己缺少经验的现实情况下，加强自身安全素质和能力提升，推进公司雨林项目再上新台阶。

特殊环境复产中的承包商管理与安全文化建设

■ 中油国际（南苏丹）124 项目公司

1 背景介绍

2019 年是南苏丹 124 项目（以下简称“南 124 项目”）全面复产的一年，随着人员流动、设备操作、施工生产等活动的逐步展开，各类 HSE 事件也逐渐出现。2019 年全年在南 124 项目现场共计发生各类 HSE 事件 67 起，按照责任方和损失方的归属，分别统计如下：

（1）甲方作为责任方的共计 31 起，占比 46.3%。

（2）甲方作为损失方的共计 46 起，占比 68.6%。

从统计数据可以看出，作为油田的运营者，甲方在事故中的损失 / 责任比率要高于乙方，换而言之，甲方比乙方更容易受伤。其中原因主要有以下几点：

（1）甲方作为油田现场绝大部分设备、设施的所有者，在资产损失方面比乙方面临更大的风险。

（2）甲方作为油田的运营者，与乙方相比，活动区域范围更广，人员流动频次更密，面临的与之相关的风险也更高。

（3）在生产和日常活动的多样化方面，甲方远超乙方，因此被暴露其中的风险种类也更多。

尽管甲方在总体风险方面面临更大的挑战，但如果能做好承包商管理，贯彻甲方的安全文化，降低因乙方事故造成的甲方损失，仍可以有效的控制风险等级，显著降低事故率。因此承包商管理和安全文化建设，在 HSE 管理中占有重要地位。在南苏丹 124 项目的复产过程中，对承包商的管理采取合同约束、制度建设、现场监管、共同参与等手段，立足实际，具体分析，综合施策，分统结合，初步形成一套行之有效的管理策略。

2 合同约束

在快速复产过程中，尽管面临着条件差、资源少、时间紧、任务重的困难和压力，但南 124 项目并未在 HSE 方面放松管理要求，从承包商签订合同的阶段开始，就将 HSE 内容作为有效附件纳入主合同文本的范围。

在南 124 项目同每家承包商签约的合同中，均有两个涉及 HSE 方面的附件，其中：

（1）附件 4 概括描述了 HSE 体系的基本要求和实施重点。

（2）附件 5 详细阐述了 GPOC 在 HSE 方面的要求，包括政策合规、组织架构、资产保全、停工权利、设备安全、风险管控、人员资质、意识提升、事故报告和文明施工等 10 个总体方面，以及 45 个具体方面的管理要求。

通过合同附件的方式，明确了承包商在 HSE 方面的责任和义务，为下一阶段的具体实施和现场监管设定了法律层面的保障。

3　制度建设

作为油田运营方，在选择承包商的时候若把 HSE 表现作为其中的一个考量，往往面临难以量化、标准不一、浮于形式的困境。在“人员培训”“HSE 护照”“严格监管”等常规 HSE 管理体系的基础上，南 124 项目结合现场承包商数量较多、素质各异的现实，初步制定并推行“HSE 表现评分”系统。

该系统首先对现场各风险点进行评估和筛选，结合风险频度和结果严重性，分别预设不同的权重和分值。在承包商合同签订之初（新承包商）或每年度年初（已有承包商）给予相同的初始总分。在合同期内（或年度内）承包商的各项活动，若发现有违反 HSE 规定之行为，在纠正整改的同时，进行台账记录，在年终考核时对照相关风险点预设分值在总分中予以扣除，依据各承包剩余分数的高低作为 HSE 表现评价的参考依据之一。对在合同期内（或年度内）发生重特大事故及亡人事故的承包商，一次性扣除所有积分，并列入黑名单，在三年内不予授予任何合同。

通过量化打分，不但激发承包商提高自身 HSE 表现的自身源动力，也为筛选优质承包商提供了真实有力的参考依据，从而形成了 HSE 文化认同的闭环，促进甲乙方 HSE 联动发展，共同提高。

4　现场监管

作为 HSE 管理中必不可少的重要环节，现场监管始终是一项长期且繁重的任务。南 124 项目制定了现场管理层月度巡检制度。现场甲方领导层以身作则，在每月下旬对现场设施或阶段性高风险点进行针对性检查，明确整改时间点，落实整改责任人，消除隐患风险点，提高现场安全阈值。

此外，南 124 项目还建立了 HSE 巡查和监管制度，对火灾隐患、用电设备等风险点进行定期巡查，对关键大型吊装、管线碰头等施工重点难点进行全过程监管。

在强化现场监管的同时，南 124 项目还制度化承包商汇报内容，对每家现场承包商均要求“在规定的时间，按固定的模板”上报现场每周人工时，项目现场 HSE 负责人汇总统计后再上报至朱巴 HSE 办公室。承包商的汇报情况，纳入表现评分系统，对于“迟报、误报、不报”等现象均给予相应的扣分惩戒。通过每周一次的工时汇报，在准确掌握现场人员动态的同时，也在不断提醒承包商时刻保持对 HSE 的重视。

目前由于新冠疫情防控的需要，管理层月度巡检自今年三月起暂停进行。

5 共同参与

HSE 的总体业绩，离不开甲乙双方的共同努力。积极与各乙方单位开展联动，增进关注，互通有无，是完善现场 HSE 管理，提升 HSE 表现的重要方式和方法。

南 124 项目在现场每月上旬召开承包商 HSE 会议，回顾上一月度现场总体及各家承包商的 HSE 表现，并针对下一阶段各承包商的施工活动、社会热点、现场局势等方面进行当月 HSE 工作重点分析，此外，还进行上月发生的 HSE 事件进行案例分析和经验分享。

应急演练是 HSE 体系中的重要一环，考虑到南 124 现场甲乙方营地集中，面临的共性风险较多，因此“共同防范、联防联动”的应急管理理念被贯彻到现场。甲方尝试与乙方举行联合应急演练，在出现紧急情况下如何打破管理框架的桎梏，及时有效的调配资源，最大程度减少损失，是一项摆在南 124 现场 HSE 管理面前的难题。目前南 124 项目现场已成功联合 CPECC 共同组织了火灾应急演练和灭火器专项使用培训，后续将逐步增加演练要素、复杂演练场景、提升应急能力。

目前由于新冠疫情防控的需要，月度承包商 HSE 会议和联合演练自今年三月起均暂停进行。

在新媒体时代，甲乙方的交流渠道也趋于多样化。尤其在南 124 现场，在电话信号不畅、对讲设备奇缺的情况下，邮件、QQ、微信等信息化手段已经日渐成为沟通交流的主力军。南 124 项目与时俱进，建立了邮件组，微信群等交流平台，做到信息传递的全覆盖、无死角、零延迟。

6 结语

2020 年，南 124 项目将以习近平安全生产重要论述和生态文明思想为指导，坚持安全发展、绿色发展、科学发展理念，坚持以风险管理为核心，以体系建设为抓手，紧盯问题，压实责任，看齐标杆，持续改进，继续推动 HSE 体系落地，提高体系运行质量，实现 HSE 本质提升，有效防范各类事故，持续打造 HSE 核心竞争力，为南 124 项目发展提供可靠保障。

尼罗河公司成功应对当地政府更迭

■ 尼罗河公司

1 背景

巴希尔下台，苏丹政府更迭是苏丹 30 年未有之大变局。2019 年，苏丹因反政府抗议活动导致至少 246 人死亡，1353 人受伤，其中包括妇女和儿童。“6・3”武力清场当天造成 127 人死亡，700 余人受伤。驻地苏丹宾馆内，一颗流弹击穿房间外层玻璃。尼罗河公司面临复杂多变的社会安全环境，为人员、财产安全和正常生产运营带来极大的挑战。

2019 年全年，苏丹共发生近 200 起反政府抗议活动，26 起枪击及大量其他引起社会不稳定的事件。社会动荡也导致项目运营危险重重。苏丹 6 区项目全年共发生 108 起安保事件，其中阻挠罢工 49 起、物资失窃 23 起、恶意破坏 33 起、当地军方人员在油田外围遭绑架 2 起、其他安保事件 1 起。

2 主要做法

尼罗河公司成功应对苏丹政府更迭，无人员伤亡和财产损失，确保了公司经营管理秩序不乱、生产组织不断。

采取的主要应对措施包括：

（1）成立紧急状态应对领导小组。2 月 24 日，尼罗河公司成立了由总经理为组长的紧急状态应对领导小组，主持应急工作。

（2）全面升级社会安全突发事件应急预案，组织应急演练，细化撤离方案，落实应急资源。更新完善尼罗河公司“1+10”应急预案并通过中油国际备案评审。苏丹宾馆组织 106 人开展应急撤离演练，强化应急反应能力。细化油田现场、炼厂驻地和苏丹宾馆陆、海、空撤离方案和落实应急资源，包括 6 架应急包机，确保人员可随时撤离。

（3）加强信息收集、分析研判、及时决策，提前进行安排部署。除了源自媒体、网络、使馆、政府、企业的信息外，重视来自当地雇员、有合作关系的安保公司、部门的第一手信息，尤其是来自苏丹国安局的信息。从 4 月 7 日起，领导小组每天主持安保应急会议，共 70 期，分析研判信息资料、及时决策、提前部署，并向中油国际上报 37 期苏丹紧急状态专报。

（4）加强苏丹宾馆物防措施，确保人员安全。成功追加 15 万美元预算，用于升级改造苏丹宾馆院区大门、围墙、广播系统、应急避难室。同时，院区围墙加装铁丝网、调整临街房间、实行灯光管制、封闭主楼楼顶、检查并调整监控摄像等措施也有效确保了人员安全。

（5）建立苏丹宾馆里外三层人防措施，确保人员安全。苏丹宾馆新增5名武装警察24小时执勤，安排政府安保人员进驻宾馆，从而建立了宾馆从外到里依次为苏丹政府安保力量、武装警察及宾馆当地安保人员的三层人防措施。

（6）制定、落实人员管控措施。落实人员往来机场和上下班外出武装护卫政策，油田现场禁止流动作业和夜间作业。制定、落实喀土穆、炼厂、124区、6区片区管理责任制，由主管领导全面负责，确保中方人员安全。发生各类当地人引发的安保事件时，中方人员不出面、不参与、不介入，避免造成以中方企业和人员为目标的安保事件。随驻家属全部撤离，压减甲乙方在苏人员，在苏工作时间由90天缩短至70天，增加敏感时段国内滞留时间。

3　取得的成果

尼罗河公司成功应对苏丹政府更迭，全年无人员伤亡和财产损失，切实履行“员工生命高于一切”的社会安全管理宗旨，体现了高度企业社会责任感，维护了国际公司形象，实现了“五个杜绝”和三零HSE目标。

为了更好地应对苏丹政府更迭带来的社会风险，尼罗河公司投入资金，升级改造了项目驻地关键物防措施，包括大门、围墙，提升了本质安全。

尼罗河公司沉着冷静应对苏丹30年不遇的社会动荡。领导小组亲自主持70期应急会议，积极收集情报，及时分析研判，抓住窗口时期有序撤离中方人员332人。

通过积极研判，提前部署，提前行动，在苏丹政府更迭的形势下维持生产经营，保障2019年尼罗河公司超额完成原油作业产量目标。

4　应对苏丹政府更迭的几点体会

一是集团公司社会安全体系及管理标准是尼罗河公司做好社会安全风险管理与应对工作的基石与保障，集团公司国际部、中油国际、驻苏使馆是我们做好社会安全风险管理工作的坚强后盾。尼罗河公司应急领导小组严格按照集团公司社会安全体系科学应对苏丹政府更迭事件，保障了全年的人员和生产作业安全。

二是尼罗河公司的精准应对包括及时成立紧急状态应对领导小组，制定、落实苏丹片区管理责任制，强化四防措施，在安全窗口期合理安排人员撤离等极大地削减降低了社会安全管理的风险。

三是多渠道的信息收集是成功风险预警研判的基础，及时准确的安保信息能确保早预警、早研判、早防范及早见效，尤其是通过苏丹6区安保部门获取的来自苏丹国安局的第一手信息资料，避免了重大人员伤害和财产损失事件的发生。

四是风险管控依然是社会安全管理工作的主轴。相关的措施包括信息收集、社会安全突发事件应急预案的完善及演练、应急物资的储备、应急资源包括应急包机的落实、减控人员、四防措施等，都是风险管控的手段和措施。

尼日尔炼厂项目疟疾防控工作

■ 中油国际（尼日尔）炼油公司

1 项目背景

尼日尔炼厂项目是中国石油海外勘探开发公司“十一五”期间开发的尼日尔上下游一体化项目的重要组成部分，也是2011年海外“十大重点工程项目”之一。2008年6月2日，中国石油和尼日尔政府签署PSA协议，决定在津德尔建设一座原油加工能力100万吨/年的炼厂，2008年10月27日炼厂奠基，2009年6月20日现场施工正式开始，2011年11月28日建成投产。

尼日尔炼厂是尼日尔国第一座现代化炼油厂，炼厂的投产在满足尼日尔国内需求的同时，部分产品外销到尼日利亚、马里、布基纳法索等国家，使尼日尔从石油进口国变成了石油出口国，目前为止已累计为尼日尔上缴税收5.33亿多美元，为尼日尔经济发展做出了重要贡献。

截至2020年7月底，炼厂累计实现安全生产3178天，加工原油675万吨，生产产品606万吨，实现“零事故、零伤害、零污染”的管理目标。投产以来，尼日尔炼厂不断强化精细管理，优化操作运行，物耗能耗指标不断降低，质检中心通过国际认证，设备实现长周期运行，安全环保全面受控，为尼日尔的经济社会发展贡献巨大。

2 尼日尔及其面临的疟疾风险

2.1 关于疟疾

据世界卫生组织2019年12月4日发布的《2019年世界疟疾报告》，2018年，全世界估计有2.28亿疟疾病例，大多数疟疾病例发生在非洲地区（2.13亿例，占93%），尼日尔占4%；恶性疟是非洲区域最流行的疟疾，占2018年疟疾估计病例的99.7%。

2018年，全球估计有405000人死于疟疾，5岁以下的儿童是最容易受到疟疾影响的群体。在2018年，他们占全世界所有疟疾死亡人数的67%（27.2万）。

2.2 尼日尔概况

尼日尔共和国地处撒哈拉沙漠南缘，非洲中西部，是世界上最贫穷的国家，自然条件恶劣，社会依托差，常年高温、干旱，更是世界上疟疾疫情最严重的国家，每年疟疾患者约800多万例。据2019年统计，尼日尔的疟疾发病率为15%，是乍得的4倍，苏丹的6倍。而且不同于苏、乍两国，这里99%以上都是恶性疟。中国石油在尼员工中有80%以上接受过疟疾治疗，有 30% 携带疟原虫，疟疾已成为威胁在尼全体员工健康的头号疾病，严重影响了队伍建设的稳定。

3 十分工作法

3.1 创建“一个方针”

根据炼厂项目实际，在“见热治疟，见疟治恶”用药的总原则下，结合当地疟疾发病特点，经过摸索，总结出“一旦发热，及时就诊，疟疾检测，及时镜检，仔细甄别，对因治疗，疑似疟疾，先蒿后奎，根据个体，针对用药，疗程适当，防止副反应”的治疗方针。

3.2 科学“三期”管控

为了有效防控海外员工健康风险，保障员工身体健康，降低因疟疾发生健康意外事件的风险，项目 HSSE 部依照《中国石油天然气集团公司境外项目健康卫生管理指导意见》的具体细则及内容针对项目员工“出国前期”“项目期间”“休假期间”等重点环节制定了具体要求和执行标准（表 1）。

表 1 具体要求和执行标准

具体期间	具体措施	执行标准
出国前期	各部门、各承包商为新入职人员、第三方人员、临时性出国人员办理邀请函等相关来项目手续时向炼厂项目公司 HSSE 部提交员工健康评估结果“合格证”	体检项目、体检评估均依照《中国石油天然气集团公司出国人员健康体检及评估管理规定》（国际〔2017〕449 号）及《中国石油国际勘探开发有限公司体检及评估管理实施办法（试行）》的有关标准执行
	各部门、各承包商定期组织员工参加体检及健康评估，确保员工体检及健康评估均达到 100%，不得以国际旅行健康检查、职业健康检查等体检替代出国体检。评估结果为“不合格”人员，不允许来尼项目工作。对“不合格”和“限制性合格”的在岗员工应尽快完成健康改进，存在较高健康风险的员工暂停在项目工作	
项目期间	各部门、各承包商所属在尼项目员工健康管理环节，要遵守“四落实、两强化、两确保”的管理方法。“四落实”即：（1）落实健康日报制度。每日由诊所医生收集汇总，HSSE 部门经理审核，通报相关领导。（2）落实严格疟疾排查制度。对疑似人员做到“早发现、早就医、早治疗”。（3）落实员工互助制度。即员工结成互助小组，互帮互助，发现情况，督促就诊。（4）落实疟疾知识培训制度。对新入场员工进行疟疾知识培训，包括如何防蚊，如何就医等。“两强化”即：（1）强化防范措施。加大打药灭蚊、污水池撒石灰消毒频次，做好驻地区域卫生清洁；定期检查员工房间蚊帐、纱窗和室内外灭蚊灯等防蚊设施，确保完整有效；配备驱蚊液，规范员工室外着装要求（须穿着长衣、长裤、工鞋），防范被蚊虫叮咬。（2）强化项目国疫情信息监控。实时监控掌握项目国疫情信息，及时调整相关药品储备和防蚊药物喷洒次数，适实发出疫情预警。“两确保”即：第一确保疟疾患者及时诊治。第二确保危急重症患者成功转运	现场疟疾治疗依照《中石油尼日尔疟疾临床处置最佳实践方案》标准执行。 现场危急重症患者转运依照《中油国际（尼日尔）有限责任公司医疗紧急救助专项应急预案》标准执行

续表

具体期间	具体措施	执行标准
休假期间	对于回国休假和结束尼日尔工作的炼厂员工，严格离岸疟疾筛查，发放抗疟药物（蒿甲醚苯芴醇片），对回国员工定期问询随访，做好应急响应协调，解除员工休假期间和回国工作的后顾之忧	国内休假人员配备抗疟药物依照《中国石油尼日尔疟疾临床处置最佳实践方案》标准执行。推荐药物：蒿甲醚苯芴醇片

3.3 狠抓“三防”落实

项目 HSSE 部根据项目所处环境，因地制宜，狠抓关键环节制定具体措施，落实“三防”（表 2）。

表 2　具体措施及展示

关键环节		具体措施	展示
（1）避免防蚊防虫方法单一、药品器械单一、药品使用无针对性。 （2）防治人员对蚊媒知识了解需要进一步提升。 （3）对蚊媒孳生地有针对性的处理措施，蚊子栖息地或者集聚地有针对性的处理措施。 （4）人居环境蚊媒密度高，应该注意对蚊子的种类及密度定期监测，防治使用药品应该选用效果佳且对环境友好，从单一化学防治向复合化学防治、物理防治、环境防治、生物防治等方面靠近	防室外：控制孳生地、做好蚊虫消杀，消除蚊蝇滋生根源	（1）通沟渠、清除积水、填平坑洼、铲除杂草，消除蚊蝇孳生地。（2）对花草树木及垃圾进行分类喷药消毒。（3）定期清理营地污水坑、垃圾场、下水道，对以上重点位置撒生石灰消毒，实行垃圾分类	
	防室内：控制孳生地。滞留喷洒、空间喷洒、用纱门、纱窗、软帘防蚊。用驱蚊剂驱蚊。用紫外线诱蚊灯灭蚊	（1）人员出入后随手关门，减少了蚊蝇窜入室内的机会。（2）走廊内安设了多部灭蚊灯。（3）办公楼和公寓楼每天都用杀虫剂或 DDT 进行两次喷雾杀虫。（4）配备蚊帐、室内灭蚊灯、电蚊香和杀虫剂	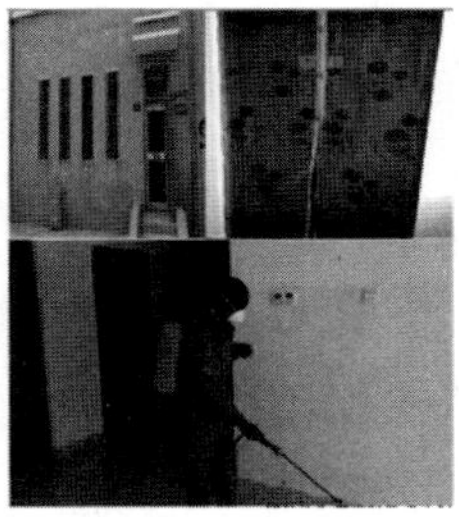
	防个体：配备驱蚊乳和驱蚊液等，减少夜间外出	（1）要求员工睡觉时必须要放好蚊帐。（2）推广使用用避蚊胺处理过的工服。（3）每个宿舍都配备电蚊香、杀虫剂以杀灭室内蚊虫。（4）为员工配发蚊不叮、长效驱蚊霜、驱蚊腕带等，供外出时使用。（5）在倒班车内喷洒杀虫剂驱离蚊虫，保证上下班人员不被蚊叮虫咬。（6）规定员工在疟蚊出没时段穿着长袖衣裤和厚袜子，不准穿凉鞋或拖鞋，以减少被叮咬的概率。（7）保证宿舍纱窗、门帘、完好以隔绝蚊虫。（8）要求员工出入房间养成随手关门的好习惯	

3.4 “三项资源”保障

“三项资源”保障见表3。

表3 “三项资源”保障

三项保障	具体措施	展示
健康保障	完善治疟医疗设施，优选采备治疟药物，深入调研疟疾治疗方法	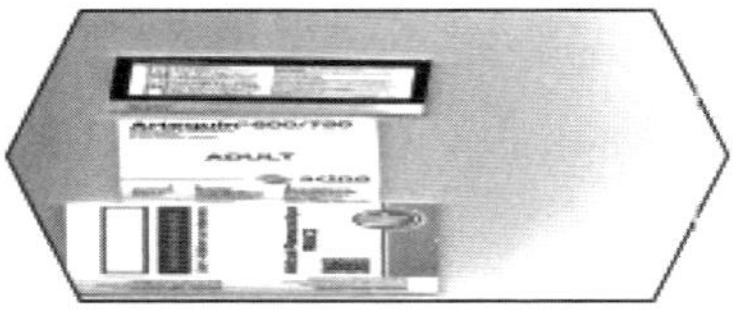 
精神保障	组织文体活动，修建游泳池，配备健身器材，鼓励员工健身，增强抵抗力	 
生活保障	绿色农场蔬菜种植及生猪养殖，做到自给自足，保证食品安全	 

3.5 疟疾风险得到有效控制

近年来，尼日尔炼油有限公司多措并举狠抓疟疾防控，探索实施了“十分”防控工作法，患疟疾人数从2012年以前的80人/年下降到2019年的3人/年（图1），极大保障了在尼项目员工身心健康。

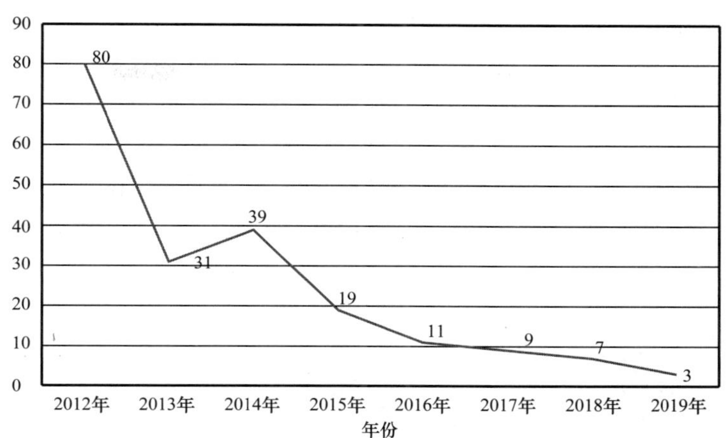

图 1　津德尔炼油有限公司 2012 年—2019 年疟疾病例统计

4　灭蚊消杀方案及注意事项

4.1　灭蚊消杀方案

灭蚊消杀方案见表 4。

表 4　灭蚊消杀方案

时间安排	每年的 7 月—11 月，根据需要加大灭蚊消杀工作频次，每天 2 次。12 月—次年 6 月，每天一次
消杀区域	（1）公区、宿舍区、操作间、绿植带、仓库间及建筑物周围等公共部分。（2）各部门办公室。（3）垃圾箱、化粪池等室外公共区域。（4）军营及各执勤哨位
消杀药物及方式	Daksh Inciticide。以喷药触杀为主
操作要点	（1）强化个人防护，穿戴好防护口罩及衣帽等。（2）将喷杀药品按要求进行稀释注入喷雾器里。（3）作业结束后及时清洗，防治中毒
消杀工作标准	（1）检查各区域，目视无明显蚊虫在飞。（2）检查办公室和作业现场，目视无苍蝇孳生地。（3）检查室内和污水井，每处蚊蝇数不超过 3 只。（4）抽检楼道、室内无明显虫迹。（5）现场蚊虫消杀符合《集团公司海外项目疟疾防控技术指南》（Q/SY 15006—2018）要求
消杀工作管理检查	（1）杀工作前，必须详尽地告诉作业人员应注意的安全事项。 （2）应每次检查消杀工作的进行情况并将工作情况记录于每天工作日志中。 （3）现场跟踪检查，确保操作正确

4.2　消杀注意事项

（1）梯间喷杀时不要将药液喷在扶手或房间的门面上。

（2）食堂喷杀时不要将药液喷在食品和器具上。

（3）不要在人员出入高峰期喷药。

（4）办公室及休闲配套设施应在下班后进行，并注意关闭门窗，将药液喷在墙角、桌下或壁面上，禁止喷在桌面、食品和器具上。

（5）消杀作业完毕，应将器具、药具统一清洗保管。

（6）消杀人员应明确操作纪律，消杀工作中严禁吃零食、吸烟、打闹，也不要用手随意去擦嘴、揉眼。

（7）不准将消杀器具乱扔乱放，离开操作场所时一定要认真用肥皂洗。

（8）下水道、垃圾场等重点部位，坚持每天喷洒药物，加大剂量和频次，消灭蚊虫滋生环境。

5 五个“进一步”

（1）进一步加强与集团公司国际部专家的联系，开展工作现场和营区健康管理现状评估，查找管理缺陷和盲区。

（2）进一步加强与中油国际健康安全环保部专家的联系，根据疟疾治疗原则，建立多种治疗套餐。

（3）进一步加强与地坛医院专家的联系：根据尼日尔恶性疟特点，学习探讨诊疗经验。

（4）进一步加强与江苏虫防所专家的联系：进行蚊虫密度检测，科学确定尼日尔蚊虫密度等级（高密度地区），并据此制定物理、化学、生物综合灭蚊一体化方案。

（5）进一步加强与驻尼中国医疗队的联系：形成固定有效的交流沟通机制，建立医疗保障。

6 生命至上，以人为本

炼厂项目领导班子本着“以人为本，生命至上”的理念，高度重视疟疾防治工作。强调安全生产与疟疾防控同等重要，相辅相成，历任总经理，无论工作多忙，都要抽出时间与医务人员保持热线联系，过问疟疾患者的治疗情况，一起探讨典型病例，提出解决方案，并时常到诊所现场办公，看望、慰问患者和医务人员，解决实际问题。

对员工进行疟疾等传染病预防知识培训，制定公司关于传染病预防的管理措施；邀请中国医疗队专家、当地治疗疟疾专家对诊所医护人员进行疟疾治疗、化验培训；与在尼中国石油医生进行业务交流，共享药物器材、设备使用经验。推行建立起由班组、部门（装置）和公司组成的三级疟疾防护体系。层层防控，各司其职，安排专人陪护疟疾患者，及时向医生反馈信息，24 小时监护员工患病情况。为了更及时地为职工提供医疗服务，所有医务人员手机 24 小时开机，做到病人随叫随到。对重症患者做到跟踪随访治疗，经常到职工宿舍探访。

7 防蚊抗疟工作中存在的问题及应对措施

7.1 个别员工思想麻痹，防疟意识不强，措施执行不彻底

措施：加强宣传教育，积极有效沟通，让疟疾防控意识和意义深入人心，增强自我保护意识，由医务人员单一防疟转变为项目全员自发地主动防疟，将疟疾隐患扼杀在思想意

识层面。

7.2 抗疟药品还欠全面

措施：每周盘点药品库存，及时补全抗疟药品。

7.3 蚊虫消杀作为疟疾防控重点不突出

措施：加大蚊虫消杀力度，从源头上降低生产生活环境蚊虫密度。

7.4 员工参与度较低

措施：开展全员防疟知识培训，提高自我防护意识；发挥一体化优势，全员参与，积极主动防蚊防疟。

7.5 落实《海外项目疟疾防控技术指南》中的防控措施不到位

措施：认真学习《海外项目疟疾防控技术指南》，直线领导牵头，督促行政部、HSE部工作人员，全面落实防控措施，为员工提供一个安全的生活工作环境难。

8 展望未来

我们清醒地意识到，抗击疟疾等疾病是一项长期而艰苦的工作，公司上下必须团结一致，各级领导必须高度重视，强化红线意识，坚持“以人为本，生命至上”的崇高理念，践行“三实”要求，全员参与，群防群治，做好各项基础工作。

我们坚信：在中油国际公司和西非地区公司的正确领导下，通过尼日尔炼厂项目全体员工的不懈努力，我们将持之以恒落实“疟疾防控工作方案”不断夯实健康管理基础，持续提升抗疟工作水平，切实保障海外员工身心健康，确保炼厂项目安全、有序、稳步推进。

尼日尔上游项目风险分级防控的良好实践

■ 中油国际（尼日尔）上游项目公司

尼日尔上游项目公司（以下简称项目公司）是尼日尔唯一一家石油企业，是中石油在尼日尔的一个标杆，一面旗帜。项目公司包括 TENERE、BILMA 两个勘探项目和 AGADEM 一体化项目，其中 AGADEM 一期一体化项目于 2008 年 6 月 2 日由中油国际公司与尼政府正式签订 PSA 协议。2011 年 11 月 28 日竣工投产。目前已建成百万吨油气生产基地，生产地面主要配套工程包括 1 座联合站（CPF），位于 Goumeri 断块；1 座计量接转站位于 Sokor、1 座混输泵站位于 Agadi 断块；3 座营地，位于 Jaouro、Goumeri 和 Sokor 断块，1 条从 Agadem 区块至津德尔炼厂 462.5 千米输油管道，管道沿线设有 7 座管道站。

图 1　荒漠中的钻机

项目公司处于自然环境恶劣（图 1）、生产条件艰苦、社会局势动荡的西非地区，面临着严峻的社会安全形势、与日俱增的安全环保风险和严重的传染病等健康风险。项目公司严格执行集团公司和中油国际勘探开发有限公司对海外油气业务工作的总体要求，以推进 HSSE 管理体系建设为主线，以风险防控为主导，紧密围绕“零事故、零伤害、零污染”的总体目标，强化安全生产“四条红线”管控，狠抓过程监管，强化监督考核，努力提升本质安全工作，确保 HSSE 工作的平稳发展，达到业务增长与 HSSE 绩效同步提升。

1　主要工作及获得成果

中油国际公司总部高度重视海外项目 HSSE 风险分级防控工作，成立了 HSSE 风险分级防控课题组，研究制定《海外项目 HSSE 风险分级防控实施方案》，为海外项目建立 HSSE 风险分级防控体系奠定了基础。项目公司在公司总部的正确领导下，协助开展海外项目 HSE 风险分级防控技术与管理工具研究，开发了危险因素辨识技术、风险评估分析工具、防控措施技术等一系列技术。2016 年，项目公司作为 HSE 重大风险分级防控工作的试点单位开展试点验证，获得了显著成果。为进一步指导现场人员科学、规范地开展危害因素识别、风险评估和防控措施制定工作，2018 年、2019 项目公司成立工作组开展 HSE 风险分级防控指导和培训工作。通过现场培训、访谈评估等形式，将中油国际和项目公司的 HSSE 管理理念进行宣贯，提升项目现场人员 HSSE 能力。

工作组赴 CPF、FPF、施工现场、管道首末站、管道中间站、Jaouro 营地、承包商营地、尼亚美机关进，指导生产部与管道运行部等 8 个部门，利用工作前安全分析、矩阵法等方法，对高风险作业、设备设施、生产工艺中存在的危害因素进行辨识和风险评估，并针对风险防控措施落实情况进行检查。工作组归纳形成了 800 余项危害因素的风险清单，使清单内容更加丰富，全面覆盖健康、安全、环保和社会安全。

依据现场生产运行特点，工作组编制了培训计划，充分利用员工休息时间，组织全员开展 HSSE 风险分级防控培训。培训重点介绍了集团公司及海外板块的风险管理理念、现场危害因素辨识的方法、风险评价与分级的注意事项、防控措施制定中应遵循的原则。连续三年的 HSE 风险分级防控工作，共组织培训各部门和单位管理人员和操作员工近 500 人次，实现了对项目中方人员的全覆盖。通过组织 HSE 风险分级防控培训，真正达到强化风险掌控能力、夯实管理基础的目的，形成“我要安全”的良好氛围。

为了进一步提升尼方员工和国际雇员对中国石油安全理念和制度要求的认识，工作组对 15 名外籍雇员的安全意识、安全基本技能、风险管理能力和应急能力进行了能力评估和培训。

2 现场工作亮点

项目公司在开展 HSE 风险分级防控工作中展现了不少突出的 HSSE 工作业绩，经过总结提炼，将亮点概括为以下几个方面：

（1）积极践行“有感领导”，落实“直线责任”，强化“属地管理”，强力推进 HSSE 风险分级防控工作。

项目公司秉承“安全第一，环保优先”的理念，自 2015 年开展 HSSE 风险分级防控工作以来，各级领导干部牢固树立“环保优先、安全第一”的理念，以风险防控为工作核心，扎实开展各项 HSSE 管理工作。

项目公司建立了《HSSEM-001-5-HSE 重大风险分级防控》程序，各单位（部门）主管领导按照《中国石油海外勘探开发分公司海外项目 HSSE 风险分级防控实施方案》的要求，每年组织员工对主要作业流程、关键设备设施等方面存在的危害因素进行识别，采用 RAM 法进行评估分级，制定预防、补救措施，并由 HSSE 部统一收集风险清单，并进行汇总整理。在保证全面辨识风险的同时，还能做到有效控制风险清单质量。

针对 2018 年 HSSE 风险分级防控工作中发现的防雷防静电问题，项目公司领导层高度重视，委托中国石油安全环保技术研究院对油田现场、管道站、联合站等高风险站点进行了防雷防静电检查评估，同时与联合站、管道站等相关人员进行了技术交流。工作组从设计、工艺、设备、操作、日常维护管理入手，检查评估联合站、管道首站末站及中间站等防雷防静电设备设施是否按照标准规范进行设计、管理、运行；所配置的防雷防静电设施，使用是否正常，存在哪些问题和风险，并对防雷防静电设施存在的问题和隐患提出整改建议，提高了高风险装置、储罐生产作业的本质安全。

（2）加强体系建设和制度执行，重视现场 HSSE 管理和风险防控。

项目公司扎实开展 HSSE 管理体系推进工作，2019 年正式获得英国标准协会（BSI）颁发的 OHSAS 18001：2007 职业健康安全管理体系和 ISO 14001：2015 环境管理体系国际认证，取得英国标准协会颁发的认证证书。建立完善了 HSSE 体系文件和规章制度，大力推行作业许可、工作前安全分析、安全观察与沟通等 HSSE 工具和方法的使用。各单位以安全检查、内部审核为契机，积极查找现场各类问题和隐患，并举一反三落实整改措施，确保设备装置的安全平稳运行；以正向激励的方式推动安全观察与沟通的开展，营造良好的安全文化范围；积极落实作业许可制度和工作前安全分析，对危险性作业风险管控取得显著成效。

2019 年中油国际公司审核组对项目公司的 HSE 和社会安全体系进行审核，审核组分别对应急管理、社会安全、安全生产、承包商管理、管理体系等多方面进行了全面审核。审核组充分肯定了项目公司高度重视社会安全和 HSE 工作、HSE 和社会安全管理体系较为完备等良好实践和项目公司在面临五高风险的情况下社会安全和 HSE 工作做出的成绩。

（3）扎实开展培训工作，提高员工风险应对能力。

提升员工的风险管理意识和能力是做好 HSSE 管理的根本途径，而培训正是强有力的抓手，也是风险管控的一个关键环节。项目公司充分运用 HSSE 培训矩阵，开展 HSSE 培训需求调查，制定 HSE 培训计划，并按期组织了实施。采取现场实操、班前会等多种方式开展培训工作，并组织员工学习集团公司传达的各种事故案例，真正做到引以为鉴，从思想上树立安全红线。2019 年共举办各类培训 36 余场次，培训 549 人次。上半年开展制度规范宣贯 6 次，安全技能培训 8 次，安全意识培训 6 次，此举提高了员工岗位安全技能和安全意识。

HSSE 风险分级防控工作的一项重点内容就是培训，各部门管理人员和操作员工以极高的热情参与进来，其中包括承包商人员和尼方 HSSE 监督。现场培训学习氛围浓厚，每位参训人员学习意愿强烈、学习态度端正。通过培训工作的持续开展，能够提高现场人员对风险分级防控知识的理解和掌握，从而达到强化风险掌控能力、夯实管理基础的目的。

（4）注重承包商管理工作，将其纳入公司统一 HSSE 管理体系。

项目公司注重长城钻探、山东国际等承包商的 HSSE 管理工作，将承包商 HSSE 管理纳入公司自身管理体系。严格把好承包商入厂关，对分包商的生产资质、特种人员持证情况进行入厂前核查，施工作业中检查。编制了 HSSE 惩罚条款，严格双方权责，明确双方在安全生产方面的权利、责任和义务。加强过程动态监管，做好安全告知和风险提示，规范生产作业行为，及时纠正作业中的违章行为，加大曝光和处罚力度。执行黑名单制度，加强了安全生产工作，促进了承包商落实安全生产主体责任，防止和减少了生产安全事故、环保事故。实现标准化、规范化管理，使得承包商能够在生产过程中严格按照公司 HSSE 管理的制度和要求进行工作，保证安全生产的推进。

（5）推动社会安全“四防建设”，做好安保工作。

项目公司高度重视社会安全管理工作，对社会安全管理有着清醒正确的认识，领导身体力行、率先垂范，亲自主持和参加 HSSE 工作协调会，沟通和分享社会安全信息与优良实践，参与安保审计和检查。落实集团公司“三大一统一”的社会安全管理模式，每年投入近 500 万美元，为甲乙方统一配备武装保安力量，并划拨专项安保经费用于购买安保装备，提升安保基础建设水平。发挥了项目公司社会安全整体管理的优势，确保生产、生活安全（图 2）。

图 2　尼日尔项目油田现场安防设施

项目公司的安全由国家军队武装保护，构建了由 FAN（国防军）、GNN（国民卫队）、宪兵（警察武装）、SOGE S（安保公司）多单元多层级的防护网络。同时，公司还资严格执行外出审批和派兵保护制度，确保出行安全。

（6）加强员工健康管理工作，打好疟疾防疫战。

一是提高员工疟疾防范意识：各现场定期开展疟疾防控知识培训和演练。2019 年发放疟疾典型案例分享 12 期，疟疾高发期进行健康风险提示。

二是提高医生疟疾治疗能力：课题组与国内专家组进行了深入交流，结合经治医生的疟疾防控治疗经验，并参照尼日尔当地疟疾流行情况和临床特点以及国际上几家知名医疗机构的抗疟指南，总结出了本项目关于疟疾的最佳临床诊疗实践方案“12345”疟疾防治工作法。

由于项目公司疟疾防控工作成绩的突出表现，公司总部组织了多家单位到尼日尔上游项目观摩，学习借鉴尼日尔上游较为成熟的疟疾防控经验，交流疟疾防控监督管理做法，研讨尼日尔二期产能建设及尼贝管道建设期间现场疟疾防控策略，提高了参会单位疟疾防控工作的理论水平。

3 工作经验总结

2016年—2019年，开展的HSSE风险分级防控工作获得了很多有益的经验，取得了很好的成效，重点体现在以下几个方面：

（1）理念提升。项目公司通过开展此工作，使员工对风险管理的理念有了较大提升，意识到风险是客观存在的，也是可以控制的。管理人员积极督促员工重视风险，落实措施，大力整改，积极配合。对待客观存在的风险，员工在项目公司安全部门的帮助和指导下，通过梳理现有防控措施，制定补充防控措施来实施管控。

（2）培训先行。只有让基层员工参与进来，让他们掌握知识和技能，HSSE管理工作才能更上层楼，这一切的前提就是做好培训，这也是HSSE管理和风险防控的重点。基层员工掌握了工具和方法，既提升了自身的HSSE素养，又帮助项目整体提升了HSSE管理水平。

（3）重点辅导。在此次工作中，项目公司工作组深入一线，与现场员工一起查找风险，发现风险，评估风险，制定防控措施。对于存疑项，及时和专业技术团队沟通，提出解决方案。

（4）加大推广。HSSE风险分级防控工作是一项长期的工作，非一朝一夕之功，更不可能一蹴而就。要坚持构建HSSE风险分级防控体系，坚持建立风险管控的长效机制，加大推广成熟经验的力度，不断进步。

HSSE风险分级防控是一项系统性工程，需要长期开展、不断巩固、持续投入。项目公司已经开展的HSSE风险分级防控工作，为项目整体提升HSSE风险管控水平打下了良好的基础，HSSE管理水平取得了全面提升。随着项目公司不断开发新区块，二期建设步入正轨，对HSSE风险管控的要求进一步提高。为了保证项目在后续的建设和运营中实现安全高效，推动项目HSSE管理本质性跨越，需要进一步开展HSSE风险分级防控工作。

践行绿色环保事业，扎实推进生态恢复

——明格布拉克油田 M15 井地貌生态恢复

■ 中油国际（乌兹别克斯坦）公司

中油国际（乌兹别克斯坦）公司明格布拉克项目 M15 井为集团公司海外重点探井，被列为中乌两国能源领域合作的重点工程，也被乌兹别克斯坦政府视为国家级重点工程。乌兹别克斯坦总统亲自赴现场参加了 2017 年 7 月 6 日的开钻典礼，副总理也多次到现场进行工作调研。

M15 井自 2017 年 7 月 6 日开钻，2018 年 9 月 9 日钻井完井，完钻井深 5918 米。该井于 2019 年 5 月 22 日完成全部七层试油测试作业后，开始拆甩设备，于 2019 年 6 月 11 日开始地貌恢复作业。

俗话说，行百里者半九十。地貌生态恢复作业是完成整个项目的最后一千米，作业周期长，施工工序多。特别是 M15 井周边就是农村和耕地，锡尔河近在 200m 远，地表水位浅，属于生态敏感区，因此地表恢复中的环保问题受到了各级政府和当地社区居民的极大关注。

1　公司与当地环保部门共同制定生态恢复方案

项目公司在 M15 井开钻之前即已获得了乌兹别克斯坦自然保护委员会的《M15 井生态审计结论》，其中规定由纳曼干州环境与生态保护局审批《M15 井生态恢复方案》，明格布拉克石油合资公司组织实施。主要条款如下：

图 1　明格布拉克油田 M15 井现场图

（1）地貌恢复后达到复耕条件，恢复后地貌高度和周围农田高度一致。

（2）对岩屑进行固化掩埋，固化物掩埋之前由纳曼干州环境与生态保护局进行取样化验验收。

（3）地表覆盖 60～70cm 厚度土壤层。

（4）填埋之前铺防渗膜，有效保护地表水不受污染。

2 对岩屑进行实验室固化试验，确定最佳固化方案

为确保岩屑固化符合要求，避免环境污染，经纳曼干州生态与环境保护局同意，明格布拉克合资公司与乌兹别克斯坦政府生态委员会生态与环境保护科学研究院签订了合同，由该院对 M15 井各阶段岩屑进行取样化验、固化试验，确定最佳固化方案。

2018 年 10 月乌兹别克斯坦石油勘探开发研究院批准了生态与环境保护科学研究院提供的《明格布拉克项目钻井岩屑危险评级》，其中规定了岩屑固化推荐方案：

1# 岩岩屑坑：按照 5：1 的水泥和 10：1 的坂土粉量。

2# 岩岩屑坑：按照 4：1 水泥和 10：1 坂土粉量。

以上方案共需要水泥 2000t，坂土粉需求 980t。

3 积极报批生态恢复工作计划，提前组织固化物资材料

在获得生态与环境保护科学研究院的固化方案后，项目公司积极与纳曼干州生态与环境保护局联系，讨论制订了《M15 井生态恢复工作计划》，并将最终工作计划提交其批准。

同时，组织承包商按照获批的固化方案，计算水泥、坂土粉等材料使用量，购买固化材料，确保水泥、坂土粉、凝絮剂和消毒杀菌剂等固化物资提前组织到位。

4 协调各方共同克服困难，施工作业全程受控

项目公司高度重视生态恢复施工作业，公司总工程师与 HSE 工程师全程现场监督协调实施计划，与承包商一起共同克服多重困难，确保高质量完成生态恢复作业施工（图 2）。

图 2 明 15 井生态恢复照片

首先，为了保证恢复后的地貌和周围农田高度一致，需要将原来垫高井场的 1.3 万多立方米沙子铲除并运出井场，近 1 万吨的固化物如何掩埋是困难所在。

通过咨询州、地两级环保局，在社区居民的帮助下，将这些沙子转移到距离井场 7 公里的堆放场用于地方修建道路，完工后双方签订完工证明。

明格布拉克油田地表水只有 1.5m 深，如果在固化物上面再铺 0.7m 的土壤层后，实际固化物填埋厚度仅 0.80m。若挖一个 3000m^3 的坑，最多也只能填埋 1600 m^3 的固化物。按照最终固化物量 7000m^3 计算，需要近 $1.3 \times 10^4 m^3$ 容积的坑才能完成掩埋，除了现有泥浆坑和放喷坑之外还需要再挖 3 个 3000m^3 的填埋坑，总共占地面积 2000m^2，对井场地表破坏更大。项目公司向当地环保局申请延长恢复期限，一是充分利用夏季炎热天气，采用深挖搅拌和定时翻晒岩屑，加速液相蒸发。二是通过大量实验对比，在遵循地貌恢复设计的基础上，对固化材料配比进行优化，在确保固化质量的同时，减少添加材料。

同时，项目公司要求承包商与纳曼甘州生态与环境保护局签订了固化物检测化验合同，邀请纳曼甘州州、地两级生态与环境保护局代表对作业过程全程现场监控，及时提出施工建议并落实，在作业过程中采取“固化一个、检测一个、合格一个、掩埋一个”的工作思路，多方联动，密切配合，力求不走弯路，确保地貌恢复各项工作稳步推进（图 3）。

图 3　明 15 井岩屑固化作业

在整个 M–15 井井场地貌生态恢复作业中，完成了外运沙石 $1.3 \times 10^4 m^3$，铺防渗膜 5000m^2（图 4），挖掘土方量 7500m^3，固化钻井液岩屑 3500m^3。

井场恢复作业完成后，项目公司联合纳曼干州、明格布拉克地区生态与环境保护局及明格布拉克土地管理局、当地社区居民代表进行了联合验收（图 5），并于 2019 年 10 月 7 日签署验收地貌恢复作业合格证明。至此，历时 3 年多的明格布拉克 M15 井从开钻到井场地貌恢复安全平稳地画上了句号，中国石油安全生产重视环保的发展理念在乌兹别克斯坦石油工业发展史上留下了深深的烙印。

图 4　填埋坑铺防渗膜

图 5　当地环保部门从固化物中取样

用专业的队伍做专业的事
——中油国际（乌兹别克斯坦）公司新丝路项目 HSE 管理实践

■ 中油国际（乌兹别克斯坦）公司

中油国际（乌兹别克斯坦）公司新丝路项目是中国石油和乌兹别克斯坦国家石油天然气公司（以下简称乌石油）按照各 50% 股份成立的合资公司。是中国石油在乌兹别克斯坦境内唯一的天然气开发上游项目。该项目位于乌兹别克斯坦南部布哈拉州卡拉库里沙漠腹地，与中油国际阿姆河公司跨土—乌边境相邻。

新丝路项目在天然气勘探、开发、生产运行阶段立足互联网技术，采用高科技远程管理，同时在 HSE 管理方面采用专业公司做专业服务，努力把新丝路项目打造成一个靠专业化管理的高效、安全、环保的天然气生产企业。

1　关注健康，聘用当地政府卫生医疗机构提供医疗防疫服务

认真践行“以人为本”的 HSE 管理理念，关注员工生命健康。

新丝路项目生产现场位于卡拉库里沙漠腹地，距离最近的县城 30km，周围无其他社区。夏季高温持续时间长，少风，地表最高温度 60℃左右，冬季阴湿寒冷，平均温度在 -10℃。灌木丛中存在蝰蛇、蝎子、乌蛛、蜱虫、蚊子、螟蛉虫等有害毒物。蝰蛇、乌蛛属于剧毒害虫，人员被咬后如果不及时有效施救可造成生命危险；人被螟蛉虫叮咬后伤口肿胀溃烂、流黄水，长时间不能愈合。在夏季高温环境中的施工作业人员中暑、热衰竭的风险很大。所生产的天然气中，硫化氢含量在 3.6×10^{-2}（体积分数），属于剧毒天然气，万一发生天然气泄漏，将造成致命威胁。机械伤害、交通事故也是石油工业生产中常见的工业安全事故。

面对自然环境和天然气生产中存在的极高安全风险，新丝路公司决定与当地县医院签署医疗服务合同，充分利用政府医疗资源保障雇员的生命健康安全。由项目所在地阿拉特县医院派出临床经验丰富的专业大夫 24h 值守公司现场卫生所。医疗器械、药品由公司根据专业医生的建议购买和日常供应，县医院提供卫生所的后勤支援，例如特殊药品、特殊医疗处置、救护车运输等。公司雇员受到疾病、机械伤害时，大夫在现场首先救治，并通知医院专业科室做好接纳病人入住的准备。如果病人需要转院，县医院的救护车提供运输并由县医院联系上一级专业医院进行进一步的治疗。值班大夫还负责监督食品采买质量、

储存加工环节卫生，根据季节对食堂采购食材提出建议；营地办公场所、宿舍和营区的防疫消毒，由值班大夫联系县政府防疫局每月定时喷洒药品消毒。

2 依法依规，利用当地政府环保局进行废弃物处理

自觉走绿色发展之路，不给当地社区遗留环境隐患。

环境保护和废弃物处理是这些年中国石油一直较为突出的问题。中亚地区国家以环保违法为借口对外资企业实施反追查，对当时合法但目前不合法的环保措施进行高额罚款，中国石油企业深受影响。

新丝路项目吸取其他企业的经验教训，认真研读项目获批的环境影响评价报告，根据环评报告中的推荐做法，全面检查和比对合同区块内包括承包商在内的污水、生产和生活废弃物、油沙、钻井液坑掩埋、温室气体排放、场地平整和植被恢复等环境保护措施是否合规、是否符合当地环保部门的要求。

（1）要求承包商严格按照环评中的推荐做法和当地环保局的具体要求实施环保措施，例如，按照季度生产活动据实申报并足额缴纳“三废”排放费用，获取当地县政府环保局出具的发票和具有官方印章的证明材料。

（2）各单位与当地县政府环保局签订合同，所有生产生活废弃物由当地县政府负责运输到政府指定的废弃物处理场（图 1）。

图 1 环保局车辆上门清理运输废弃物

（3）所产生的废旧机油、液压油、废旧电瓶等，送到县环保局指定的农机站利用或处理（图 2）。

（4）所产生的污油沙、废旧轮胎等送交到县政府的废弃物处理场，但要拍照留存备查。

（5）钻井、修井的钻井液坑按照蒸发固化处理的原则，待晾晒蒸发后再固化，按比例掺和膨润土粉、水泥或其他化学原料后再填埋，表皮掩埋土层能够达到种植农作物的标准。每一个钻井液坑处理过程应有当地环保局派员进行见证，验收合格缴纳环保费后由县政府环保局出具合格证明材料（图 3）。

图 2　污油沙由公司车辆送到环保局处理场

图 3　泥浆坑固化处理—添加膨润粉和其他化学原料

（6）井场、管道沟地表植被种草恢复由县环保局推荐的公司实施作业，以合同形式确定服务关系（图 4）。

图 4　井场植被恢复——种草

3　未雨绸缪，聘请州政府专业消防局提供消防管理服务

配置应急处置资源以减少事故次生灾害。

管道泄漏、起火爆炸、人员中毒窒息一直是石油天然气行业固有的极高风险。减少起火爆炸事故需要源头设计，做到本质安全；建立一支训练有素的专业化的消防队伍，也是石油企业必不可少的应急处置准备。

新丝路公司充分认识到了天然气生产面临的极高风险，包括天然气泄漏引起的爆炸起火和用电保护系统故障造成的办公场所、驻地引起的火灾。生产现场位于沙漠腹地，远离当地政府专业消防单位，生产系统一旦出现起火爆炸，将可能对公司人员和财产造成极大的伤害。

吸取中国石油其他单位自我建立、自我管理消防队伍的经验教训，新丝路公司决定根据目前公司的生产规模和站点地域分布，购买消防设备、建设消防站及供水系统，聘请布哈拉州消防局派遣专业人员为公司提供消防管理服务。

布哈拉州消防局专家全程参与了公司营地消防站的设计和建设。供水站的容积、泵房、消防栓的分布、管道布局和管径大小、消防泵的功率、消防车辆库及附属设备设施、消防车辆的吨位和种类、消防队员训练场所、塔楼和办公住宿等均按照乌兹别克斯坦政府消防管理规定进行建设。为了便于当地消防人员管理、使用和维护消防设备，公司放弃采购有竞争力的中国产品，指定购买他们熟悉的俄罗斯消防设备及附件，包括消防服及头盔，都委托州消防局统一配置，公司付款。

布哈拉州消防局的义务包括：

（1）派遣在职、训练有素的专业人员到现场值班，每班 5 人，确保值班期间不脱岗。

（2）检查、维护和保养公司提供的包括消防车辆在内的消防设备设施，及时向公司 HSE 部反馈缺失、损坏的消防设备。

（3）每周对消防泵房进行一次测试，每月对供水管道、消防栓进行测试。检查测试有记录。

（4）按照专业管理方式管理现场值班人员，按照有关要求进行爬高、越障等体能训练和技能训练；对消防员提供必需的理论培训。

（5）对公司雇员进行消防知识和技能培训。

（6）每月对公司营地、生产站点的消防设施包括烟雾报警器、灭火器等设备设施进行检查，提出更换要求。

（7）保证公司消防车辆及其附件的状态随时投入消防需求。

（8）为野外清管作业发球端、收球站提供相应的服务。

（9）一旦发生着火事故，消防人员在保证生命安全的前提下，尽最大努力减少公司财产的损失。

（10）布哈拉州消防局把新丝路项目消防队纳入统一管理，按照乌兹别克斯坦消防法对公司消防站进行年度检查，发现问题向公司反映，属于自身管理问题立即纠正。

新丝路项目消防队已经成立了两年多，平时人员技能战术训练（图 5）、消防系统维护由消防队现场领导管理。布哈拉州消防局有关专家每年至少两次到公司现场营地消防站检查 2 次，对消防车及其附件、消防栓的功能、消防泵站的状态进行仔细检查，考核现场消防员的技能和训练情况（图 6），公司 5t 干粉灭火车未及时装填足够干粉就是消防专家发现并督促公司尽快采买到位。公司 HSE 部是消防队的归口管理部门，起联络监督作用，公司生产部需要消防队支持时，HSE 部负责联系。

图 5　消防员专业技能训练

专业消防队按照乌兹别克斯坦消防法规自我管理，平时始终处于临战状态，无论是按照计划进行的消防演习或是烟雾报警器半夜误发警报，消防队全副武装在 2min 内出车到位，没有因人员缺席或车辆状态不佳耽误“灭火”行动。甲乙双方从未发生管理上的矛盾，双方相处非常融洽。

图 6　上级机关在现场技能考核

新丝路公司运行两年多来，16 口天然气井累计生产天然气超过 $13\times10^8m^3$，全部通过中亚管道进行外输销售，取得了良好的经济效益，未发生可记录工业安全事件，未发生井喷起火爆炸火灾害性事件，未被当地政府因为环保措施不力而罚款、未发生群体性公共安全事件。

在生产安全运行过程中，中油国际（乌兹别克斯坦）公司新丝路项目形成了用专业化公司提供专业服务的管理思路。事实证明，用专业的承包商做专业的业务，项目公司专注主流业务的安全生产，专业的承包商负责后勤管理，为生产保驾护航，有利于促进项目公司的经营业绩，且保持持续上升势头。

莫桑比克深水 LNG 项目落实环境保护措施的主要做法

■ 中油国际（莫桑比克）公司

1 FLNG 项目概况

位于非洲东南部的莫桑比克 4 区海上天然气项目正在进行科洛尔 FLNG 建设，环境与社会影响评价工作是项目许可和开工的前提。ESIA（环境与社会影响评价，以下简称环评）于 2013 年 12 月提交计划，环评和 EMP（环境管理计划）于 2015 年 7 月获得批准，2017 年 6 月 1 日项目完成 FID（最终投资决策）并开始建设，计划 2022 年 10 月投产，目前工程进度为 60%。现将莫桑比克深水 LNG 项目在开展环评工作、落实环境保护措施方面的主要做法分享如下。

2 开展 FLNG 项目环评的主要特点

FLNG 项目位于海上深水地区，所考虑的环境影响范围有很大不同，其环评工作开展的主要特点包括：

一是建立和政府部门的沟通机制，获得政府对环评工作计划的认同。在进入 4 区开发前期阶段，项目主动研究和掌握莫桑比克项目建设的法律法规要求。当地规定 FLNG 属于重大环境影响的建设项目，须提前向政府提交开展环评并同时制订环境管理计划的规划。

二是明确完成环评的步骤。在环评计划获得认可的基础上，项目依次向莫桑比克政府递交筛选报告、确定环境预可行性和范围界定研究（EPDA）、开展环境和社会影响评价研究相关报告，全面落实政府对于项目实施前的环境管理要求。

三是高度重视信息公开。及时向社区、非政府组织及政府公布项目信息，重视对反馈意见的收集和妥善处理。在项目规划阶段，广泛召开听证会；在环评研究调查阶段，每周召开现场社区和地方政府代表工作会议；在环评报告完成之后，公布评价结论并履行公共参与的程序。本项目环评报告于 2015 年 2 月向社会公布，历时 5 个月后方获政府批准。

四是特别重视生物多样性研究和保护。对工程涉及的深海、浅海、近海和岸上各个生态区域进行了广泛的评估和研究，从勘探之初至 2018 年，持续开展不同区域的生态基准数据的收集、整理、汇总和更新，长期的环境数据收集和研究，为项目建设的生物多样性背景信息与保护措施有效性评价提供了可靠的依据。

五是严格依据相关国际标准开展环境管理工作。重点依据 IFC（国际金融公司）8 项绩效标准指导环评及相关环保措施的落实，包括开展环评、劳工本地化建设、资源效率与污染防治、社区健康安全与安保、土地和移民、生物多样性和生态持续性、当地居民、文化遗产等内容。

六是建立合规法律框架。按照当地要求和有关国际标准制订项目环评程序，以同时适用于所在国家和国际环境法律框架，包括：国家和省级发展框架、石油部门或项目环境评估的相关法律要求、相关国际公约、国际最佳实践标准、国际行业指南要求等。

3 FLNG 项目的主要环保措施

一是明确措施覆盖范围。对应 FLNG 项目的直接影响范围，以及钻探、安装、调试/退役和操作可能影响到的区域。具体包括 FLNG 设施半径 3.7 km 范围；FLNG 照明设施 60km 半径范围；FLNG 设施水下噪音半径 44.4km ；FLNG 设施 20km 周围的空气质量。

二是持续完善影响模拟系统。对于环境影响较大的因素建立模拟系统，以便于为后期开发建设开展环境保护提供参考。主要建立了流体动力学模拟、热排放模拟、生产水排放模拟、钻屑排放模拟、空气质量模拟、溢油事故模拟等系统，为项目环境管理提供了坚实的技术支撑。

三是开展细致的环境基线研究和评估。主要包括沿海与近岸环境和深水环境两个内容：沿海和近岸环境基线评估涵盖了气候、空气质量、噪音、水深、潮汐，以及红树林、海草床、沙质多岩石的海岸、珊瑚礁和河口地区等；深水地区的环境基线评估涵盖了空气质量、海洋学（含水质）、水下噪声、照明，海洋环境、底栖环境，以及海洋哺乳动物、海龟、海鸟等生物多样性内容。

四是制订了项目环境管理计划（EMP），主要包括空气质量和温室气体排放管理方案、废水和船舶排放管理程序、海洋生态管理方案、航海导航管理程序、社会经济和渔业管理计划、环境培训计划等。此外，EMP 也详细说明了沟通交流机制框架、社区投诉和申诉机制框架，以解决可能存在的社区问题。翔实的环境管理计划经政府审批后，是指导项目开展环境管理、落实环保措施的重要依据。

4 环境管理计划及环保措施落实情况

项目目前正在开展的工程建设内容包括：在某国进行的 FLNG 船体建设和生产设施安装，以及在莫桑比克进行的 6 口生产井钻井，上述所有业务的环境环保措施均是按照既定的环境管理计划严格执行。

项目在 FLNG 详细设计阶段落实了 EMP 提出的措施和方案，其船体建设和生产设施将会满足未来 LNG 生产和运行等阶段的环境管理要求。

在现阶段钻井阶段，按照钻屑排放模型进行设计和排放钻屑，作业公司、政府官员驻钻井船进行监督，及时向莫桑比克政府汇报排放和监控情况；在钻井前，也制定了溢油事故处理程序，对钻井服务的 3 条供应服务船分别装备有溢油处理设备以备应急所用，钻井业务的环境保护措施落实进展良好。

作业公司在严格落实 FLNG 项目环评提出的各项环保措施和环境管理计划的过程中，及时向社会披露项目进展与环境保护情况，环境管理工作规范、有效，成为莫桑比克当地环境管理的模范项目。

亚马尔项目生物多样保护工作简介

■ 俄罗斯公司

中油国际（俄罗斯）亚马尔项目（以下简称亚马尔项目或项目），是中国提出“一带一路”倡议后实施的首个海外特大型项目，集天然气和凝析油勘探开发、天然气液化、海上运输和销售为一体，年产液化天然气（LNG，liquefied nature gas）1.75×10^7t，凝析油10^6t。亚马尔项目主要设施包括南塔姆贝凝析气田、3 条 LNG 生产线、240km 油气管道、三个后勤营地，以及机场、港口等公共交通设施。目前，项目自行设计的第四条 LNG 生产线正在建设中。

亚马尔项目位于俄罗斯亚马尔半岛东北部，通过鄂毕湾与卡拉海相连，属于北极地区。项目工区总面积为 2047km^2，地表 60% 为沼泽和湖泊，平均海拔 50m。项目工区周围居住着北极地区的一支原著居民——涅涅茨人。涅涅茨人千百年以来过着传统的游牧生活，以驯鹿养殖为主要生计，是联合国环境规划署要求保护的“脆弱族群”。

北极地区生态系统脆弱，近年油气开发活动的增加，加速了地区升温趋势和生态环境压力，因此国际社会广泛关注。保护北极地区生物多样性，维持生态环境稳定，实现可持续发展，对于亚马尔项目具有重要意义。

首先，保护北极地区生物多样性，是亚马尔项目实施国际融资的要求。亚马尔项目是国际融资项目，根据赤道原则，需要按照国际金融机构 IFC 的要求，严格履行环境和社会责任，满足可持续发展标准要求，才能获得相应贷款。

其次，保护北极地区生物多样性，是俄罗斯政府法律的要求。“俄罗斯 2035 年前北极地区国家基本政策”明确了在北极地区实施生态保护的战略要求，经济发展不能以牺牲生态环境为代价。

最后，保护北极地区生物多样性，是北极理事会的要求。北极理事会是北极地区权威的国家间组织，对北极的环境保护及可持续发展都发挥着重要作用。北极理事会在北极环境监测与评估、北极海洋环境保护、北极动植物保护、可持续发展方面设有专业工作小组，负责制定相关领域的管理政策。这些政策虽然不是硬性的法律约束，但对于环北极国家的政策具有较强的塑造力。

亚马尔项目工区范围内，生物物种和生物群落非常丰富，珍稀物种较多，因此生物多样性保护压力较大。经过详细的环境和社会影响评估，项目最终决定将永冻土保护、环境污染防治和生物多样性评估作为保护生态环境的主要措施。下面分别予以介绍。

（1）永冻土保护措施。

亚马尔项目位于北极圈以里，工区所在地是天然冻土带，其厚度从 20m 延伸至

350m。所谓永冻土，是指0℃以下，含有地下冰的岩石和土壤。在永冻土地区进行油气开发活动，会直接影响永冻土层的热平衡，加速其退化；同时，永冻土对温度极为敏感，温度变化会引起其体积会剧烈胀缩，这可能导致工程设施、管道、油罐等储油设备的破裂，引发安全事故和油气泄漏事故。

为了保护永冻土，亚马尔项目采取了三方面的措施。

首先，在工程设计上，亚马尔项目采取了多项降温措施，减少土壤的热效应风险。项目将所有集输管道从地面架高了0.5m以上，从而减少了管道热量对地面永冻土的影响；将所有建筑物都建筑在桩基之上，使之与地面保持0.8～1.5m的距离，避免了建筑物热辐射的影响；在整个营地埋设热稳定装置20万根，实现了大气与永冻土之间充分的热交换，降低了永冻土的地温。

其次，在土地利用上，通过优化生产方式，尽量减少生产活动对永冻土的影响。在钻井生产方面，项目通过优化布井方法和采用定向钻井工艺，减少了井场的总体数量，平均每个井场布井11口，最多达到22口，有效降低了土地的使用，减少了对自然生境的损害。在公共设施方面，通过减少长期工程数量，降低了长期环境影响。亚马尔项目在建设高峰期，参建人员超过3万人，项目通过建设临时营地，满足了短期住宿需求；待到工程完结人员遣散后，再将临时营地拆除，从而缩短了永冻土的使用时间。

最后，开展“健康苔原”活动，对永冻土进行生态修复。亚马尔项目聘请专业公司对遭到破坏的苔原植被进行恢复，在采用最新技术阶梯式种植的同时，还专门从当地原著居民中聘请了有经验的人员对植物种类进行筛选，在保证环境恢复的同时，也保证了当地传统的驯鹿养殖活动。

（2）环境污染防治措施。

为了将环境污染控制到最低限度，亚马尔项目在温室气体减排、垃圾处理、生态补偿等三个方面进行了严格控制。

首先，为了减少温室气体排放，亚马尔项目优先选择环保标准更高的设备，从源头上减轻污染。例如在采购核心设备涡轮增压机时，经过比较筛选，项目选择了GE的产品，尽管该产品成本比竞品要高出40%，但燃料使用效率可以提高30%，从而有效降低了温室气体排放。

其次，为了提升垃圾处理效能，经过充分调研，亚马尔项目引入了更先进的设备。对于钻井施工产生的大量钻屑，项目使用专业设施进行无害化热分解后再进行处理，最终减少了80%钻井液池，降低了40%的环境赔偿费用，经济效益和环保绩效双双得到了提升。

最后，为了促进当地水体生物群落的恢复，亚马尔项目与地方政府就水体生物的种类和数量损失进行了反复评估，并与当地渔场建立了长期合作关系。在俄罗斯渔业部的监督下，亚马尔项目组织了多次投放鱼苗的活动。根据公司的历年报告，2013年—2019年，为了恢复海洋生态系统，亚马尔项目累计投放各类鱼苗超过60000000尾。

（3）生物多样性评估。

生物多样性评估，即以生物多样性保护和可持续利用为目的而开展的基因、物种和生态系统多样性调查和评价活动。生物多样性评估是实现生物多样性保护的基础，因此亚马尔项目通过陆地生物、海洋生物及水生生物等三类生物多样系统开展了工区内综合评估。针对每种生态系统，项目建立固定观测点和观测网络，由专业咨询公司实施观测和分析。

陆上生物多样性监测系统，选取的对象包括鸟类、哺乳动物和苔原植物，其中“北极狐项目”是实施生物多样性评估的一项重要的内容。国际自然保护联盟（IUCN，International Union for Conservation of Nature and Natural Resources）将北极狐定义为观测气候变化的“十大旗舰”物种，北极理事会将北极狐定义为“苔原地区重要生态组成部分”。对北极狐的观测，主要采用了卫星标记、同位素分析、设伏相机拍摄等方法。第三方专业公司经过近 7 年的评估报告显示，亚马尔项目施工未对北极狐的生存产生重大危害，相反，接近人类活动区域的北极狐幼崽成活率要高于自然环境中的平均成活率。评估报告建议亚马尔项目加强对剩余食物的管理，从而避免北极狐繁殖过快，对其捕食的周边鸟类生存形成压力。

水生生物多样性监测，主要监测对象包括浮游植物、浮游动物和鱼类。2016 年—2019 年的持续观测表明，亚马尔项目工区内水中的浮游生物，呈现一定增长趋势，分析认为这可能与人类活动带来的有机污染增加有关。在 2019 年的观测中，共观测到 19 种浮游植物，大部分属于冷水藻类；共发现 6 种鱼类。该观测结果与往年大致相同，香农指数表明水生生物多样性保持了总体稳定。

海洋生物多样性监测，主要监测对象包括冰生上物群、浮游生物、鱼类、海鸟和海洋哺乳动物，运用的方法包括卫星标识、基因调查以及空中勘察。2017 年—2019 年，亚马尔项目实施“环斑海豹监测工程”，对该地区该环斑海豹的数量、趋势、密度、繁殖水平、幼崽成活率、季节性旅行、营养及健康状况进行了长期的观测。监测结果表明，亚马尔项目 LNG 货船航运路线并未对环斑海豹的族群特征、繁殖活动及栖息地产生明显的影响。该监测结果打消了国际融资机构对项目海运航道影响海洋哺乳动物的疑虑。

亚马尔项目在生物多样性监测和评估方面取得了丰富的研究成果，这些成果与世界动物保护基金、莫斯科海洋哺乳动物研究院的机构进行了分享，并且在北极生物多样性大会上进行了发布。同时，多项研究结果表明，亚马尔项目生物多样性保护工作卓有成效，自从 2013 年开工以来，项目施工未对周边生态环境产生较大负面影响。

总之，由于亚马尔项目地处北极地区及进行国际融资的特殊性，国际社会对于该项目一直保持密切关注。亚马尔项目通过冻土保护、环境保护和生物多样性评估等措施，有效的保护了工区影响范围内的生物多样性，受到了俄罗斯政府、北极地区组织及国际金融组织的广泛认可，国际融资问题、环境许可问题、原著居民保护问题一一顺利解决。亚马尔项目实施可持续发展占有率，不仅创造了良好的经济价值，还创造了良好的社会价值。

哈法亚油田 HSE 管理体系建设与实践

■ 中油国际（伊拉克）哈法亚公司

作为目前中国石油海外单体作业量最大的作业者项目，中油国际（伊拉克）哈法亚公司经过 9 年多的积极探索和实践，积累了一整套具有自主知识产权的 HSE 制度标准和实施经验，可供中油国际陆上油气田新作业者项目直接采纳。该套管理体系集成了中国石油的优良传统和国际最佳实践，在哈法亚项目高速发展过程中实现了 HSE 风险的精准有效防控。

1 哈法亚项目介绍

伊拉克哈法亚油田位于伊拉克东南部米桑省，是伊拉克七大巨型油田之一，确认地质储量 160 亿桶，可采储量 41 亿桶。2009 年 12 月 11 日，在伊拉克第二轮油田国际招标中，由中国石油牵头，与法国道达尔和马来西亚国家石油公司组成投标联合体，成功中标伊拉克大型油田—哈法亚油田开发生产服务项目。《哈法亚油田开发生产服务合同》（简称《油田开发生产合同》）于 2010 年 3 月 1 日生效，中国石油担任作业者。2014 年 9 月 4 日，签署合同一号修订协议，高峰产量从 53 万桶 / 日修改为 40 万桶 / 日，中国石油权益增加至 45%，合同期由原来的 20 年延长到 30 年，至 2040 年。哈法亚项目是中国石油海外最大规模的作业者项目，2019 年 3 月底达到高峰期产量，达到 2000 万吨 / 年水平。

自《油田开发生产合同》生效以来，哈法亚项目提前 15 个月完成 496 平方千米三维地震采集、处理和解释工作。2012 年 6 月 16 日初始商业产能建成投产，比合同要求提前 15 个月。与中国海油首次合作于 2014 年成功投产了战后第一条战略性外输管线，管线全长 273 千米，穿越 10 多条河流。2014 年 8 月 18 日新建 500 万吨 / 年二期产能建成投产，2018 年 9 月 20 日三期产能主体工程提前 70 天实现首油，成为在伊拉克国际石油公司中第一个完成高峰期产能建设的作业者。哈法亚项目 HSE 管理体系的有效运行，使得 HSE 风险在哈法亚项目 9 年的高速发展中实现了精准和有效防控。

2 HSE 管理体系建设创新与实践

（1）系统全面、层次清晰、立体动态的 HSE 制度标准体系。哈法亚项目与国际知名咨询公司合作，经过 6 年多的积极探索和实践，积累了一整套具有自主知识产权的 HSE 制度标准和实施经验，可供中油国际陆上油气田新作业者项目直接采纳。目前，总计 127 个有效运行的 HSE 制度标准构成了哈法亚项目 HSE 风险管控的技术准则和行为准则，涵盖了地面工程设计审查 HSE 规范、生产设施运行维护安全规范、高危作业 HSE 规范等方面的制度规范，涉及工艺安全管理体系、应急医疗体系、职业健康卫生体系、环境管理体系、航空与陆地运输安全管理体系、应急管理体系等 HSE 管理子体系。哈法亚项目的整套 HSE 制度标准，集成了中国石油的优良传统和国际最佳实践。为实现以简洁实用、灵活多样的形式对 HSE 制度体系进行宣贯实施，哈法亚项目开发了一系列多媒体工具，如针对 11 个主要场所中英阿文版的《HSE 快速指南》、针对全体员工与来访者的中英阿文 15min 的《HSE 快速指南视频》、覆盖全油田的安全标识实施方案等。此外哈法亚项目还开发了英阿中文版本的“10+1 保命法则”及对应的宣传挂图、三折页、检查表，作为油田现场最低安全标准推广实施。

（2）量化工艺安全管理体系，精准管控“看得见”的风险。从 2014 年开始，在 HSE 风险管控方面，为实现安全技术有形化，陆续出台了系列安全技术规范和管理规范等油田作业者在技术安全方面的强制性要求，比如：《Specification on project HSE planning and deliverable》等。在三期产能建设项目初步设计和详细设计等阶段，哈法亚公司消化、吸收、应用石油天然气行业先进且成熟的 HSE 风险管理工具，开展了一系列技术安全分析研究，如：定量风险分析（QRA）、危险和可操行（HAZOP）分析、毒害和易燃易爆气体扩散分析、安全完整性等级（SIL）计算、领结图（BOWTIE）分析、安全例证（SAFETY CASE）等。其中，利用“危险和可操行（HAZOP）”方法，在初步设计阶段对设计方案进行了 15 个方面的优化，在详细设计阶段对设计方案进行了 64 个方面的进一步优化。严格执行各相关方参与的试车前安全评审（PSSR）程序，确保试车（commissioning）一次成功。

（3）完整高效的应急医疗体系，突出油田“战地医疗”韧性。哈法亚项目以国际标准和国际惯例为基本要求，把全球化的医疗应急资源引入到油田作业现场，着重院前应急救助，为可能出现的伤患，赢得拯救与保障的第一黄金时间。依托国际 SOS 的全球化医疗救援平台，在油田现场配备由国际高级急救医生、高级急救员、当地急救医生和员工兼职急救队伍组成的强有力的油田医疗应急团队，整合地面救护车和空中救护车等医疗救援工具，形成以营地主诊所为中心、油田现场三个急救站（CPF1、CPF2、CPF3）为辐射的应急医疗保障网络，并强化与当地卫生部门及米桑省和巴士拉省医院的联系，为员工提供符合国际规范的、可靠的应急医疗服务和支持。截至 2019 年底为发生在油田现场的 26 例突发急症，提供了第一时间的医疗干预和救助，通过空中救护车或商务航班与境外技术规范和先进的医疗资源对接，成功挽救了员工生命或者为其预后良好打下了坚实基础，充分诠释了哈法亚油田作业者如何努力践行对员工的关照义务。2019 年，哈法亚项目在健康医疗方面的实践和积淀从 6 月初选入围 2019 年度全球企业“员工关照义务（Duty of Care）”系列奖项的“全球最佳偏远地区韧性奖（The World Best Remote Resilience Award）”短名单，到最后获得了 10 月颁奖典礼上的压轴大奖“复杂环境杰出健康管理奖（Superior Health Management in Complex Environments）”。

（4）专业高效的消防救援体系，加强油田应急救援保障能力。哈法亚油田目前有 2 个新建消防站和 3 支消防队。消防人员 100 余名。机场专用消防车 2 辆、普通消防车 5 辆、水罐车 2 辆。项目公司以阶梯发展的模式，对消防员开展专业技能培训，分批将消防员送到约旦接受为期 40 天的专业培训，大大提升了消防队伍的应急响应和处置能力。油田 100% 的专业消防队员取得了由英国爱丁堡皇家外科学院认证的救援人员（First Person On Scenes）培训证书，培训课程持续 5 天，内容包括了院前救助环境了解、病人评估、气道管理和呼吸支持、自动体外除颤仪（AED）的使用等基础生命支持（BLS）技能、循环支持、休克处置及创伤的基础急救知识及技能。此外，通过日常队列训练及各项专业科目的训练，油田消防队的职业荣誉感在不断增强，战斗素质在稳步提高，优良行为习惯得到了较好养成。

（5）专业化航空安全管理体系，为包机服务保驾护航。一是本着专业的人做专业的事，哈法亚项目配备航空专业人员（现役机长）对油田航空安全进行专业化管理。二是坚持不间断的日常检查和培训，包括飞机起降例行检查，每周每月例行检查，对包机承包商及机场应急响应人员进行日常培训和演练。三是项目公司将内审与邀请第三方专业公司外审相结合，每年组织对包机公司所在的安曼及包机运营的哈法亚、巴士拉和巴格达站点进行航空安全专业审计。四是全面审计与专项审计相结合，邀请专业第三方公司进行专项审计，如飞机维护审计。

（6）立体精准的陆地交通安全管理体系，狠抓交通安全关键点。一是根据伊拉克交通安全法律、IOGP 推荐做法和公司交通安全规定，对主要承包商进行年度交通安全审计，审计范围涵盖制度文件、司机能力、车辆、旅程管理、培训、车辆跟踪系统、事故事件管理、分包商管理等 8 方面，选出交通安全管理优异的公司进行表彰。二是以每四个月一次的频率开展针对防弹车专用轮胎（RFT，防爆）的专项审计。三是要求所有承包商车辆必须安装车辆跟踪系统，并组织专项培训。四是为避免重型车辆倒车剐蹭事件，完成所有油田内重型车辆倒车雷达的安装。五是根据伊拉克交通法律要求和现场实际，更新油田内不同区域的限速要求，并更新限速标识和对所有甲乙方司机进行专项培训。六是继续强化驾驶人员的防御性驾驶技能。全面开展防御性驾驶培训。七是持续提升全员交通安全意识。开展以“正确使用安全带”为主题的交通安全活动，对所有甲乙方车辆的安全带安装和使用逐一检查和纠正。

（7）分阶段、多层次的环境管理体系，有效管控环保风险。在伊拉克复杂的政治、经济、社会等多种约束条件下，哈法亚油田创造性地将 ISO 14005 的精髓融入欠发达地区新项目的环境管理工作中，依托分阶段、多层次的环境影响评价和定期回顾及对重要环境事项管控的三大核心要素，在环境管理方面，通过阶段性实施的方式逐步实现了环境管理体系的核心功能。如废物管理方面，按照“整体规划、分步实施”策略和国际规范正在分阶段建设中心废物处理设施，该中心废物处理设施包含高温焚烧单元、填埋单元、危废临时储存单元等功能单元。2017 年 1 月废物中心处理设施的安防工程建成；11 月，包括废润滑油池、污泥池、含油污土池、危废储存区和非危废储存区的“三池两区”项目完工投入使用。目前正在进行高温焚烧单元的详细设计。此外，油田伴生气实现成功外输，并作为伊拉克首座天然气发电项目的燃料供应，至今平稳运行。

（8）事件报告、调查和问题整改追踪，使所有事故得以分享。哈法亚项目持续地更新事故汇报程序及对应的事故事件报告表，简化、标准化报告程序，要求项目公司与承包商全员参与事故事件汇报，目标是让所有和工作相关的事故都要汇报和调查，经验得到分享，避免相似或同类事故再次发生。同时，特别重视对高险兆事件的调查。目前哈法亚项目的在线 HSE 事件追踪系统正在开发中。2019 年，哈法亚项目累计收到事故事件报告 647 份，调查 38 起事件，编发安全警示（safety alert）36 份。

（9）HSE 知识海外下乡，安全风险管控延伸至油田社区部落。针对哈法亚油区内地下油气管线和光缆分布广、高压输电线路路过村庄附近等但当地居民安全意识极低的情况，项目公司联合米桑石油公司组成 HSE 宣讲小组，围绕规避高压输电线、远离高压输电塔、禁止在地下管线和光缆警示标志区域挖掘、硫化氢的危害、家庭用电安全等主题，在油区内的学校及村庄持续开展安全知识宣讲活动。与此同时，哈法亚项目还与米桑石油公司、米桑省交通警察局一起在哈法亚油田社区学校及村庄开展交通安全宣讲活动。哈法亚油田社区安全宣讲活动自 2015 年 1 月 19 日正式启动以来，截至目前，已累计开展安全宣讲活动 50 期次，累计覆盖 16 个村庄，38 所学校，培训学生及居民 3786 人次，使安全风险管控延伸至油田社区部落。哈法亚油田社区安全宣讲活动是中国石油作为负责任的国际油田开发项目作业者的长期 HSE 战略之一，将持续深入开展下去。

3 取得的成绩

哈法亚项目 HSE 管理体系的有效运行，使得 HSE 风险在项目 9 年的高速发展中实现了精准和有效防控。哈法亚项目甲乙方百万工时损工伤害事件率（LTIF）和总可记录事件率（TRIR）呈逐年下降趋势，从 2012 年起始终优于 IOGP 发布的国际油气生产商安全绩效指标。哈法亚项目 HSE 管理体系先后通过了由英国皇家认可委员会（UKAS）认可的 ISO 14001 环境管理体系和 OHSAS 18001 职业健康安全管理体系认证。HSE 业绩得到了法国道达尔、马来西亚国家石油公司等国际投资伙伴和伊拉克政府的肯定和赞赏，为走出国门的国有企业在 HSE 风险管控方面赢得了良好的国际声誉。在 2017 年度、2018 年度、2019 年度海外板块 22 个 A 类项目 HSE 管理评价中，哈法亚项目连续 3 年蝉联第一，同时也多次被评为了海外板块 HSE 先进单位。哈法亚项目 HSE 管理体系建设创新与实践的部分成果，先后于《现代职业安全》《劳动保护》《北京石油管理干部学院学报》等期刊公开发表论文 9 篇（获得石油企协优秀论文一等奖 1 篇，三等奖 1 篇，集团公司优秀论文一等奖 2 篇），荣获海外板块管理创新成果奖 3 个（1 个一等奖，2 个三等奖）。

乍得炼厂 2019 年高效安全大检修经验

■ 中油国际（乍得）炼油公司

1 前言

乍得炼厂于 2011 年 6 月投产，建设规模加工原油 100 万吨 / 年。

1.1 工艺装置

（1）100 万吨 / 年常压装置。

（2）60 万吨 / 年重油催化裂化装置。

（3）10 万吨 / 年催化重整装置。

（4）30 万吨 / 年柴油加氢装置。

（5）10 万吨 / 年气分装置。

（6）2.5 万吨 / 年聚丙烯装置。

（7）25 吨 / 小时酸性水汽提及产品精制装置。

1.2 公用系统

（1）800 吨 / 小时的净水厂及输水设施。

（2）2.8 万吨 / 小时循环水场。

（3）230 吨 / 小时污水处理场。

（4）空分空压站。

（5）60 兆瓦发电厂。

（6）储运罐区及装车栈桥。

（7）中心化验室。

2019 年 2 月—3 月大检修是投产以来的第二次大检修（乍得炼厂于 2014 年 10 月—11 月组织实施了第一次大检修），实现了 4 年一修，也是第一次全面大检修。检修范围包括生产系统、公用系统的所有运行装置（单元）的机械、电气、仪表设备，涵盖了所有容器的检验检测。本次是中乍双方员工共同参与的第一次大检修，检修范围、深度、工期、风险、社会压力等前所未有。

2 大检修的策划与准备

2.1 提早谋划，统筹安排，制定大检修工作方案

（1）自2016年开始着手大检修计划编制工作，于2017年编制完成大检修整体计划，提前做好检修工作量统计和材料采购计划，并准备大检修承包合同。

①统计记录依据有关规范和规程的检修检测项。

②统计记录各装置设备运行中出现的问题。

③统计记录设备维护保养中发现的问题。

④统计记录安全生产隐患和整改项。

⑤分析生产运行中出现瓶颈问题。

⑥统计记录技改项。

⑦预见检修项等。

（2）制定《大检修安全管理方案》，作为大检修安全环保管理的规范性文件，管控和规范文明检修、安全检修、绿色检修。

（3）落实“五定”，检修前所有参加检修单位做到定检修方案、定检修人员、定安全措施、定检修质量、定检修进度。

（4）充分做好大检修准备与统筹安排。成立以总经理为组长的大检修指挥部，设生产协调组、检修施工管理与质量监督组、技术组、安全环保监督与医疗保障组、物资保障组、销售协调组、后勤保障组，共7个专业管理组，围绕检修计划、备件材料、施工方案、风险防控、安全环保等方面，反复讨论完善检修计划、检修方案和运行大表，组织检修动员会，做好各项工作部署。

2.2 开展检修风险辨识与评价，编制“两书一表”

依据工艺条件、危险介质、关键环节、重点设备、难点施工、危险作业等风险情况，生产单位制定开停工方案、操作卡、检查表、应急预案，承修单位编制检修施工“作业计划书、作业指导书和检查表”，并按要求审批和认真执行。

2.3 积极落实检修设备和材料，为高效检修打好基础

根据海外物资采购的周期和难度，预见性制订材料采购计划，由物资协调组建立与供应商、生产厂家、海关等沟通联系，从最初的月跟踪到周跟踪、日跟踪，紧盯物资到货进度和质量验收工作，避免材料到货延迟影响检修。至停工前，2208项检修物资全部到达现场，尤其是催化装置待生、再生斜管更换等检修重要节点，提前完成材料预制工作。

2.4 区分不同类别和层级人员，组织开展针对性HSE教育培训

检修前，全面组织开展大检修HSE教育培训工作，包括所有参与检修的炼厂中乍员工、承包商员工及当地雇工，累计培训984人，培训内容有：开停工安全风险、检修作业HSE风险、检修安全规程和作业许可规范、工机具使用安全、应急措施、车辆及交通安全、个人防护、行为规范等，提高检修人员的安全意识和安全防护能力，落实检修安全教

育和交底工作。

3 大检修过程 HSE 风险控制

3.1 严控停工过程风险

主要风险：

（1）停工组织混乱。

（2）误操作、操作失误。

（3）设备超温、超压。

（4）设备故障。

（5）物料泄漏，引起火灾爆炸、人员中毒、污染环境。

（6）危险介质处置不当。

（7）信息系沟通不到位，相关装置、单元协调配合不到位。

（8）人身伤害等。

关键措施：

（1）组织制定停工方案、停工操作卡、吹扫流程图、盲板表、危险介质安全处置措施、应急预案等，并严格审核审批。

（2）组织开展岗位操作人员培训，掌握停工方案和岗位操作安全措施和防护措施，避免误操作和人身伤害。

（3）生产部门、生产装置成立停工协调组，制订停工计划表，统一指挥、统筹安排、分步实施、协调配合。

（4）各级负责人靠前指挥，准确实施操作控制、流程控制和巡检到位，及时发现和处置异常情况。

（5）严格退料置换、清洗、系统隔绝、能量隔离监控和检查。

（6）严控无序排放和监测管理，包括高点放空、低点排放、危险介质的退出置换等。

（7）加强信息沟通与联系，做好每一步骤、阶段的确认。

（8）机电仪专业坚守现场，组好停工维修维护的配合工作。

3.2 停工装置交检修的安全条件检查和确认

主要风险：

（1）物料置换不彻底、残留。

（2）系统隔绝不合理、遗漏。

（3）危险介质处置不到位，控制状态不清。

（4）排污系统隔绝和封堵、封盖不到位或遗漏。

（5）动设备、电气安全措施是否到位。

（6）防雷防静电系统是否可靠。

（7）消防、气防设施和装备是否到位、可靠。

（8）应急措施是否到位。

（9）上锁、挂签、标识情况是否到位。

关键措施：

（1）组织检修前安全验交，由检修指挥部组织属地单位、生产部门、技术部门、HSE部门、设备部门及机电仪专业，以及消防、气防、应急等按照分工编制检查表并逐项检查确认安全条件，整改不合格项，进行生产交检修验交并签发装置（单元）检修许可证。

（2）关注重点和关键环节与设备的检查，如：对照盲板表检查确认系统隔绝情况，容器打开及检测合格情况，监测确认危险介质处置情况，系统盲端死角置换情况，机电仪断电情况，排污隔绝和封盖情况，消防等安全设施完好情况，消防通道、检修通道通畅情况，应急预案和应急设施准备情况，检修工机具布置与到位情况，人员安全教育及劳保护具佩戴情况等。

3.3 严控检修作业风险

主要风险：

（1）危险介质残存或挥发，硫化亚铁等自燃。

（2）动火、进入受限空间、高处、起重吊装等危险作业措施不到位，检查确认不到位或遗漏。

（3）交叉作业先后工序不合理、协调配合混乱、作业时间安排不合理等。

（4）重大风险作业、重点和难点检修施工项目方案不合理、不科学。

（5）作业人员、作业负责人、作业监护人不具备安全能力。

（6）临时性作业和新增检修项目作业。

（7）违章违规作业、违章指挥。

（8）人身伤害等。

关键措施：

（1）属地单位负责，安排专人轮班值守巡查巡检，检查和监控打开设备状态，如可能存在硫化亚铁的设备和容器的温度变化，以及现场巡回检查。

（2）实行检修协调会制度，各属地单位、检修单位、专业部门每天统计通报检修情况和计划安排，检修指挥部统一协调、合理安排工序和进度，协调解决存在的问题，通报纠正不安全、不合理状况和行为。

（3）强化检修现场作业安全责任，属地单位、生产、设备、HSE按照属地责任、直线责任对检修作业安全负责，形成交叉检查、多重监督，尤其是HSE人员全范围立体巡查监督，出现问题严肃处理和通报。

（4）严格执行作业许可制度，实行“一事一票”，所有检修作业认真辨识作业风险和制定落实安全措施，加强作业前、作业中气体监测和作业班次、作业关闭管理，以及作业过程监督监护，尤其是严把每台设备第一次打开、第一次动火、第一次进入等关键点。

（5）在严把检修前安全教育关的基础上，HSE人员认真监控参与检修人员变换情况，监督属地单位、检修单位必须安排具备相应能力的人员从事风险辨识、监督监护、特种作业、危险作业等，发现未经安全教育和不符合作业要求的人员，立即清除现场并做出相应处理和通报。

（6）针对检修重点难点和高风险检修项目，编制并严格审查审批专项施工作业安全方案，制定落实针对性的风险控制措施，主管领导直接负责，紧盯现场，全力确保施工安全。

（7）严控临时性、新增和变更检修作业项目风险，坚决杜绝无所谓的思想和盲目性作业，认真识别可能的风险，严查图省事、走捷径和忽视作业程序的行为，严格作业安全管控不留死角。

（8）做好横向、纵向及前后关联等交叉作业管控和监督监护，属地单位与检修单位认真做好信息沟通和作业安全协调与准备，每天提前沟通确认第二天的作业项目和提前做安全准备，作业现场属地单位、检修单位安排具有较强能力管理人员按照区片负责，整体掌握作业安排和进度，并巡查监督，及时发现和报告处置不当或异常情况。

（9）重视检修现场的各类人员层次不同、认知不同、思想意识不同，导致各种不当行为、危险行为、心存侥幸的行为随机发生，极可能瞬间造成严重后果，HSE人员必须加大监督检查力度，全天候严管人员行为安全。

（10）加强现场文明施工、标准化检修管理与监督，做到施工机具、配件、螺栓按序摆放，做到了上铺下盖，管线、设备临时封口，现场拆除保温能按指定地点放置，废料废催化剂能按HSE指定地点进行处置，施工现场能按标准要求做好警示牌和防护设施，配电箱能按要求进行接地、漏电挂锁管理等。

（11）加强检修组织工作，结合实际调整作息时间，保证检修工期。

3.4 严控检修质量

主要风险：

设备检修、检验、检测不合格或质量达不到要求，或有遗漏、遗留，设备材质达不到要求或质量有问题，试压、测试或实验达不到标准或设计条件要求等，都将会导致开工出现设备故障、泄露或遗留安全隐患等。

主要措施：

（1）为保证装置大检修质量，成立检修质量验收小组，制定检修质量验收方案，实行属地、设备部门双重过程监控和检查验收制度，严把检修质量验收关。

（2）检修指挥部成立检修质量检查小组，每天对装置检修质量进行抽查。

（3）严把检修物资到货质量关，验货过程中认真查询图纸，核实材质、尺寸等。尤其对催化衬里料、锚固钉、汽轮机组保温材料、酸性水罐防腐涂料等配比难点物资和厂家反复核实，并提前确认施工方法，对发现的问题的物资及时沟通、加急澄清和补运。

（4）严格落实设备检修规程，特种设备检验严格按规程检验。

（5）编制检修项目质量验收确认单（42项质量验收确认单），要求检修施工单位严格执行施工方案及相关标准和规范。

（6）解决制约装置长周期运行的瓶颈问题和设备隐患，在检修过程中发现的重大问题及时反馈给指挥部，制定可行的解决方案，确保大检修设备质量合格。

（7）做好过程监督，确保过程数据准确，做好工序衔接，做好隐蔽工程影像资料，按标准做好完工资料归档工作，使质量保障有可追溯性。

3.5 检修装置交开工的安全条件检查和确认

主要风险：

设备验收检查不到位或遗漏、检修后恢复不到位等。如容器类设备内遗留工具、废弃材料或掉落物件等，设备静电接地等未恢复，连接件和系统螺栓缺失或未完全紧固，检修未完项目与开工交叉，水、电、汽、风等公用动力系统未检查确认，排污系统未清理和疏通，场地内未清理、检修人员未撤出，消防、气防和安全设施不完好等。

主要措施：

在严控检修质量和检修计划落实的基础上，检修完成后组织开工前安全验收，首先由检修单位、属地单位进行预验收，发现存在的问题和遗留项，并按要求整改销项后，检修指挥部组织生产部门、技术部门、HSE部门、设备部门及机电仪专业，以及消防、气防等进行最终检修验收，进行检修交生产验收并签发装置（单元）检修验收合格证。

3.6 严控开工过程风险

主要风险：

（1）不满足开工安全条件。

（2）开工组织混乱。

（3）系统吹扫或置换不合格。

（4）水、电、汽、风系统未引入到位或与工艺系统存在互串。

（5）系统流程不畅或错误。

（6）误操作、操作失误。

（7）设备超温、超压。

（8）设备故障、仪表通信故障。

（9）物料泄漏，引起火灾爆炸、人员中毒、污染环境。

（10）上、下紧急排放系统流程确认不到位。

（11）信息系沟通不到位，相关装置、单元协调配合不到位。

（12）人身伤害等。

关键措施：

（1）组织启动前安全评审（PSSR），进行开工安全条件确认检查，消除安全隐患和问题。

（2）组织制定开工方案、吹扫流程图和操作卡、应急预案等，并严格审核审批和组织开展岗位操作人员培训。

（3）成立开工协调组，制订开工计划表，统一指挥、统筹安排、分步实施、协调配合。

（4）各级负责人靠前指挥，准确实施操作控制、流程控制和巡检到位，及时发现和处置异常情况。

（5）认真检查确认流程、吹扫、置换情况，实行岗位、班组长、工程师三重确认制度，确保达到满足安全操控要求。

（6）按照规程和升温升压曲线严格控制系统、设备的升温升压过程，加强检修单位、设备机电仪专业的配合管理，做好设备热紧、维护和盲板倒装控制及作业许可管理。

（7）严控无序排放和监测管理。

（8）加强信息沟通与联系，做好每一步骤、阶段的确认。

（9）加强开工过程的 HSE 监督与配合，以及消防戒备工作。

4 结束语

乍得炼厂 2019 年大检修，在各级领导的高度关注和大力支持下，全体干部员工的共同努力下，众志成城发扬石油精神，通过提早策划、精心安排、明确责任、分工负责，坚守“质量、安全、环保”工作红线和底线，强化全过程风险辨识与防控，落实检修组织与责任分工保障、落实 HSE 培训保障、落实关键环节风险防控保障、落实检修界面交接保障、落实检修施工单位安全保障、落实危险作业许可控制保障、落实现场安全监督保障、落实信息交流与沟通保障、落实开工安全条件评审保障（落实九个保障），狠抓过程 QHSE 管理与监督，检修工作组织有力、全过程受控，未发生质量、安全、环保事故，保证了炼厂开停工及大检修安全，实现了“零事故、零伤害”的工作目标”，所有检修工作于 2019 年 3 月 27 日完工，高效圆满完成了大检修任务，比计划工期提前 6 天，并安全顺利开工，及时保障了乍得当地成品油和液化气的市场供应，为乍得社会和经济稳定做出积极贡献。

扎实做好预防性维护保障油田安全平稳运行

■ 中油国际（乍得）上游项目公司

1 预防性维护的定义

预防性维护（preventive maintenance）是指定期、例行的维护，以帮助设备保持正常运转，防止任何计划外的停机和设备意外故障造成的安全风险。它要求在实际问题出现之前仔细规划和安排设备维护，并准确记录过去的检查和维修报告。预防性维护是全员参加的一项工作，是防止设备故障发生的有效措施，是保障设备安全运行主要手段，其已成为现代企业普遍采用的一种维护方式。

2 预防性维护提出的背景

2.1 以理论为依据

设备维护保养，坚持“预防为主”和“维护与计划检修相结合”的原则，做到正确使用、精心维护，使设备经常处于良好状态，以保障设备的长周期、安全稳定运行。设备维护的方式一般可分为事后维护、改进性维护和预防性维护。

预防性维护，可以降低设备故障率，增加设备的使用寿命和增强设备的安全性。

从长期影响及成本比较，预防性维护比事后紧急维护更有优势，有利于长期的利润收益和成本上的节约，避免了因突发故障造成的昂贵维修费用。

2.2 三种维护方式优缺点对比

三种维护方式优缺点对比见表 1。

表 1 三种维护方式优缺点对比

维护方式	特点	优点	缺点
预防性维护	故障前维护 主动维护 设备状态监测	安全高效实用 计划性维护和故障率低 减少设备停机次数和停机时间 比传统维护更符合实际 备件库存可控	需要统筹规划 需要较高专业技能
改进性维护	事前维护 主动维护	提高了设备可靠性和安全性 缩短设备停机时间	设备改造 资金投入高
被动维护	故障后维修	不必关心设备的运行状态	缺少灵活性和成本难控制 备件库存率高 非计划性维护影响生产

2.3 预防性维护是现场实际情况所需

采油厂现在具有 5 个特征：设备种类多、数量大、日趋老化、配件采购周期长及维护人员非常精简，设备数量远远超过专职维护人数，遇到突发故障，不但打乱原有的维护计划，也增加安全隐患，因此做好预防性维护是保障采油厂安全运行的关键所在。

3 预防性维护制定的策略

3.1 周期性维护计划

按照设备说明书规定的间隔时间或行业准则对设备系统性检查、测试和更换实施的维护，通常包括调整、润滑、保养、定期检查、功能检测、定时拆修等，以防止设备发生故障，避免故障影响生产及人身安全，导致较大经济损失。

制订周期性维护维修计划时，应结合历史数据、维修记录、运行时间和设备的关键程度等实际情况，合理优化，对于投入早、运行时间长及重点关键设备要适当地缩短检查保养周期。

3.2 预测性维护计划

通过对设备的电压、电流、温度、压力、流量、液位或震动等运行状态信息和数据，进行深入研究，对全流程关键设备状态数据的综合分析，为制订预测性预防维护计划提供必要的技术支撑。预测性维护可以避免“非计划停机”及机械伤害，提高设备综合运行效益，提高投资回报，提高设备智能管理水平，为智能化工厂建设奠定基础。

3.3 拓展性维护计划

设备使用过程中，同类故障较多发生时，可以通过维修记录对故障进行分析判断，举一反三进而类比其他生产区域的设备，进行自查自改，通过这样的预防性维护策略，可以有效地降低同类故障的发生概率。

3.4 规避风险维护计划

海外油田对安全和环保要求极高，一旦发生事故，就会造成严重后果和极大社会负面影响。依靠检测仪器和先进的控制程序分析所采集数据和信号，判断设备的劣化趋势，并预测变化发展，对设备的运行状态进行监控，更早更准确地发现安全隐患及异常，并积极有效地采取相应预防性维护措施，将风险萌芽扼杀在摇篮中。

4 预防性维护的具体运用

4.1 建立相关维护计划

根据设备说明书和使用要求，制订全年的设备预防性维护计划，采用网格化工作方法，按照月度、季度、年度进行定期预防性维护保养。以设备为点，以各站区为面，以点带面，将所有设备全覆盖定期检查保养，全面确保周期性预防维护工作严要求、高标准执行，为设备安全运行提供了有力的保障。

4.2　加强易损件和易发生故障部位的监控和检测

1 期设备使用 9 年多，2.1 期设备使用 6 年多，设备从投运到现在均未实施停厂系统性检修，在设备使用过程中，大部分零件的结构参数都有所变化，设备性能逐渐劣化。设备故障的发生是一个量变到质变的过程，具有一定的渐发性，为了防止和控制故障出现，采油厂加强对易损件和容易发生故障的部位监控和检查，事先有计划地安排维护和更换，不断强化预防性维护，防患于未然，夯实设备管理基础，提高设备可靠性，保证了油田安全、平稳运行。

4.3　结合设备说明书和实际情况周期性做好预防性维护保养工作

对于关键设备严格按照设备说明书进行定期保养、定期检查、定期功能检测、定期拆修和定时更换等预防性维护保养。如天然气压缩机、SOLAR 发电机组等关键设备严格执行 4000h 和 8000h 定检工作，确保设备安全、平稳运行。

在做好 SOLAR 发电机组 4000h 和 8000h 定检工作的同时，有计划地安排机组 30000h 返厂置换大修，并协调组织实施了三台燃机及齿轮箱的拆除、安装、测量调整和调试工作。

4.4　按照规程，定期对设备进行预防性维护

（1）变压器、电容器、电抗器、避雷器、CT、PT、断路器等高压设备的绝缘测试及预防试验，老化高压电缆头的更换与试验，综保系统保护定值的复检与测试。

（2）H 形杆的调整和防沉降台的夯实加固，铁塔的塔体螺栓检查紧固，H 形杆与铁塔接地的检查测试与修复更换，H 形杆与铁塔的铁件防腐修补，导线及拉线的检查、调整及更换，避雷器、计数器的检查与更换。

（3）加强对处于雷区带上线路的巡检。

4.5　加强巡检，科学评估，合理安排预防性维护

采油厂 1 期 33kV 架空线路旱季频发跨路电缆的电缆头绝缘击穿故障，给电力系统正常运行和安全生产造成严重影响，采油厂为此多次分析故障原因，并实施相应整改措施，但是效果不理想，公司为了彻底解决此隐患，按照统一部署，开展了电气线路检修、改进工作，经过此次改造为油田提供更安全、平稳的供配电网络，为确保油田安全生产、持续、高效地发展，奠定强有力的电力保障基础。

4.6　电力线路检修，减少故障停电

33kV 高架电力线路检修后，2019 年因电缆头故障停电影响原油产量比 2018 年减少 767m^3，比 2017 年减少 4998m^3，经济效益明显。

4.7　定期测试设备状态，分析判断设备性能

由运行部门和维护部门定期对设备进行状态监测和功能测试，根据设备结构参数和功

能参数分析判断设备潜在故障的风险因素，及时采用相应的预防性维护手段进行控制和消除，有效防止了设备功能障碍的发生，以保证设备的可靠性。

4.8 与实际相切合，进行系统升级优化

采油厂1期控制系统运行9年多，随着运行时间的增加和油田产量的不断提升，控制系统已达不到现场生产的需求。为了改善控制系统，2019年采油厂对控制系统进行了升级改造，本次升级改造共更新硬件28台套，升级软件20套，核对2800个点位。升级改造完成后，完善了控制系统的功能，有效地消除了控制系统存在的安全隐患。

4.9 根据设备运行参数变化及时采取措施保证注水水质

注水区多介质罐滤料吸附能力是保证注水水质的关键，当滤料吸附性能逐渐下降时，运行参数及压差就会出现异常，只能采取蒸汽清洗，甚至更换滤料，才能保证注水水质达到C3标准（C3：悬浮固体≤10mg/L，含油≤30mg/L）。

4.10 定期接地检测，保证设备稳定安全性

接地系统是防止人身遭受电击、设备和线路遭受损坏、预防火灾和防止雷击、防止静电损害和保障电力系统正常运行。为了确保油田电气设备安全平稳运行，维护部门每年两次对33kV架空线路、电气设施设备进行接地电阻测试，确保接地合格，保障了人、机的安全。

4.11 进行设备专项检查，做好预防维护

开展对易损轴承、高压及重要设备密封进行专项检查，以预防为主，努力发现隐患，快速排除隐患，杜绝事故发生、保证生产安全。

4.12 对管道和储罐进行定期检测，保证油气平稳输送

管道和储罐在油田设备中占有极其重要的地位，是保证油田油气输送的关键设备。定期巡查阴保系统，开展腐蚀性评价实验，判断防腐效果，采取相应的防腐措施，使得风险可控，避免发生管道或储罐因腐蚀导致穿孔而引发油气泄漏的安全环保事件。

定期委托第三方专业机构对采油厂所有储罐和管线的壁厚及腐蚀速率进行检测，均符合相应的标准。

4.13 添加防腐化学药剂，控制设备的腐蚀速率

化学防腐是在介质中加入合适浓度的防腐化学药剂，是延缓或减少设备腐蚀的一种有效方法。定期对水样开展腐蚀挂片模拟实验、铁含量试验、腐蚀细菌检测试验等腐蚀性评价实验，针对实验结果及时调整化学药剂浓度，控制设备的腐蚀速率。有针对性测试及评定药剂浓度，做到控制腐蚀在先，保证设备及管线的安全投用。

4.14 定期校验仪器仪表，确保仪表可靠性

定期对各类仪表进行检查保养、功能测试和校验，确保其工作状态稳定可靠、功能正常。为防控风险提供有效保证。为此，采油厂协调有检定资质的单位对安全阀、可燃气体

检测仪、可燃气体探头等进行校验，淘汰不合格仪表，保证仪器仪表完好率，为安全生产保驾护航。

4.15 计划停厂，集中整改

MIMOSA FPF 站由于长期运行，其中一些设备出现劣化趋势需要检修。经过共同研究，计划停厂一天进行指定设备维护及检修，保障了生产安全平稳运行。

4.16 根据运行参数，判定阀门故障

Baobab-FPF 注水系统主管线压力呈逐步下降趋势，并伴有管线振动、噪声大的现象，根据对运行参数和现场工艺流程分析，判断认为是由于回流阀门内漏引起的喘振、湍流，造成压力下降及噪声。经现场拆卸检查，发现回流阀闸板破损。更换新阀门后，系统恢复正常，压力平稳，无振动、噪声等现象。

4.17 群策群力、发挥群体优势，扎实做好预防性维护工作

采油厂每年由主管的副总经理主持召开两次装置分析会，针对装置运行现状和存在的安全问题进行具体分析并制定相应的整改方案，做到提前预判、提前预防、提前实施，确保预防性维护工作做到具体化、详细化、针对化，杜绝安全事故，保障设备安全平稳运行。

4.18 集思广益，充分发挥个人及团体才能，为预防性维护献计献策

采油厂每年由主管的副总经理牵头开展 QC 及合理化建议活动，充分发挥全体员工的聪明才智和主人翁精神。对现场运行及维护提出可行性建议，进一步做好预防性维护工作，分享实际经验，提高安全意识。

2016 年，《实践油井精细管理，探索油田稳产途径》荣获中国石油天然气集团公司 QC 小组活动三等奖。

4.19 积极开展 HAZOP 装置分析，为预防性维护提供重要依据

2019 年 11 月项目公司邀请专家对油田 1 期和 2.1 期在役装置开展一次全面的 HAZOP 分析。利用此次机会全员进行了一次 HAZOP 知识普及，学习了 HAZOP 分析方法，提高了员工的安全意识，避免发生工艺安全事故，进一步夯实了项目快速发展的基础。本次 HAZOP 分析对生产流程、现存问题等进行了整理归纳，为我们做好预防性维护工作提供重要依据。

4.20 不断摸索、大胆改进，延长设备使用寿命

乍得油田 2.2 期 Daniela-CPF 采购了 2 台美国 GE 公司 WH72 往复式压缩机，由于系统进气携液较多，在压缩机缸内产生水击现象造成活塞组装件间隙增大，严重时活塞出现裂纹，导致压缩机排气温度高报停机无法长期平稳运行。根据现场实际情况，并组织技术讨论，决定对 GE 原装活塞进行机加工，缩短活塞的轴向尺寸 10mm，增加缸体余隙容积，提高气缸对气体中液体的容纳性，同时增加进气回流循环管线，优化进气工艺流程减少进

气携液量消除水击现象保护活塞，使机能够安全稳定运行。

4.21 积极完善工艺流程，消除安全隐患

Baobab 区注水系统投运以来，一直使用角阀控制注水量，由于闪蒸和气蚀的原因，阀芯、阀座密封面冲蚀严重，导致阀门内漏，角阀频繁发生刺坏，出现无法调节水量的现象。2019 年先后更换了 5 个角阀。为完善工艺流程，消除安全隐患，提高阀门使用率，在注水井口安装二次节流阀注水嘴，以便更好起到节流作用，降低控水角阀刺坏的频次，延长角阀的使用寿命，保证注水系统安全平稳运行。

从数据上可看出，井口安装水嘴后，角阀前后的压差明显减小，从而改善角阀的工况，延长角阀使用寿命。

4.22 改进、完善流程，防止环境污染

套压过高直接影响井筒动液面的高度，液面过低将会影响泵效，甚至在泵体内形成气蚀造成泵的损坏。安装了油套连通可以定期密闭排放套管内的油气达到泄压的目的，密闭排放的方式可以避免污染环境，同时也保持了井筒液面高度，保障了油井平稳生产。

4.23 预防性维护延伸应用，加装蒸发池喷淋系统，增加蒸发量

雨季蒸发池液位较高，需要将部分产出水回收至注水系统，但由于露天蒸发池里有各种虫子、青蛙及少量的泥沙，这些对水处理系统及设备会造成严重的损坏。为了延长设备使用周期，通过加装喷淋系统，提高蒸发量，确保蒸发池液位处于安全警戒线以下。同时增加了水质化学需氧量，抑制了厌氧性菌的生存，防止水质变质产生异味，有效降低了对空气的污染。

5 总结

总之，预防性维护保养对于设备的安全运行起着非常关键的作用，提高设备安全运行的效率，通过历史维护数据、换件数据和运行数据的分析，能更准确判断设备运行状态，使管理决策更清晰化，提高了管理效率，同时在制订预防性维护计划时就更具有专业性、计划性、针对性。预防性维护保障设备安全平稳运行、延长设备使用寿命和生产效率，获得长期的利润收益，提高了投资回报率。

因此，预防性维护工作仍然是我们今后工作的重点，要高标准严要求地执行，而且要真正做到高质、高效，把精细化管理落到实处，把设备故障率降到最低，为设备的可靠性和安全性保驾护航，为采油厂的安全生产、平稳运行提供强有力保障。

钻井废弃物处理技术及应用

■ 中油国际（乍得）上游项目公司

乍得上游项目公司（以下简称项目公司）每年钻修井作业产出的废钻井液达十余万立方米，钻井液中含有的化学物质属于重点环境污染源。目前行业内通行的处理做法是将废钻井液自然晾干后掩埋。但钻井液中的有害物质依然存在，对土地产生长期危害。项目公司引进并持续实施钻修井废弃物无害化处理和钻井无坑作业，将作业过程中产生的废弃钻井液、岩屑等导入泥浆罐后通过无害化处理设施进行处理。这样既减少了钻前施工工作量，降低了作业过程对环境的危害，同时减少了对土地的占用，从源头消除钻井和试修的废弃钻井液对环境污染的隐患，确保钻井和试油作业安全环保运行。

1 无坑钻井作业模式

这种技术主要是运用先进设备直接处理钻井废弃物，通过“收集—砂石分离—固液分离—除油—固相脱水—水处理”等一系列的物理和化学处理手段，来降低废弃物的污染毒性。处理完毕后，产生的终端水达到世界卫生组织规定的标准，可用于路面洒水或钻井再利用，产生的终端固体滤饼可用来铺路或烧制成砖作为建筑的材料。再处理产生的水和滤饼得到了再利用，变废为宝，发挥了资源的最大效用。

废弃物处理技术整体思路如图 1 所示。

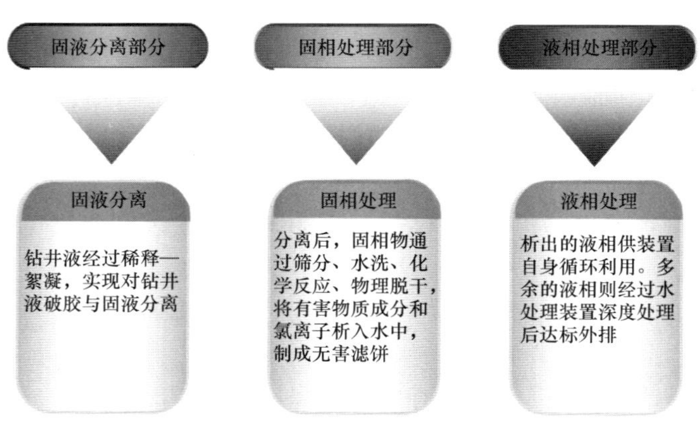

图 1 废弃物处理技术整体思路

无坑钻井作业流程及设备如图 2 所示。

无坑钻井作业需要新增的设备：

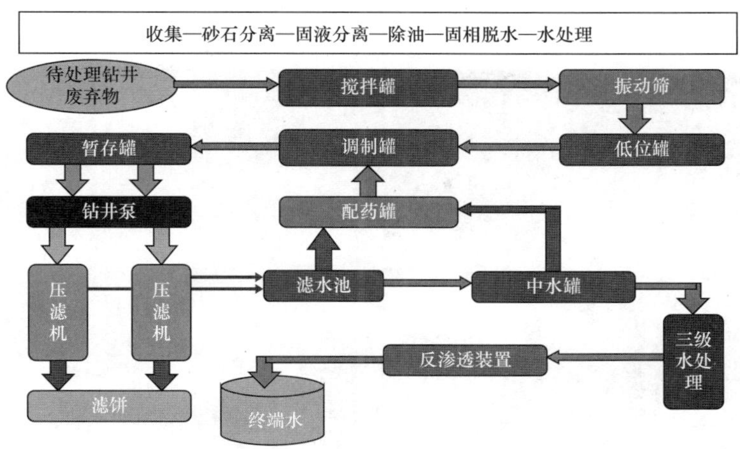

图 2　无坑钻井作业流程及设备

（1）一个 40m³ 的岩屑收集罐（图 3），放置于振动筛下方（图 4）。

（2）一个 20m³ 的微粒收集罐（图 3），放置于离心机下方。

图 3　1# 岩屑收集罐和 2# 微粒收集罐

图 4　井场岩屑收集罐摆放图

（3）一个 200m³ 的钢骨架软体钻井液缓存罐（图 5），主要用于临时存储二开钻井液以备循环利用，放置于距循环罐 20m 位置。

图 5　软体钻井液缓存罐装水效果图

无坑作业设备现场摆放如图 6 所示。

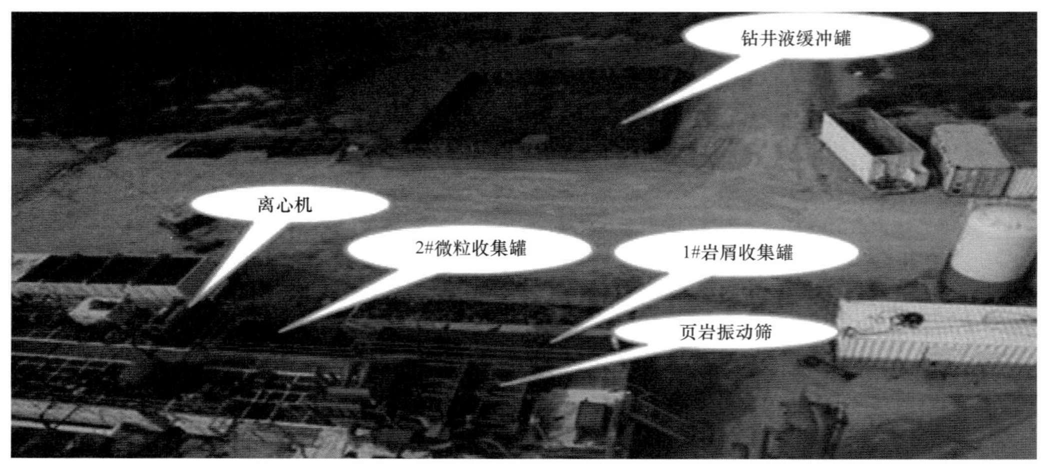

图 6　无坑作业设备现场摆放图

钻井无坑作业现场如图 7 所示。

图 7　钻井无坑作业现场

2014 年 10 月 6 日开始实施无坑钻井作业模式，截至 2020 年 3 月，共 264 口井进行了无坑钻井作业。在钻井作业，岩屑转运和废弃钻井液处理过程中没有造成任何污染，完全实现了环保、安全施工。

2　无坑钻井的经济评价

实行无坑作业后，节省了钻井液坑开挖、回填，防渗布材料及铺设等费用，同时减少了单井废弃物处理量，节省了废弃钻井液处理费用。

二开完井钻井液暂存于缓存罐内，部分钻井液将被重复应用于下口井的二开施工；同时钻井液重复利用，减少了单井废弃钻井液处理。

无坑作业模式较原作业模式，每口井钻井成本平均节省4.32万美元，具体数据见表1。

表1　单井无坑钻井作业成本节省统计

项目	费用，美元	备注
避免钻井液坑开挖	6000	单井钻井液坑平均开挖费用
避免井场恢复时回填钻井液坑	15000	单井钻井液坑平均回填费用
节省50m×50m防渗布一张	13000	50m×50m防渗布单价约13000美元
减少挖坑产生的污染土处理费	149200	无坑作业后，减少了钻井液坑坑底和周壁污染土壤平均约500m^3固相的处理费用，固相处理费298.4美元/m^3，则单井固相处理费减少149200美元
主眼完井钻井液部分循环利用	70000	二开钻井液共100m^3，平均钻井液成本500美元/m^3，则单井节省50000美元，废弃钻井液处理费用减少20000美元
单井钻井平均直接节省费用	253200	小计
单井处理费用+转运费用	210000	处理设备平均单井16万美元，转运费用平均5万美元
单井实际节约成本	43200	直接节约费用—处理费用—转运费用

目前264口井实施了无坑钻井作业模式，总计节省钻井成本1140.48万美元。无坑钻井作业模式将继续在后续钻井作业中应用和完善，结合后期丛式井钻井特点和废弃泥浆无害化随钻处理，尝试闭环钻井生产，更大程度提高钻井液重复利用率和降低钻井废弃物产出量，降低钻井生产成本。

3　无坑试修作业

试修作业现场施工也采取无坑作业方式。试油抽汲时，通过密闭放喷管回罐；自喷时，通过三相分离器和缓冲罐脱气后，液体回罐回收；取消燃烧坑，燃烧管线下部放置接收罐，确保无井筒液体落地。产出原油由油罐车送CPF，产水送垃圾场废水池，将来集中处理排放。高压区设备铺设防渗布，警戒线和警示牌齐全。

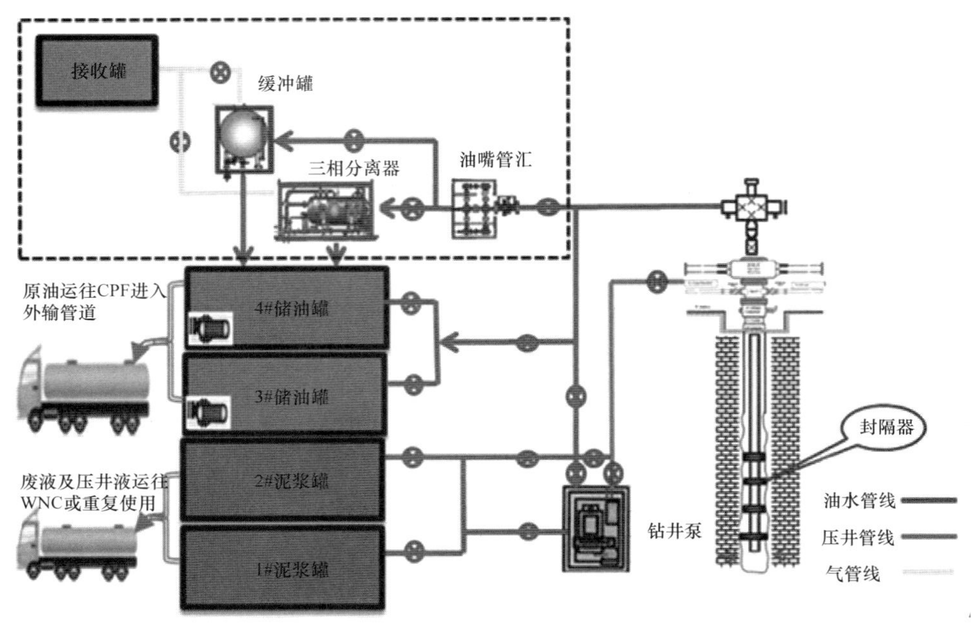

图 9　试油无作业流程图

图 10　缓冲罐

图 11　放喷管线及燃烧箱

图 12　三相分离器

图 13　油嘴管汇

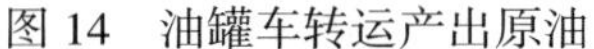
图 14　油罐车转运产出原油

图 15　油罐车下铺防渗布

4　乍得项目无坑作业意义

乍得项目无坑作业模式适应了当地苛刻的环保要求，极大地降低了环境污染风险，同时加快了钻后井场恢复效率，减少了井场修建和恢复的取土方量。

结合无坑作业模式，后期进一步完善钻井液重复利用方案，提高钻井液循环利用效率，持续落实降本增效要求。

无坑作业模式同废弃钻井液处理工艺相结合后，使钻井和试修作业进行闭环生产，杜绝作业中废液对环境的污染，减少了废弃物处理量，降低了环保投入成本。

乍得项目无坑作业模式将不断推进和完善，实现钻修井作业管理上台阶，技术上水平，安全有控制，质量有提升，成本在降低，效益有增加。

海外合资公司 HSE 信息系统建设

■ 中哈天然气管道项目公司

中哈天然气管道合资公司（亚洲天然气管道有限公司，以下简称 AGP）为中国石油与哈萨克斯坦国家石油天然气公司（以下简称哈石油）以 50：50 出资成立的合资公司，AGP 建设和运营中亚天然气管道 ABC 线哈萨克斯坦段，管道全长 3900 余千米，总投资超 100 亿美元，下辖 3 个输气管理处、1 个全资子公司、13 座压气站场、2 个跨国计量站、3 个维抢修中心，年输气能力 $5.5\times10^{11}m^3$（标准状况），平均在册员工 1307 人，其中所有 19 个基层站队均设立了专职 HSE 人员，HSE 管理范围主要涵盖工业安全、劳动保护和环境保护。

中哈天然气管道项目 2009 年投产以来，随着的人员和业务的迅速增长，合资公司基础数据和 HSE 绩效的统一化、标准化、科学化管理难度越来越大，急需建设 HSE 系统来加强数据分析、人员管理，提高日常工作效率，加强对风险感知和防范能力，同时也在企业 HSE 决策支持方面发挥重要作用，最终实现合资公司 HSE 标准化管理，把质量、健康、安全、环境管理模式系统化地进行整合，高效协同功能强大、安全管理科学完善、业务信息实时搜集、数据互通信息共享、集成接口便于对接，打造一套四位一体覆盖全企业的科学、系统、完善、标准化的信息化系统。

1　信息系统总体设计思路

系统设计立足能源战略通道定位，以国际化的视野，秉持互利共赢合作理念，坚定维护合资公司利益，注重中哈方伙伴的共同发展，发挥实干高效的战略执行能力、兼容并蓄的集成创新能力和柔性变通的组织能力，切实提高 HSE 工作效率；以 HSE 管理体系为基础，创新构建项目 HSE 组织和运作模式，在实践中形成涵盖管理体系关键要素，满足所在国法律法规要求；在复杂经营环境下，积极构建激励相容的制度安排，提升员工 HSE 履职能力，培养造就一支国际化的职业精干的 HSE 人才队伍，使合资公司逐步发展成为哈萨克斯坦油气领域 HSE 管理极具影响力的外资企业，初步形成企业国际化管理基础，为我国“一带一路”建设提供借鉴。

在系统构建上统一规划，实现与合资公司其他系统的兼容性，各类数据信息系统自动采集、传输、存储、查询、分析、处理，为业务管理的科学决策提供可靠支持，实现软硬件平台共用、资源共享、统一管理和专业维护；实现 HSE 信息在合资公司的共享，促进 HSE 管理规范化、标准化，实现对各基层单位 HSE 管理工作的跟踪与提醒，同意 HSE 业务管理及报表分析功能，提高 HSE 管理效率，降低 HSE 管理成本；协助 HSE 管理人员完成宣传培训、监督检查跟踪、信息统计等一系列基础工作；将企业的标准通过软件形式延伸到各业务部门，从何提升执行力，减少人为因素导致的执行偏差；规范员工 HSE 行为，减少事故风险，保护员工职业安全，保护企业和股东权益。

系统共有 10 个分项目标：

（1）PPE 管理：主要实现 PPE 物资采购申请、PPE 物资库存管理、PPE 物资申领使用、归还、统计等功能。

（2）培训管理：实现消防安全、工业安全等进行培训信息录入统计，提供对应的导出功能，培训证书到期提醒功能及综合查询功能。

（3）考试管理：系统可以实现对考试类别、题型、题库基础数据管理。

（4）报表管理：实现中油国际管道公司类型报表、哈石油 KMG 类型报表，以及上报合资公司的环保报表信息。

（5）RAP 管理：系统能自动按照时间进行整改报警，并能够提供查询、分析、统计等功能。

（6）事故事件管理：提高企业安全管理水平，采取有效的防范措施，防止事故重复发生。

（7）安全观察与沟通：实现对正在作业的操作岗位员工行为及作业现场进行短时间的观察。

（8）安委会管理：实现对安委会有关会议落实事项的管理，提供调查报告的查询、统计、分析功能，并可以实现合资公司命令的归档。

（9）安全经验分享：实现员工按照固定格式填写计划，根据要求的时间，系统自动发送邮件进行提醒，建立企业安全经验资料库。

（10）多语言：根据合资公司要求，系统将支持英俄双语作为工作语言，另外可以满足中文和哈萨克语扩展需要。

2　系统建设技术路径

严格按照信息系统项目标准流程开展 HSE 信息系统建设，实现对项目过程的全面流程管控。项目立项审批严格遵循中方股东要求，编制了可行性分析报告，对项目目标与范围、现状与需求分析、技术方案、系统设计、组织机构与定员、实施计划、投资估算、实施风险和效益分析进行了初步研究。在建设阶段按照系统开发生命周期分阶段有序推进项目启动、需求分析、设计与开发、系统测试、数据移植、系统上线、项目验收和项目后评价，与哈方合作伙伴一道对各个分项目标进行详细分解。

（1）PPE 管理子系统：物资管理将根据现有合资公司 SAP 物资编码设计对应物资的信息，物资编号信息将包括规格、尺寸、单位、数量。物资采购申请将由 PPE 负责人员在系统中填报物资采购申请单据，审批通过后，系统将对应的物资自动添加到对应的库存信息中。根据合资公司情况，将完善个人信息数据，包括身高、体重、鞋号、体型、血型等；根据合资公司HSE管理规定，根据岗位危害因素辨识和风险评价，建立起各类岗位对应的PPE品种和发放频次。

在物资申领阶段，实现员工个人申请，所在单位HSE工程师审批，库管更新库存数据。提供访客临时申请PPE手续在线办理。出现人员转岗离职情况时，线上填写PPE归还单，后台处理物资入库、出库、归还、转库，可按细类和规格统计单品物资的库存信息，可查询系统中人员申请PPE物资的数量、日期等详细情况。

（2）培训管理子系统：培训管理功能主要按照合资公司HSE培训矩阵，针对入职前安全培训、消防安全培训、工业安全培训、劳动保护培训、综合培训等进行录入统计，可以提供员工个人培训护照信息的Excel导出功能，实现培训证件信息电子化存档，记录培训类型、培训时间、培训内容、培训地点、证件有效期，并可提供培训证书到期自动邮件提醒功能和查询功能。

（3）考试管理子系统：系统将按员工岗位自动生成对应的考试类别和考试题型，在题库中随机生成考卷，推送到选择考试的员工账户，让考试用户可以快速答题。系统将按照岗位和考试类别设定对应的考试时间，答题结束后自动录入考试分数到个人考试记录中。题库池在相应的HSE法律法规、标准规范、规章制度发生变更时，按照考试内容可以实现新增、修改。系统将能够根据人员岗位、所在单位、分数高低等多维度进行考试信息查询，此外还可以设立独立题库，便于组织对于承包商入场工作人员临时考试。

（4）报表管理子系统：根据合资公司HSE业务现状，对双方股东要求的HSE报表分为站队、管理处、机关三级填报，将报表内容分解为最基础数据单位，建立数据之间的逻辑对应关系，自动生成合资公司、中油国际管道、哈方股东、政府部门要求的废气、废水、固体垃圾等环保报表。

（5）RAP管理子系统：隐患申报功能可以由员工个人在系统中进行调谐，并建立审批流程。系统能够自动按照事件进行整改提醒报警，并能够提供查询、分析、统计功能。实现以HSE隐患整改跟踪业务流为主线，处理流程简介清晰，快速到达直接负责人和HSE部门，基本覆盖人的不安全行为、伍德不安全状态、管理不善、环境不佳等各类HSE隐患。可以实现按照隐患来源、隐患状态、隐患类别、风险等级、关闭状态、所属业务板块、整改负责人、整改截止日期等快速排查和复查安全隐患，确保隐患整改得到有效落实。

（6）事故事件管理子系统：事故事件报告由发现人在系统首页填写对应的即时信息，写明发生时间、简要内容、分类，并可以提供视频或者照片作为附件上传。信息提交后按照时效流转到现场直接负责人、管理处经理和HSE部，审批后的事故事件信息自动邮件发送到相应的应急预案中的应急责任人。由HSE部门根据系统推送的事故事件信息，成立调查小组，线下签发文件（order），事故事件处理完毕后填写对应的完成报告信息，所有线下正式文件均可通过文控系统进行链接。可以根据中哈方股东的事故事件报表模板，导出报表。

（7）安全观察与沟通子系统：按照哈方股东KMG要求，安全观察与沟通要管理人员和作业人员共同确认作业是否在安全的条件下进行，现场设备设施和工作环境等是否处于安全状态，提出改进措施，共同寻求改善 HSE 绩效。在系统中，提供哈方股东要求的每月计划，并可以实现中方中层管理人员安全生产联系点检查等非计划录入。

（8）安委会管理子系统：实现对安委会及分委会成员和工作内容的管理。安委会命令以文控系统链接导入系统，安委会及分委会成员以列表形式显示，详细对应每个人所负责的安全属地或设备设施，也可以实现按照设备设施查询安全操作负责人。各级安委会的会议纪要落实事项进入 RAP 隐患整改跟踪系统，其隐患来源统一设定为“会议”。

（9）安全经验分享子系统：通过长期坚持开展安全经验分享，在合资公司树立良好的 HSE 准则，促进全员 HSE 意识与能力的不断提高，形成良好的安全文化氛围。员工需要按照固定的格式填写计划，在规定的时间系统自动发送邮件进行提醒。每年各基层站队 HSE 工程师录入计划安排，系统可以实现非计划内的安全经验分享，并且将对分享人和本分享的阅读人次进行统计。

3 系统建设存在问题

目前合资公司的 HSE 信息系统的应用主要面向各基层站队和机关部门，便于实现对相应生产过程中的安全环保业务流程的管理和控制。限于公司 HSE 文化、HSE 意识与能力等因素，中哈方在 HSE 管理理念和实践上都存有差异，外加预算约束，I 期系统内容涵盖尚不完整。合资公司多年以来开发了 SAP、EDOC、MAIL、GIS、SMART、PIS 等，各类信息系统并存，数据的共享互通、系统兼容性都有待提升。此外，由于服务器、网络资源有限，HSE 新的法律法规、标准规范、股东要求等频繁变更，对于后续系统的维护与开发带来了不小的难度。

长输原油管道汛情安全管理系统应用及实践

■ 中哈原油管道公司

1 前言

地质灾害对长输原油管道威胁巨大，绝不容许忽视，在管道可研、设计、施工、运行的各个阶段都应给予高度重视，并且必须制定相应的预防和减缓措施，因地制宜，最大程度消除不合理的影响，确保管道设施安全。

其中洪水灾害是最严重的地质灾害之一，它是一种骤发性的自然灾害，短则数日，长则几个月。洪水灾害监测可分为：灾前的孕灾环境监测，用于了解水情，进行灾害预警；灾中灾情监测，用于抗灾抢险和险情监测，预测洪灾淹没范围、严重程度；灾后监测，用于救灾重建，监测环境破坏情况。

快速评价洪水灾害对于减轻洪水造成的损失是非常重要的。因此世界各国纷纷运用现代高科技手段对洪灾实施监测，如基于 NOAA/AVHRR 影像的洪灾监测，基于 Landsat TM 影像的洪灾监测，雷达遥感的洪灾监测等。无论是 NOAA/AVHRR、Landsat TM 等多光谱的可见光遥感，还是星载或机载的雷达遥感都可实现对洪水灾害的宏观、动态的监测。它与地面观测系统相结合，形成对洪灾的总体观测，并弥补了地面观测台站网在空间和可观察区域方面的缺陷。

目前成功应用上述技术监测洪灾的案例已经有很多，例如：加拿大利用星载雷达遥感技术成功地监测了发生在圣·劳伦斯流域的洪灾；我国利用星载雷达遥感技术监测了海河流域及 1998 年发生在长江和嫩江流域的洪灾；中国科学院研制机载合成侧视雷达系统获得的雷达图像十分清楚地显示了水陆边界线，可以准确判定洪水淹没范围。

受以上所述的启发，结合中哈原油管道实际情况，形成了利用卫星、无人机影像对管道沿线水情进行监测研究的设想。

2 项目实施背景

中哈原油管道西起哈萨克斯坦境内的阿特劳，东至中国境内阿拉山口，全长 2800 余千米，从西向东横亘哈萨克斯坦中部地区，是我国西北重要能源通道，是中国石油能源战略的重要组成部分，中哈原油管道的安全、平稳运行对中哈两国经济发展起着重要作用，对于中哈两国都具有举足轻重的战略意义。

其中，阿塔苏—阿拉山口管道全长 965.1km，设计年输量 2×10^7t，2006 年 7 月正式投入商业运行。设计最大工作压力 6.3MPa，管径 800mm，主管道采用三层 PE 外防腐层，并安装了强制电流阴极保护装置。管道系统设有阿塔苏首站及8号、9号、10号、11号四座中间泵站和阿拉山口计量站，3个维抢修中心，40座线路阀室，43座直升机停机坪。管道在阿塔苏首站设置调控中心，通过SCADA系统对全线进行集中监控、优化运行和统一调度管理。为保证国家能源供应安全做出了巨大的贡献。

阿塔苏—阿拉山口管道起始于阿塔苏，经过哈萨克斯坦中部地区，抵达中国阿拉山口。哈萨克斯坦春汛期间，在巴尔喀什湖北部戈壁地区，准格尔阿拉套山脉间阿拉克里湖南部地区，冰雪融水形成大面积的季节性地表径流，对管道沿线设施构成很大威胁，管道沿线在没有可依托的公路地段修建管道伴行道路很容易受到冲毁，部分阀室被洪水围困。自2015年以来春汛水量大增，由于气候等自然条件变化不定，不同地区、不同时间水流量也不尽相同，为管道日常技术维护、维修和安保巡逻工作带来不利影响。

为应对上述问题，了解具体水灾变化规律，分析产生变化原因，以便制定相应措施，消除地质灾害隐患，中哈原油管道项目开始着手利用先进的洪灾监测手段对阿塔苏—阿拉山口管道沿线进行区域调查研究。

3 水情监测技术介绍

前面提到了洪水监测的几种方法，下面根据各种方法的特点进行分析比对，选择确定准备应用于管道沿线水情监测的方法。

3.1 NOAA/AVHRR 影像监测技术

利用NOAA气象卫星监测在国内外已经开展了大量研究与应用，利用三通道彩色合成图像目视解译分析洪水动态变化，利用二通道图像提取洪灾信息，利用通道二、一之比值图像检测水体，利用通道提取亮度来识别水体、并对洪水进行昼夜监测，利用洪灾光谱模型自动提取淹没范围。

气象卫星不能穿透云层观测，但由于两颗NOAA卫星每天可在不同时间过境四次，周期短，可避开云层，大大提高了无云观测的可能性，而且利用其热红外通道可昼夜监测洪涝。总之，气象卫星高时间分辨率、成像范围大等特征使其成为大范围洪涝动态监测的重要手段。由于管道沿线成带状延伸，因此这种方法对于管道沿线不太适用。

3.2 Landsat TM 影像监测技术

高空间分辨率、多波段的TM影像包含了丰富的地面水分状况和植被长势信息，其1、2波段对水体有一定的穿透性，有助于探测水层深浅和划分浑浊的洪水与清澈的自然水体；而位于中红外的第5、7波段，反映水体和水陆边界特别敏锐。因此TM对洪水灾情的监测和分析特别有效。

但是由于资源卫星轨道重复周期长，难以掌握洪灾的动态信息，其不能获得有关洪灾的直接信息，加上TM无微波通道，不能穿透云雨，在雨季很难得到清晰可用的影像。因此很难依靠TM遥感数据掌握实时的洪涝灾情信息。

3.3 雷达遥感监测技术

合成孔径雷达，也称综合孔径雷达。属于一种微波成像雷达，也是一种可以产生高分辨率图像的（航空）机载雷达或（太空）星载雷达。与其他大多数雷达一样，合成孔径雷达通过发射电磁脉冲和接收目标回波之间的时间差测定距离，其分辨率与脉冲宽度或脉冲持续时间有关，脉宽越窄分辨率越高。合成孔径雷达按平台的运动航迹来测距和二维成像，其两维坐标信息分别为距离信息和垂直于距离上的方位信息。

合成孔径雷达的特点是分辨率高，能全天候工作，其工作的波长使其能穿透云和尘埃，可以在能见度极低的气象条件下得到类似光学照相的高分辨雷达图像。自合成孔径雷达发明以来，它被广泛地应用于遥感和地图测绘。

雷达遥感的洪灾监测，包括星载雷达遥感的洪灾监测和基于机载雷达的洪灾监测，这两种方法各有优缺点。

（1）星载雷达遥感的洪灾监测：

星载雷达除上述优点，不足之处是雷达影像对地物纹理的反映更为细密，层次更丰富，但是一些雷达信号对于解释起到了干扰作用；地形起伏影响较大，产生的阴影及波谱特征和水体极为相似，增加了自动识别水体难度。同时地形带来的影像畸形为几何校正带来困难。

（2）基于机载雷达的洪灾监测：

雷达图像可清晰显示水陆界线，从而准确判断洪水淹没范围。缺点是机载雷达影像获取的费用高，飞行受天气的影响大，同时获取的影像基本上人工处理，费时费力。

基于以上分析综合考虑，准备采用星载雷达遥感技术和机载雷达相结合进行管道沿线水情监测（图 1）。

图 1　水情监测

4　项目实施

经过研究调查，为应对上述问题，了解中哈原油管道具体水灾变化规律，分析产生变化原因，制定相应措施，消除地质灾害隐患，中哈原油管道项目采用雷达遥感技术（合成孔径雷达成像 Synthetic aperture radar：SAR）对阿塔苏—阿拉山口管道沿线水淹地段进行调查研究。

4.1　项目实施目标和任务

目标是通过遥感技术手段对管道沿线水淹地段的范围和强度进行测绘，对测绘数据进行整理及统计分析，实现对管道沿线水情变化进行量化研究，掌握春汛期间的变化规律。

主要任务，一是收集管道沿线历年春汛期间水情变化情况，对现有材料进行系统化分析整理；二是通过卫星遥感技术及无人机航拍获得春汛期间洪水变化情况；三是对新获取的遥感数据进行分析，编制水情分析报告，提出预防或应对春汛洪水的建议或行之有效的建议。

4.2 项目实施过程

（1）分析现有与春汛相关的管道材料：管道平面图和纵断面图、管道穿越自然和人工障碍物的设计文件、无人机进行管道巡线获得的数据、地面乘车巡线的记录情况（包括管道设施及伴行路状态）、管道航测绘拍图、管道沿线地质信息、管道内检测数据、河流水位的统计数据、春汛期间保障管道安全的组织技术措施。通过系统分析，判别并记录下对管道及其设施存在洪水高风险的大致段落；对管线附件水体保护进行研究分析，确认护岸等水工保护措施的完好性；研究历年春汛洪水对管道及沿线设施造成的不良影响。

（2）通过上面的研究分析，确定了阿塔苏—阿拉山口管道沿线 15 段春汛洪水高风险地段作为调查研究对象。调查研究的期限从三月初到五月底持续 3 个月。调查数据见表 1。

表 1 调查数据

编号	管道里程，km		管段长度，km
	始点	终点	
1	26	42	16
2	58	68	10
3	75	96	21
4	114.1	114.1	1
5	223	230	7
6	252	253	1
7	256	258	2
8	265.8	265.8	1
9	277	292	15
10	317	318	1
11	328	339	11
12	392	396	4
13	412	417	5
14	422	428	6
15	626	657	31
总长度			132

（3）对卫星雷达遥感拍摄的测绘图进行识别，与无人机拍摄图进行对比，准确判定洪水时间、在管道的里程位置、水的蔓延范围。如4月5日拍摄的阿塔苏—阿拉山口管道651～657km段的水情（图2至图4）。

图2　卫星雷达遥感拍摄的651～657km图像

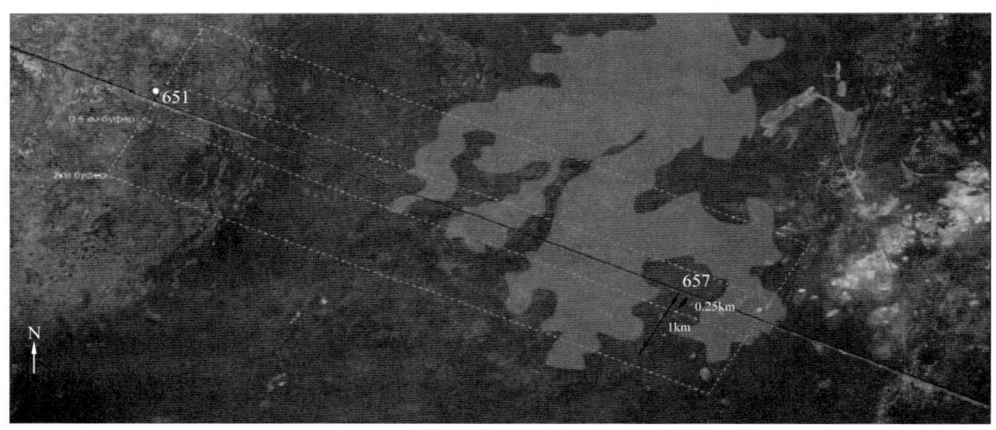

图3　无人机拍摄识别处理的651～657km图像

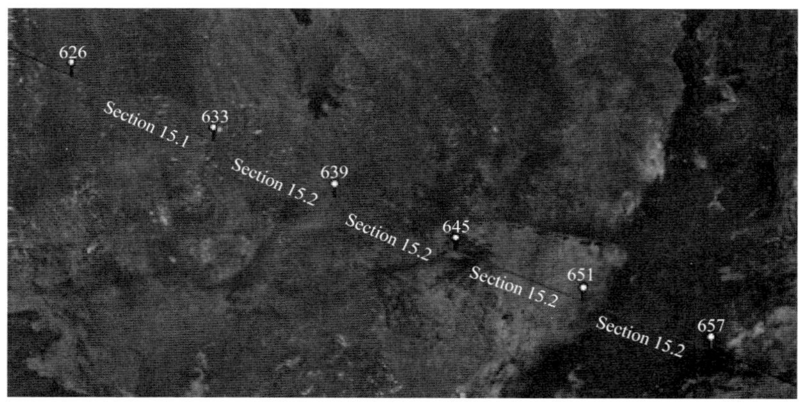

图4　626～657km段管道整体数据及图像信息

（4）通过整体分析，2019年春汛水情集中在3月24日至4月23日这一个月的时间，位于管道沿线26～42km，58～68km，223～230km，277～292km，317～318km，328～339km，626～657km段共计91km长的位置。有水的管道沿线总长度最长为11.603km，管道沿线500m范围内最大有水面积1.16km^2。

5 项目意义

有效监控了管道沿线水情随时间变化，避免了春汛洪水对管道沿线设施造成破坏，保障了管道安全，保证了管道输油按计划完成。

优点：与传统现场检查相比，（1）便捷，比使用车辆进行现场巡检容易得多，避免道路无法通行的问题；（2）高效，能够及时发现情况，获取水情的最新信息；（3）范围广，可进行大范围的监控，适用长输管道沿线的监控，获得的信息更完整；（4）卫星与无人机结合，点面互补，保证了监测结果的准确性。

6 利用卫星、无人机影像监测管道沿线水情变化经济效益评价

提前获取准确春汛水情变化的情况下，可对阿塔苏—阿拉山口管道设施及时采取适当措施，对水流进行疏导，对管道设施进行防护，使管道免遭洪水破坏，保障管道安全，进而减免经济损失：

（1）避免因管道冲毁进行换管的费用，每更换一段管道的费用约2000万坚戈（按照2019年准备对KK管道进行切换管的方案计算，换5段管，约需1亿坚戈费用）。

（2）避免伴行路被洪水冲毁重新修复的费用750万坚戈（按100m管道伴行路修建费用考虑）。

（3）管道维修期间输油停止的管输费收入损失5.4亿坚戈（管输费率按6000坚戈/吨计算，管道因损坏而停输时间按3天考虑，每天输油量取3万吨）。

三项费用合计5.675亿坚戈（美元坚戈汇率按380计算，约合149万美元）。

7 发展前景

实践证明通过卫星遥感和无人机技术对管道沿线洪水监测切实可行，而且成效明显，经济效益显著，对于地形和水情复杂的管道沿线地段应用效果尤为突出，随着科技进步，特别是通信手段的提升，实现实时在线监控管道沿线洪水水情变化，将为适时获取现场信息，及时采取相关措施，防止水灾危害，保障为管道安全运行创造更佳条件。

海外某国社会安全新形势研判及应对措施

■ 中吉天然气管道项目公司

1 项目概况

2013 年 9 月 11 日，中国与该国政府签署政府间协议，决定在该国国内建设和运营一条过境天然气管道，即天然气管道项目（以下简称项目）。天然气管道设计管径 1210 毫米、设计压力 12 兆帕、设计输量 300 亿立方米 / 年，线路总长 215 千米，沿线共设置 9 座 RTU 阀室、1 座压气站（含清管站）、1 座输气管理处（含调控中心、维抢修中心、倒班村）和 1 座调度中心（含办公、住宿）。建成后将是该国管径最大、压力最高、输气能力最大的现代化和智慧化天然气管道。线路路由位于该国南部，公司总部位于该国首都 A 市。

2019 年 10 月，线路主体工程初设获得该国国家政府批准，D 线该国段在法律上具备了开工条件。但由于尚未开工，公司所有人员在首都工作、生活。

项目在 A 市整体租赁了一个宾馆作为生活驻地，项目 26 名中方员工全部在此居住，宾馆为独立院落，有完整的周界围墙，24 小时武装警察和保安守卫。

2 该国社会安全背景

2.1 政治形势

政府更迭频繁。近年来，该国总统更换多次，总理更换多次，几年前，议会通过对政府的不信任案，该国政府被解散。

项目主管人员及协调机构变更频繁。2015 年，政府间协议中规定的协调机构即能源与工业部被撤销，其职能在 2015 年转移至经济部和国家能源控股公司后，2016 年又转移至新成立的工业、能源与矿产委员会。政府频繁更迭对项目产生较大影响，其他政府部门负责人不断频繁调整，工作受到很大阻碍和影响。

2.2 经济形势

该国既没有丰富的自然资源储备，也没有较为完整的工农业发展体系，经济增长主要依靠零售贸易、过境中转和劳务输出来实现。针对该国国情，在制订 2000 年—2010 年发展战略时，该国将发展旅游业和扶持中小企业列为今后经济工作的重点方向。

该国经济部预测，受疫情影响，该国 2020 年经济增幅可能下滑 7%。按照今年 1 月该国政府的预测，国内生产总值将维持在 4% 的水平。这意味着自 2010 年出现负增长以来，再次出现负增长几成定局。

3 治安状况

自新中国成立以来，由于该国经济发展水平不高，人民生活水平相对落后，贫富差距逐渐拉大，所以社会治安不太稳定。一些诸如盗窃、诈骗案件时有发生，抢劫、绑架等恶性案件也充耳可闻，特别是针对外国人的刑事案件不断增多。

随着“一带一路”倡议的逐步深入，两国经济联系不断增强，越来越多的中国人来到该国定居或工作。

4 疫情现状

截至北京时间5月29日，该国新冠肺炎确诊病例累计达1662例，重症10例（危重6例），死亡16例，治愈1088例，已追踪到接触者7222人，集中医学观察2467人。同其他中亚国家一样，新冠肺炎确诊病例没有急剧增长，也未出现放缓趋势，疫情发展速度基本稳定，尚未出现拐点，被中国石油天然气集团有限公司评定为“极高风险”疫情国家。

根据该国某政治学家文章中的说法：疫情当前，该国主要面临的风险有粮食危机、经济危机、金融和外部信贷危机、政治危机。

该国疫情期间，自3月25日起，中央政府、国家部委、地方政府、专业协会、企业及驻该国大使馆、在该国企业（含两国项目）、商会协会和华侨华人纷纷出资出力，助力抗击新冠肺炎疫情。截至5月27日，据不完全统计，中国各方援助该国防疫物资累计达16批次。

4月20日至27日，赴该国联合工作组在首都A市抗疫一线开展工作，实地走访多家医院、疾控实验室和医疗中心等，与该国政府官员、医疗机构负责人交流，开展现场指导和座谈交流20余次，为当地的医护人员、社区工作人员提供超过15000人次的线上线下咨询和培训，毫无保留地分享中方抗疫经验，很多有益的建议被该国吸收采纳。

3 项目在该国社会安全趋势研判

3.1 该国疫情中后期社会安全趋势

援引该国内务部4月下旬的报告：在实施紧急状态和宵禁期间，该国内犯罪数量已大大减少；人们很少出门上街，路上有很多警察和士兵巡逻，斗殴、吵架、交通事故、入户盗窃等案件也变得越来越少。“目前未发现因疫情发生的危险犯罪情况。”刑警介绍说，“总犯罪数量大大减少。谋杀、伤害、入户盗窃和车祸的数量急剧下降。有家暴、家庭纠纷案件，但目前还不多。可能是因为人们害怕邻居投诉。而且，大家现在更愿意和警察打交道，经常给警察打电话，举报那些邀请大量宾客、安排聚众晚会及大声吵闹、骂骂咧咧和打架的邻居。很多警惕性高的公民还会举报那些咳嗽、生病的邻居，以及从国外回来的人。警察和医务人员必须对每一通电话出警、出诊。”

与紧急状态隔离制度相伴相生的是：许多食品商贩哄抬面粉、谷物和食用油价格，还有一些人试图破坏缴费终端机，盗窃 ATM 取款机；自我隔离带来的心理问题导致与挑起种族和区域间仇恨、流氓行为有关的犯罪急剧上升；失业、经济崩溃、社会隔离及生活质量急剧下降。

目前，该国已经结束区域性紧急状态，实施临时隔离检疫制度。可以预见，随着人们自由走出家门和路上警察的减少，那些短期内就业无门的贫困闲散人员可能会铤而走险，滋生一股“治安犯罪”的小高潮，但应该在该国强力机构的防控能力范围之内。

3.2　项目面临社会安全趋势

项目在该国面临的社会安全形势是两国关系“大时代”背景下的“一粒沙”，与两国关系的走向密不可分，推测近期内主要有以下风险趋势。

3 月 25 日至 5 月 10 日，该国“三市三区”（含 A 市）实施紧急状态期间，人们被限制在家中，路上有很多警察和士兵巡逻，斗殴、吵架、交通事故、入户盗窃等案件数量明显减少。但隔离带来的负面效应包括哄抬食品价格、失业、经济崩溃、社会隔离、生活质量急剧下降和心理问题，以及家暴数量增加，未成年自杀案件和一些经济相关的刑事犯罪（例如试图破坏缴费终端机，盗走 ATM 取款机等）。目前，该国已结束“三市三区”的紧急状态，转为针对“两市一区一乡”（含 A 市）的紧急情况下的隔离检疫制度，并启动三阶段复工复产。疫情仍在继续，但口袋已经打开，如果就业不能及时保障，物价上涨无法得到抑制，老百姓的生活无法得到改善，那么偷盗、抢劫等治安犯罪就可能集中出现，这一点，该国社会舆论已有明确的预测。因此，疫情中后期和疫后一段时间内，项目在该国人员需重点防范相关风险。

4　项目应对措施

针对面临的潜在社会安全风险，项目采取了建运体系、正向沟通和反向防御的社会安全管理策略。其中，建运体系是建设和运行社会安全管理体系，推动项目社会安全管理标准化；正向沟通是基于本质安全理念，最大程度地发扬有利因素，消弭不利因素，为项目员工提供由内向外、和谐安全的工作和生活氛围；反向防御则是为应对正向沟通失效或极端紧急情况采取的预防性和应急处置措施。

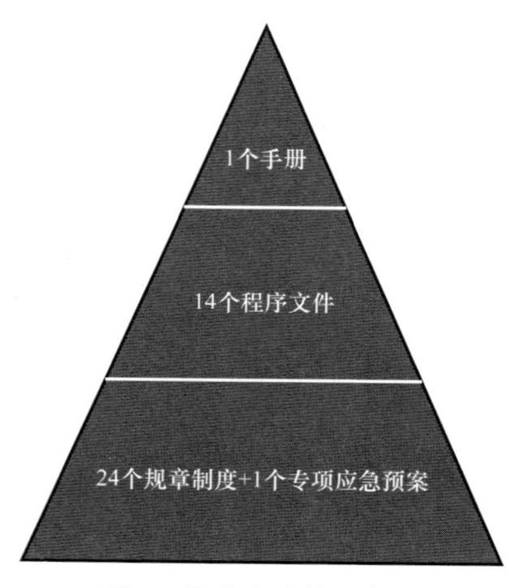

图 1　社会安全管理体系

4.1　建运体系

项目自 2016 年开始按照集团公司标准建设项目社会安全管理体系。通过项目实施访谈、现场调研和全员参与，按计划分两阶段完成了体系开发和建设。2017 年 12 月 20 日，项目正式签发总经理令，发布和实施社会安全管理体系。

项目社会安全管理体系包含 1 个手册、14 个程序文件、24 个规章制度和 1 个专项应急预案（图 1），完善了社会安全管理机制（图 2），明确了管理职责，适用范围涵盖项目人员在该国工作、生活的方方面面，管理要求涉及工作外、旅程、驻地、出行安全等环节，并在持续完善过程中。

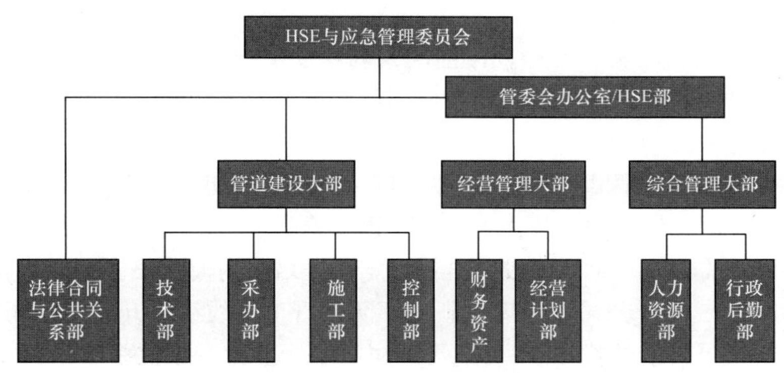

图 2　HSE 安全管理体系

4.2　正向沟通

4.2.1　固化政府沟通

自 2013 年 9 月，天然气管道项目启动以来，先后成立了“建设期高层协调委员会”和“中国石油在该国协调领导小组”，建立企业和政府部门间的官方沟通渠道，对项目前期准备过程中的问题和难点进行及时沟通、协商和解决，保证项目实施尽在两国政府和企业的“掌控”之中，实现了最大程度的合作与谅解，得到了该国政府的全过程支持与配合。

4.2.2　强化民众沟通

项目在实施环境影响评价阶段，按国际通用标准，通过组织听证会、媒体发布和调查问卷高质量完成公众参与。向管道沿线居民充分介绍管道选线、设计、建设和运营情况，分析项目实施给周边民众带来的好处，潜在的生态环境影响和补救措施，听取沿线民众的意见和建议，并在项目设计中予以采纳和优化。

4.2.3　团结当地员工

项目公司强调依法用工观念，严格遵守该国劳动法律法规。公司在引进高素质外国专家的同时，也结合该国当地实际和公司人才需求，认真研究当地人才在文化素养、知识结构、技术技能水平方面的特点，制定了切实可行的员工本土化推进模式和实施方案。2015 年 9 月和 2018 年 4 月，先后选派 11 名当地员工赴中国参加上海合作组织成员国公共行政管理研修班和防恐研修班，学习先进的项目管理经验。鼓励属地化员工参加培训，公司提供培训经费，累计支持和鼓励 37 人次参加了财务、法律、计算机、税收等方面的 19 项职业技能培训并取得相应资格证书。利用企业内部资源，组织外国专家分 8 个专题，为地员工普及管道建设和管理知识，强化技能提升，满足岗位需要。在 QHSE 体系制度中，专门设置 improvement report 报告制度，随时听取外方员工关于公司管理方面的意见和建议，并设置年度“优秀建议奖”予以鼓励。

疫情期间，项目公司充分履行企业责任，建立中外一体化防疫体系，截至5月底，已累计向当地员工发放人均100个口罩，持续开展防疫知识和技能培训，根据形势及时发布防疫温馨提示，实施每日零报告、健康日报和流行病学背景调查信息报告制度。

4.2.4 履行社会责任

2017年7月，为积极参与本土社区活动，创建友善和谐社区关系，树立在当地政府、居民心中的良好口碑，塑造值得尊重的企业形象，项目向该国某儿童福利院捐赠部分卫生清洁用品，合计约1400美元。

天然气管道项目是两国共同推进的“一带一路”能源战略项目，项目建成后将是该国管径和输量最大的现代化和智慧化天然气管道。着眼于未来的管道运行管理需要，天然气管道有限公司提前规划，采取“校企合作、定向委培”的模式，为未来培养和储备当地专业人才。2018年5月，公司总经理关新来率队赴管道沿线组织开展了3场招生宣讲会，依据中国留学生招录要求选拔了30名优秀应届高中毕业生，派往中国的西安石油大学进行为期4年的油气工程专业本科学习，学成后到天然气管道有限公司驻吉国分公司从事管道运行管理工作。现在这一批留学生已经完成了预科班的学习转入专业学习。

针对本次疫情，项目公司拟于近期向吉卫生部捐赠3万只一次性防护口罩、3万一次性防护手套，200个检测试剂盒，用于抗击新冠疫情。

2020年2月26日，该国国家移民局局长等一行专程来到中吉项目公司，向公司总经理关新来颁发感谢信，对项目公司在该国积极履行社会责任，创造劳动就业，培养本土人才，带动行业技术进步等方面的贡献给予高度评价，同时对公司针对新冠肺炎疫情所做的积极贡献给予充分肯定。

4.2.5 宣传良好形象

项目前期工作实施过程中，项目多次通过当地媒体发布项目实施节点、深化双方合作、履行企业职责方面的信息，树立项目公司和中国石油在该国良好形象。

疫情期间，项目公司每日根据中国官方口径向全体员工推送中俄文中国疫情通报，引导当地员工不夸大、渲染疫情，不发布与政府信息相悖的信息和言论，传播正能量。

4.3 反向防御

4.3.1 完善四防措施（图3）

（1）加强人防措施：

① 办公楼安排5名保安，每个楼层2名保安，停车场1名保安，严格执行访客出入登记制度。

② 中方驻地安保力量为：6名保安环护中方驻地，3名内务部武装警察，实施24h联防。

（2）改造物防措施：

① 中方驻地围栏全部安装遮挡板，周界上方加装了铁丝网；驻地宿舍楼层安装安防门；房间内玻璃加装防爆膜。

② 驻地南侧周界外面安装了17个防撞隔离水泥花坛；四个周界大门改造完成：在驻

地正南门和东侧门设置了防御车辆突闯的缓冲及防撞水泥墩、可移动拒马；西侧门加固封闭，内侧设置防撞水泥墩和铁拒马；北门（备用通道）加固上锁，内侧放置可移动铁拒马。

③ 完成中方驻地地下室改造，设置防恐应急躲避室改造。

图 3　完善四防措施

（3）强化技防措施：

① 驻地设置 CCTV 监视系统，现设置 1 个总监控室，2 个保安亭视频终端，共安装 62 个摄像头（包含周界摄像头 24 个，室内摄像头 31 个，地下室摄像头 7 个），保证全方面覆盖；门卫和宾馆前台设置应急情况下与内务部、保安公司联动的一键驰援系统；院围墙安装红外防侵入报警系统。

② 加强人员出入管理，增设人员安检系统和访客管理系统，安检通道用集装箱已经改造完毕，保安视频监控终端投入使用，安检通道用 X 光包裹安检机已经投用，可视对讲系统安装完成、指纹门禁系统投入试运行。

③ 应急广播系统已安装完毕，已投入使用，访客系统俄语语言导入完成，已投入使用。

④ 加强驻地出入车辆管理，配置了车底检查镜（图 4），对进出所有车辆实行上车及后备厢检查。

图 4　车底检查镜

⑤ 配备 2 部海事卫星电话和 2 部对讲机。

⑥ 加强保安监督管理，增设了电子巡更系统。

（4）完善信息防措施：

成立中国石油在该国协调领导小组和社会安全信息搜集小组，加强与使领馆、能源部、当地社区、安保公司、当地员工的沟通联络，随时监测当地舆情，收集信息，保证信息预警和应急联动。建立中国石油在该国项目联络群，加强信息交流，实施社会安全联防联控。

充分依靠和发挥当地员工的主观能动性，以当地员工为媒介第一时间收集可能对项目公司不利的社会信息，及时研判并采取应对措施。当地员工在接受到项目公司一系列培养和关怀的同时，也充分认识到项目公司的安危关系到个人的利益和前途，因而在社会安全信息收集方面主动配合，起到了积极的防御作用。

4.3.2　设置避难室

通过对宿舍楼和食堂两个地下室进行安全改造，建成项目驻地防恐避难室。安装具备一定防冲击等级的安防门；在安防门内外安装对讲系统；在地下室房间配置储物货架，存储食物、饮用水、急救包、防毒面具和防火面具等应急物资；接入网络和手机信号，设置座机和卫星电话；进行通风改造。打造避难室在遭受子弹射击及物体撞击时 20min 不被攻破的抗冲击力，为人员应急躲避，等待救援提供临时“安全屋”。

宿舍楼地下避难室示意图如图 5 所示。

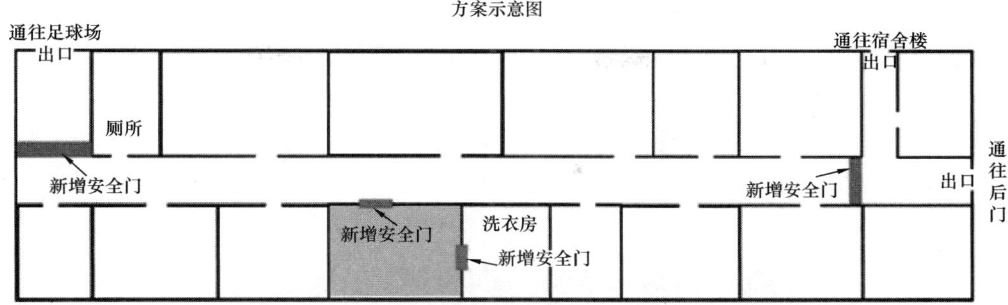

图 5　宿舍楼地下避难室示意图

餐厅地下室安装位置示意图如图 6 所示。

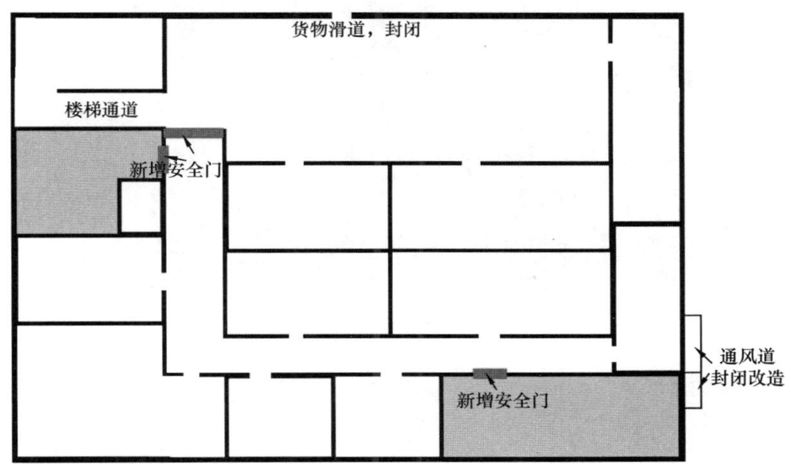

图 6　餐厅地下室安装位置示意图

应急物资储存情况如图 7 所示。

图 7　应急物资储存情况

4.3.3 应急培训和演练

自 2015 年编制发布《中吉天然气管道项目社会安全专项应急预案》以来，根据安防形势，先后三次修订预案，并第一时间进行预案培训。

2016 年起，对项目人员实施每年两次实战型防恐避难演练（图 8），每次实施全员演练，开展演练评估，对应急预案和流程实施完善，并开展再培训（图 9），持续增强项目人员的应急处置能力和意识。

图 8　防恐避难演练

图 9　预案再培训

5　不足与改进分析

分析项目在开展社会安全管理及其相关工作方面的不足，主要是企业履行社会责任能力有待进一步增强。

项目目前处于前期准备阶段，在项目尚未开工阶段，能够为 30 名当地高中生提供定向委培、中国留学的机会，已属难能可贵。但就服务于两国合作，优化驻该国环境，保障人员安全的目的而言，项目履行社会责任的形式还应该再丰富一些，效率还应该更高效一些。

以本次疫情期间捐助该国防疫物资为例，由于报关程序繁琐，耽搁了物资转运时间，实际捐助时机已落在其他在该国中资企业的后面，未在最佳时机完成捐助。

系统整合　强化培训　量化审核 推进 HSE 管理体系有效实施

■ 中缅油气管道项目公司

1　企业开展 HSE 体系建设经常遇到的问题

一是体系文件上的“两层皮”。多数企业由于历史发展原因，存在着规章制度、HSE 体系、内部控制、社会安全体系等多套规范企业生产经营管理的文件。由于上级归口部门和企业内部部门职责分工等原因，这些文件分属不同的上级部门和企业内部部门管理，因而不可避免地造成政出多门、交叉矛盾、缺乏系统管理等情况，根源上造成企业安全环保管理制度上的“两层皮”。

二是体系执行上的“两层皮”。企业中层及以上管理干部，缺乏 HSE 体系管理思路理念培训，没有深刻认识理解体系标准的系统性和科学性，以及 HSE 体系对企业生产经营风险管控的系统性和有效性。企业建立的体系文件只是用来应对第三方认证审核和上级审核，具体干工作习惯靠个人经验来管理，造成编写好的体系文件束之高阁，没有得到有效落实，甚至员工根本不知道体系文件写了什么，更别谈体系文件的持续改进了。

三是体系审核上的“两层皮”。由于上述两个问题的存在，必然造成企业内外部审核人员难以开展行之有效的体系审核。上级审核部门不了解企业具体管理文件，习惯于按照通用的上级考核标准进行审核；企业内部审核人员大多凭主观经验到现场进行检查审核，而不是对标企业已有体系文件进行审核，难以切实检查体系执行过程中存在的问题并加以持续改进，体系审核或者安全检查发现的问题，仅仅是“纠正”而已，没有系统地研究“预防措施”进行标本兼治的整改，最终造成体系运行效果大打折扣。

2　中缅油气管道项目 HSE 体系建设具体做法

一是系统整合多套管理体系，搭建唯一的综合管理体系。在现有 HSE 管理体系的基础上，按照系统思维和过程方法，结合企业生产经营实际，对照选取质量、健康安全、环境管理体系国际标准各级要素，以系统整合企业现有 HSE 体系、规章制度体系、社会安全管理体系为目标，同时参照上级部门体系标准，对现有 HSE 体系架构进行梳理完善，策划搭建了涵盖一级要素 8 个、二级要素 38 个、三级要素 66 个的综合管理体系架构，进一步明晰体系要素与部门职责及体系文件的对应关系，在全面危害辨识和风险评价的基础上，策划编制管理手册 1 个、体系文件 240 个的综合管理体系文件；按照“横向到边，纵向到底”和“有业务，有规定”的原则，系统整合项目生产、经营、安保现有的各项体系文件和规章制度，搭建了全面覆盖中缅油气管道项目生产经营各项业务的综合管理体系，解决体系文件“两层皮”问题。

二是开展体系文件审核提升工作。结合中缅管道实际，对标国内同行经验做法，对体系文件进行全面审核修订和增补，从文件层面提升管理水平。同时，组织开展中国及缅甸法律法规识别梳理工作，不断完善适用法律法规清单，将法规要求引入体系文件中，提升项目生产经营活动的合法合规性管控水平。全面开展项目技术标准体系搭建工作，与上级部门有关规划对接，梳理识别各项标准规范。对于同一业务不同层级相互重叠、交叉的技术标准，按条款进行甄别选用，并引入具体体系管理文件之中。

三是强化 HSE 培训及体系文件培训达标考核工作。一方面积极派员参加上级部门组织的各类 HSSE 专项培训，邀请内外部专家采取视频培训、现场培训方式开展 HSSE 体系管理思路方法等的培训，提升全员对 HSSE 管理体系的认知。另一方面，在各部门和单位选拔骨干以内审员培养方式进行强化培训，再由其对本部门和单位人员进行培训带动，达到“以点带面”效果。再者，以岗位履职能力达标考核为抓手，开展全员综合管理体系文件学习培训与达标考核工作，促进全员“学体系、用体系”习惯的养成，推进全员认知体系、学习体系、执行体系，从而解决体系执行“两层皮”问题。

四是实施综合管理体系量化审核及持续改进。结合综合管理体系文件的修订完善，分业务、分专业、分要点同步形成可量化评分的体系审核检查表并实现信息化管理；持续开展内审员培训，提升审核员综合素质，引入外部专家指导审核，提高审核效率和审核质量；强化内审工作组织策划，全年审核覆盖全要素、全部生产经营活动，组织机关各业务部门积极参加审核，结合量化审核结果对全要素实施情况进行统计分析形成审核总结报告。通过体系审核、各级检查、事故事件发现的问题，对体系文件进行持续改进，推动综合管理体系有效实施，真正为公司生产经营保驾护航。

五是完成 HSE 体系管理平台建设。运用信息化手段，按照“文件管理、工作指引、标准规范、法律法规、风险管控、量化审核、隐患管理、作业许可、应急管理”九大模块完成了适应项目管理需要的 HSE 管理信息平台建设工作。实现体系文件的编制、修订、审核、发布、培训、考核，法律法规的辨识、梳理、映射、查阅、更新，标准规范的辨识、梳理、查阅、更新，体系审核的量化、统计、跟踪，隐患管理的统计、更新、跟踪、关闭等的全信息化管理。实现体系管理全部资料的全信息化管理，使现有体系管理工作更加规范高效和便于使用。

HSE 体系建设，只有起点没有终点。中缅油气管道项目以强烈的责任感和使命感，持续提升项目 HSSE 管理水平，创造良好 HSSE 业绩，为建设国际一流的专业化管道公司做出新的贡献。

Produced Water Treatment Using Bioremediation Systems

■ 中油国际（苏丹）六区项目公司

【Abstract】This paper is about the produced water bioremediation project in Petro-Energy E&P Co. ltd. Oil production process produce certain amount of water which is originated from formation water. This water is polluted with oil and other chemicals and this pollution is either from the formation itself or from the chemical added during process. This water is considered as the largest amount of waste generated in oil production activities. The regulator body-government authorities-normally requires certain discharge limits to be met before disposal. These limits are related to oil content, heavy metals, pH and salinity. To meet these discharge limits, oil operating companies invest on a suitable treatment system based on the available feasible options. Petro-Energy management conducted evaluation of different options with reference to the experience of other companies in Sudan. Moreover, the company initiated a pilot project for produced water bioremediation for three months to confirm the viability of the system. After the pilot project results were achieved successfully, the company started a field scale project for Baleela CPF and Moga FPF. Later on, Jake field produced water bioremediation system was added.

Here in this paper, the experience of about nine years of work on the produced water bioremediation is summarized. However, the paper is industry approach paper and not a scientific paper, therefore, more focus is given to engineering, process, project input and output results and there are no details of chemical or biological processes. The challenges and opportunities of project implementation are discussed in the paper as well as the conclusion.

1 Introduction

1.1 Project background

According to government of Sudan environmental management requirements, for any large scale project environmental approvals and permissions must be secured before starting the project. Petro-energy is aware about these requirements and submitted the supporting documents and related studies such as Environmental and Social Impact Assessment study, ESIA to respective authorities.

The government related authorities ; Ministry of Energy and Mining, MEM, general Directorate for Health, Safety and environment, GDHSE has given approval to the project. Accordingly, Petro-Energy Company contracted Forests National Corporation (FNC), under Minster of Agriculture and Forests, to design and operate the produced water bioremediation projects in Baleela CPF, Moga FPF and Jake FPF and to utilize the treated produced water for forest plantation.

Since 2012, Petro-Energy Bioremediation system still in operation and complies to the GDHSE guidelines and standards of discharge limits and currently around $1.8 \times 10^6 m^2$ of forest area has been planted with more than 300 thousand trees using treated produced water. In addition to that there are around 2.5×10^7 pwbbl/year ($4.2 \times 10^6 m^3/a$) treated via bioremediation in Baleela CPF, Moga FPF and Jake FPF.

It worth to mention that before 2012, Petro-energy was using the evaporation pond system to store produced water and practice oil skimming operations from ponds. After CPF Bioremediation system operation in 2012, no more ponds were needed and the system managed to utilize all produced water safely.

1.2 Principle of bioremediation or phyto-remediation

Phyto-remediation is the process of removing contamination (mainly organics) from soil or water using plant. Plant root takes contaminants from the ground into the body of the plant. The soil supports large population of diverse microorganism, this is due to chemical exuded by plant root which provide carbon and energy for microbial growth.

There are two major biological activities take place in the system ; the first one is the aerobic activity which is supplied with oxygen, from the plant roots of the reed (*phragmiteaustralia*), and the second one is the anaerobic activity which prevails in some distance from the roots. However, both activities work simultaneously to degrade the organic load (oil) from the produced water. Figure 1 shows the route zone of phrgmiteaustralia and Figure 2 shows the exchange of oxygen and nitrate at the route zone of phrgmiteaustralia.

Figure 1 Sketch of the route zone of phrgmiteaustralia

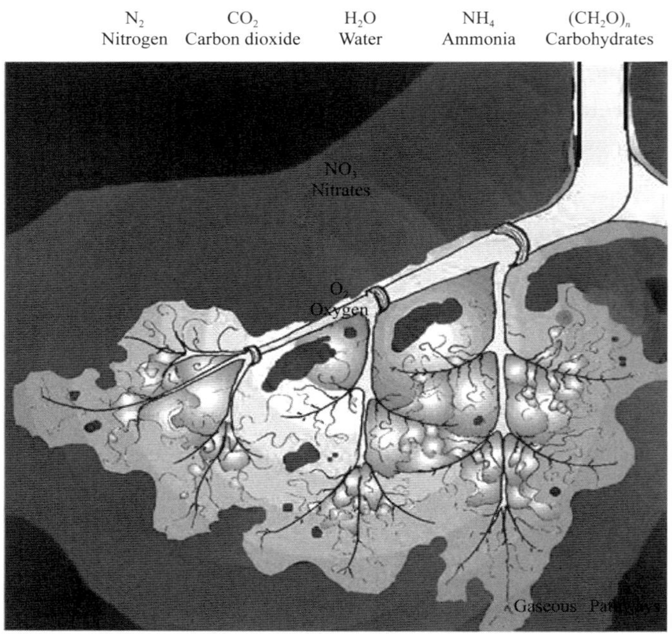

Figure 2 Exchange of oxygen and nitrates at the route zone of phrgmiteaustralia

1.3 Project details

Table 1 Project details

Project Name	Produced Water Bioremediation for Baleela CPF, Moga FPF and Jake FPF
project duration	June 2012 until May 2020 (continue)
project design capacity	CPF (40kbbl/d), Moga (20kbbl/d) and Jake FPF (40kbbl/d)
project locations	SUDAN : West Kordofan State : Baleela CPF, Moga FPF, Jake FPF
project owner	Petro-Energy E&P Co. Ltd
respective government authority	Ministry of Energy and Mining
project consultant	Forest National Corporation- Ministry of Agriculture and Forests-Gov. of Sudan
project construction contractors	Construction contractors mainly earth moving contractors
project main phases	Design, Construction, Commissioning, Operation, Maintenance and Monitoring

2 Project objectives and benefits

The project key objective is to treat produced water from oil contamination in three different fields using the bioremediation method to meet the Government of Sudan Standard water quality requirements for safe disposal of produced water.

After meeting the required water quality standard, the project is meant to use the treated water for the irrigation of forest trees for woodlots production and Gum (Arabic) . Forest trees are planted to consume the treated water and also in some areas the native forest trees are irrigated with treated water to stay green all year around.

In addition to that, the project eliminates the need for more land for the storage of produced water such as evaporation ponds. And therefore, reduces the cost for the construction of more evaporation ponds and the land compensation constrains.

Mitigation of the environmental impact of the un-treated produced water on surrounding environment and natural resources ; livestock is also achieved.

In terms of ecology safe keeping, the project improves and increases the vegetation cover in the area to compensate the amount of forest trees which was removed during the land preparation for the oil operation and exploration activities. Beside, working environment is improved for company and for local community through creating green areas and landscapes. For air quality objective, the project aims to balance the air emission and to reduce CO_2, air temperature and dust.

Other socioeconomic benefits from project are related to increase of local income via creation of jobs, the value of forest wood and production of gum. The project has no interest at the moment to produce edible products considering the health hazards for producing food while irrigating with contaminated water. Further toxicology studies and in depth investigations could be conducted to evaluate the option for producing edible fruits and to obtain strong evidence for the safety of these food products for human and animals.

3 Produced water bioremediation project components

Similar to any water treatment process, the produced water bioremediation starts with simple physical treatment processes to skim out the oil and debris from water surface. This process takes place in the oil skimming ponds which are designed to cool produced water temperature and to allow for physical separation of water from oil. After the surface oil skimming, the water flow via gravity to the retention ponds or the evaporation ponds where further physical separation and water evaporation take place.

The reed beds receive produced water from these evaporation ponds where the biological treatment processes take place. After water treatment is achieved, produced water flows into irrigation canals ; main canals and sub canals and then flows to the forest compartments. Water flow regime depends on gravity and there are no water pumping processes in this project.

In between the project different components there are hydraulic structures ; valves, weir gates and water regulators. The project also has its own forest trees seedlings production nursery to produced forest plants for all the project areas and for community support as well.

For emergencies, there are water backup storage ponds systems to protect the project from overflow to surrounding lands. During rainy seasons or during the high water production rates, these emergency storage ponds are used as surge tanks. Figure 3, Figure 4 and Figure 5 shows the project components.

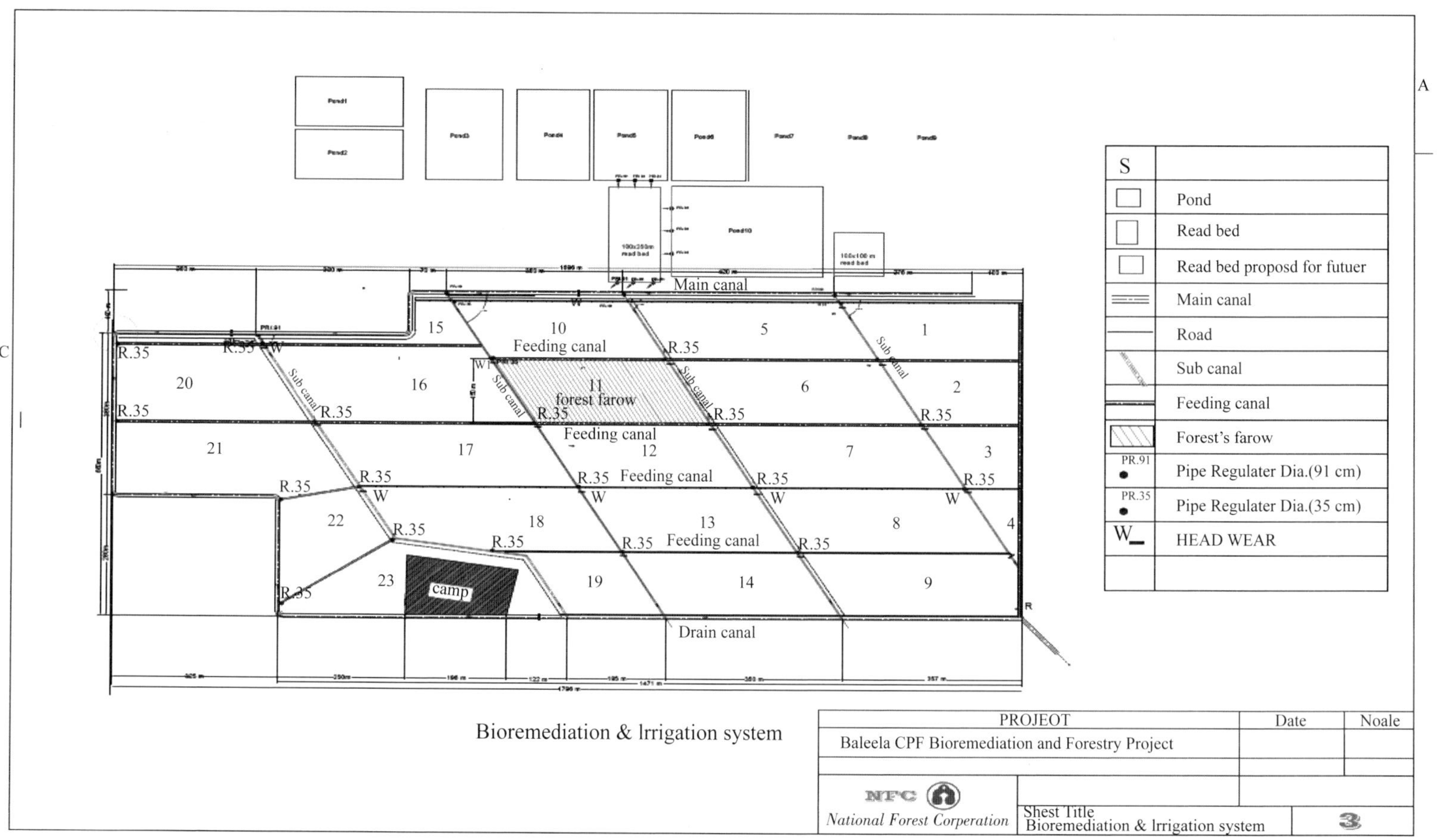

Figure 3 CPF design layout for treatment of CPF produced water

Figure 4　CPF system layout for treatment of CPF produced water

Figure 5　Arial photos in 2017 for CPF forest area

3.1　Project manpower

Excluding the engineering and construction phase, the project manpower is required for operation, monitoring and maintenance of the project. This work force is stationed in fields on daily bases to look after the project different components. There are specific job descriptions for each member of the work force under direct supervision of field supervisors. For each field, there is one project coordinator in office and in field (back to back) ; there is one forest officer, sixteen casual labors, two nursery technicians and a driver.

4 Produced water bioremediation system design criteria

Similar to any water treatment project, the system design requires input parameters and output requirements. These output requirements are related to the regulator requirement (according to the regulations for protection of the environment in the petroleum industry in Sudan 2002) . Input parameters are mainly related to field production capacity, available land space and outlet water quality parameters. There are some other key parameters related to soil quality, climate conditions, land topography and land slope. Socio-economy and local community expectation and acceptance to the project is also important factor. The design output includes the following details :

A. Design Output

(1) Design of Reed Bed ; size of reed bed-Dimension (area and depth as well as side soil dikes) .

(2) Design of Irrigation System ; Main canals, sub canals, hydraulic structures, pump capacity and other irrigation requirements.

(3) Design of Forest Area ; Adequate area of forest and forest compartments layout.

(4) Types of suitable forest trees and plantation plan.

(5) Details of backup storage, drains and recirculation systems.

(6) Operation and Maintenance Plan and system Irrigation program.

(7) Monitoring Program and KPIs.

(8) Reporting Procedure and work instructions.

B. Environmental and Social Impact Assessment Study, ESIA

Before project implementation, a standard ESIA to evaluate the project impact and benefits is required. For this project the ESIA include baseline description, evaluation of impact on land, vegetation cover, wildlife, ecology and socio-economy. Every five years the ESIA is reviewed and validated to ensure the environmental baseline conditions are improved or at least maintained to its original conditions. At this stage third parties such as NGOs and government agencies are involved in the evaluation process.

5 Phases of project implementation

After the design and the Environmental and Social Impact Assessment phase, the construction and commissioning take place. It takes few months to complete the project and the duration is based on the project scale. After construction and commissioning, the water is introduced to the system and project operation and monitoring start.

5.1 Construction work–phases

Normally, reed beds are constructed and planted first ; to allow reeds to grow for at least four to six months before the produced water could gradually be introduced to reed beds. Reed bed construction includes land leveling, outlet and outlet water flow system construction and soil dike construction.

The construction of main canal and sub–canals include some excavation work and canal dike construction works as well as the hydraulic structures installations. It is very important to ensure the level during construct the main canals and sub–canals to avoid water blockage or canal erosion due to high water velocity.

Normally, forest plants are planted in the nursery for a while before it could be transplanted to the forest compartments. Before this, Forest land preparation takes place with Land leveling and furrow construction. Forest ditchers are used to construct the forest compartments and this is considered to be about（60 to 80）% of the project land–space.

The construction of hydraulic structures and water regulators along the different system components are highly dependent on the proper leveling to ensure smooth flow of water from system inlet to the last point of forest land. There are some occasions where the water could not reach certain spots in the forest area if hydraulic structures are not leveled properly.

Nursery Construction includes steel structures, plumping works and concrete floors. Fence Construction includes excavation, installation of fence posts and installation of barbed wires surrounding the project boundaries.

Figure 6 Arial Progress photos of CPF BR System–Construction

Figure 7　Construction progress photos of CPF BR system–Reed development

Figure 8　Forest land preparation

Figure 9　Fence construction

Figure 10　Management follow up for project

5.2　Project commissioning, operation and monitoring

Immediately, after construction completed the produced water is introduced to the reed beds which were already planted earlier. Water flow is then regulated through reed beds, main canal and sub–canal to the forest area.

Water quality sampling and monitoring takes place every day. It's noted that, oil content in water is too high at the processing facility outlet with 700 ppm to 500 ppm. Due to skimming operation considerable amount of oil is recovered. Accordingly, oil content at the inlet to pond number one is around 200 ppm to 100 ppm. From pond number one to the Reed Bed (RB) inlet there is considerable decrease of oil content in water due to skimming operations ; oil content could reach up to 50 ppm in average at the RB inlet.

Figure 11　Commissioning the project ; introducing the water to RB

Lagoon or evaporation ponds are designed to reduce oil content and water temperature gradually until it reach low levels at the RB inlet. It is important to mention that, connection pipes between ponds are placed at lower levels to allow clean water to flow to next pond and keeps floating oil behind. A valve system is installed at these pipes to regulate siphoning process efficiently.

Inside RB, the oil starts to degrade due to biological activities as described in previous sections. Based on the water quality results produced water is regulated until water quality is suitable for irrigation of forest. Weir gates and valves are used to regulate produced water through the system different elements to allow for more retention time inside RB if required to allow for more biological process to treat oil.

Figure 12　Forest progress

Figure 13　Forest benefits for local communities

5.3 Monitoring and reporting

Water quality monitoring is very important activity for the project as it gives the indication of the system performance and efficiency. The sample locations and monitoring parameters are identified during the design stage. In our project, samples are taken from First Pond, Reed Bed Inlet, and Reed Bed outlet/forest.

There are some parameters which are analyzed daily such as oil in water, Temp, TDS, EC and water pH. The heavy metals content of the produced water is tested every three months. Also the groundwater is monitored every three months to ensure there are no changes in water quality from baseline.

According to the requirement, reporting is done daily, weekly and monthly including : Water quality Results–compared to SSMO standard permissible limits, Water quantity passed through the system, activities ; number of planted trees, number of seedlings prepared in nursery, construction and develops. The HSE KPIs as well as details of manpower and material are also described in the daily and monthly reports.

All these monitoring activities are conducted through the third party and the company only provides the required water analysis kits.

6 Petro-energy project performance

6.1 Oil content treatment

As mentioned earlier, the oil content is the main pollutant of the produced water in this project ; therefore the treatment system performance efficiency is evaluated against the results of treating oil content. Statistics of past three years were used to demonstrate the system performance with oil pollution. Oil content reduces from approximately, 200 ppm in pond one until it reaches below one ppm at the forest area inlet. The outlet oil content is far below the regulator standard limits.

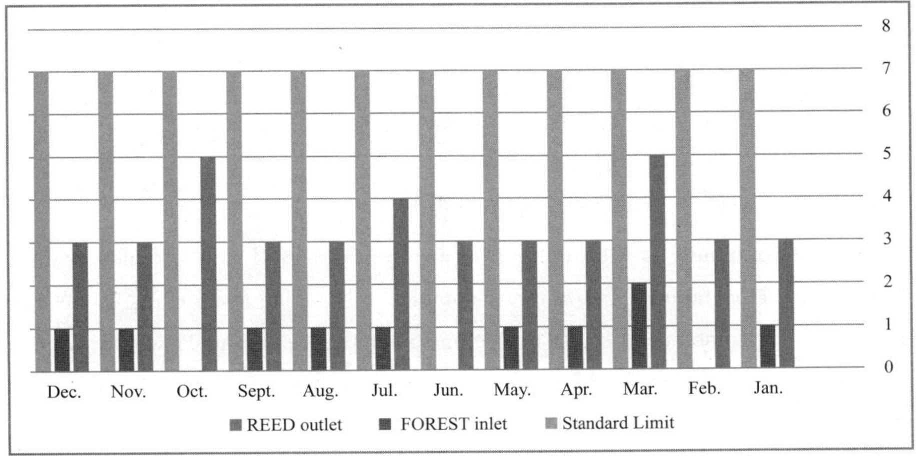

Figure 14 Baleela CPF PW BR oil in water（ppm）2019

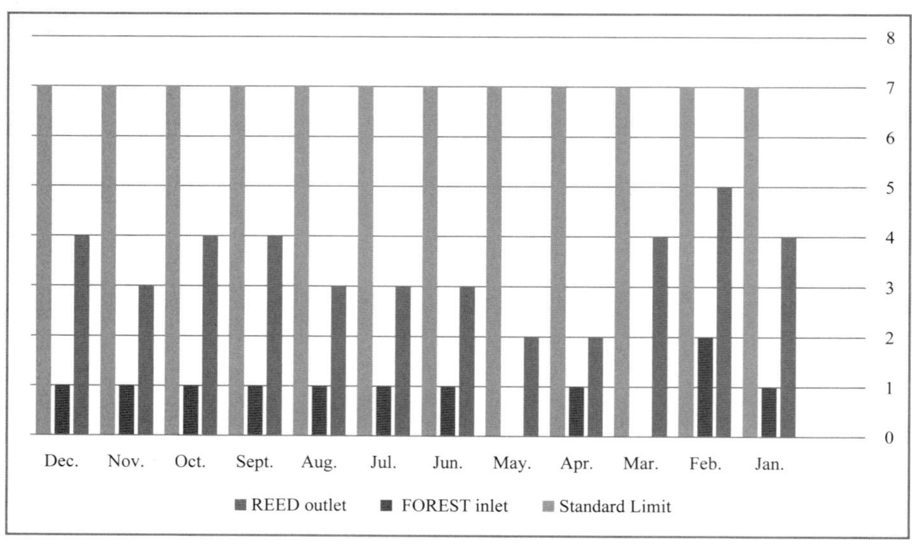

Figure 15　Baleela CPF PW BR oil in water（ppm）2018

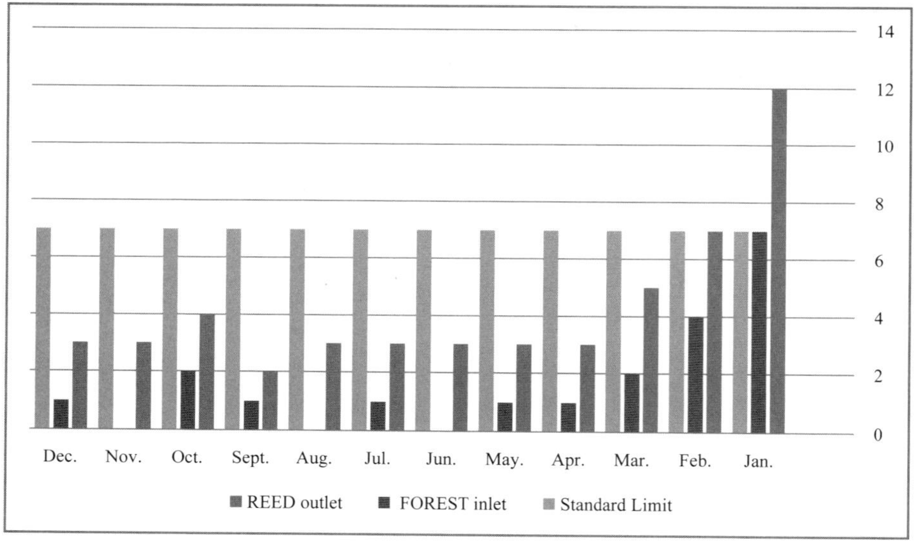

Figure 16　Baleela CPF PW BR oil in water（ppm）2017

6.2　Heavy metals，pH，TDS and EC treatment

The system performance for the treatment of heavy metals and salts are also evaluated based on available records. Fortunately，heavy metal content，pH，TDS and EC in PE PW have always been far below the Sudan standard limits before and after the treatment. However，after treatment the following is observed. Iron（Fe）increases because the Fe is observed highly in native soil. Calcium Ca，Sodium Na，Potassium K，Total Dissolved Solids TDS and other soluble salts increase slightly due to the high evaporation rates through the system but these salts are expected to be consumed by forest plants uptake. The system has no effect on Magnesium, Mg, Manganese Mn, Cobber Cu, Nickle Ni and Zink Zn, they remain almost the same after treatment considering their slight concentrations at the inlet.

The pH is adjusted through the system because of the continuous aeration processes that take place while water Flow (laminar/turbulence) through the system up to forest area.

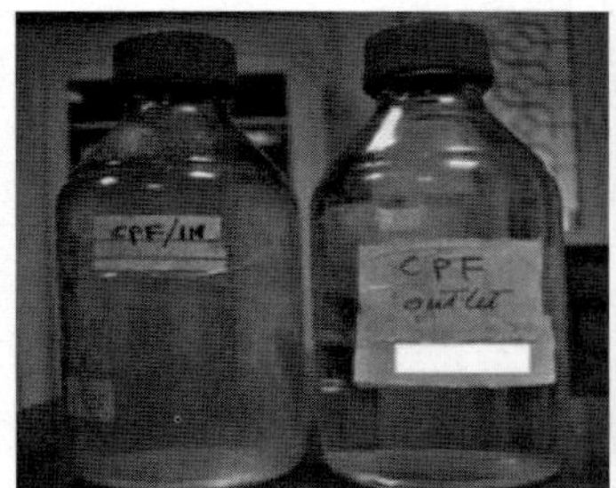

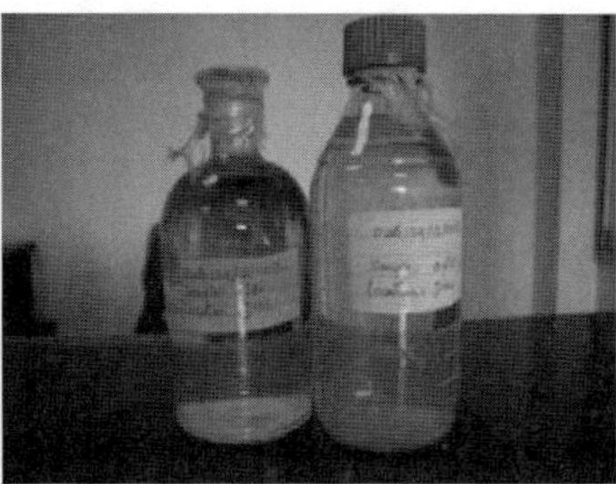

Figure 17 Bioremediation system performance-water samples from fields

University of khartoum
Institute Of Environmental Studies
P.o.box: 321 Khartoum -sudan Tel: 015291221

27/1/2019

Analysis of Ecological Materials

Type of Material : Water Samples of Boreholes and Bonds

No. of Samples: 7

Result:

No.	Parameters & Unit	Borehole Camp 1 Moga	Borehole Camp 2 CPF	Borehole Operation 1 Jack	Out let Jack	In Jack	In Moga	In Moga RB
1	pH	6.99	6.95	7.19	8.19	8.17	8.30	7.97
2	ECμ S^{cm}	163.4	121.4	146.6	854.0	708.0	529.0	424.0
3	TDS mg/l	69	57	69	412	337	249	201
4	Salinity %	0.10	0.10	0.10	0.40	0.30	0.20	0.20
5	Oil & grease mg/l	0.21	0.42	0.36	0.33	0.34	0.41	0.33
6	Mg mg/l	0.71	0.90	0.86	0.56	0.60	0.66	0.59
7	Mn mg/l	0.12	0.22	0.20	0.21	0.19	0.22	0.18
8	Cu mg/l	0.36	0.21	0.09	0.03	0.05	0.09	0.10
9	Ni mg/l	0.98	0.29	0.53	0.09	0.10	0.10	0.08
10	Zn mg/l	0.10	0.08	0.07	0.08	0.06	0.10	0.09
11	Fe mg/l	0.46	0.71	0.50	0.79	0.30	0.27	0.71
12	Ca mg/l	0.75	0.56	0.66	0.39	0.40	0.44	9.44
13	Na mg/l	1.73	1.30	1.45	6.13	5.67	7.01	4.34
14	K mg/l	0.25	0.25	0.85	0.96	0.89	0.73	0.73
15	SAR	2.04	1.51	1.66	8.89	8.01	9.45	6.05
16	T.S.S mg/l	2.02	2.11	[illegible]	1.92	1.56	2.01	2.12

Dr. Zeinab Osman Saeed
Lab. Coordinator

Ahmed Abdel Rahim El Siddig
Chief Technician

Figure 18 Bioremediation system performance-heavy metals, pH, TDS and EC

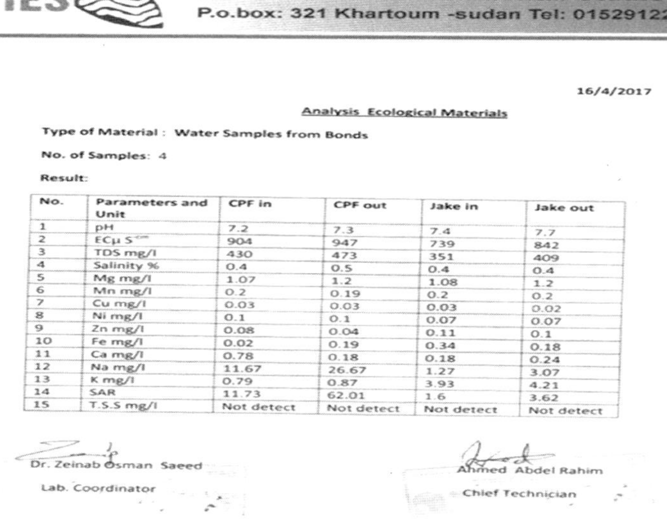

University of khartoum
IES Institute Of Environmental Studies
P.o.box: 321 Khartoum -sudan Tel: 015291221

16/4/2017

Analysis Ecological Materials

Type of Material : Water Samples from Bonds

No. of Samples: 4

Result:

No.	Parameters and Unit	CPF in	CPF out	Jake in	Jake out
1	pH	7.2	7.3	7.4	7.7
2	ECμ S^{-cm}	904	947	739	842
3	TDS mg/l	430	473	351	409
4	Salinity %	0.4	0.5	0.4	0.4
5	Mg mg/l	1.07	1.2	1.08	1.2
6	Mn mg/l	0.2	0.19	0.2	0.2
7	Cu mg/l	0.03	0.03	0.03	0.02
8	Ni mg/l	0.1	0.1	0.07	0.07
9	Zn mg/l	0.08	0.04	0.11	0.1
10	Fe mg/l	0.02	0.19	0.34	0.18
11	Ca mg/l	0.78	0.18	0.18	0.24
12	Na mg/l	11.67	26.67	1.27	3.07
13	K mg/l	0.79	0.87	3.93	4.21
14	SAR	11.73	62.01	1.6	3.62
15	T.S.S mg/l	Not detect	Not detect	Not detect	Not detect

Dr. Zeinab Osman Saeed
Lab. Coordinator

Ahmed Abdel Rahim
Chief Technician

Figure 19 Bioremediation system performance-heavy metals, pH, TDS and EC

6.3 Bioremediation system performance-sudan standards limits

Table 2 Produced water standard limits according to the regulations for protection of the environment in the petroleum industry in Sudan 2002

Parameter	Standard average limit for produced water in Sudan, mg/L
Oil and grease	7～1300（200）
Chemical oxygen demand（COD）	180～580
Total suspended solid（TSS）	20～400（400）
Total dissolve solid（TDS）	1200～1200
pH	6～9
Chromium	2.4
Copper（Cu）	0.4
Zinc（Zn）	5
Iron（Fe）	1.0
Cadmium（Cd）	0.7

continued

Parameter	Standard average limit for produced water in Sudan，mg/L
Nickel（Ni）	0.4
Phenol	50
BOD	120～340
Mercury（Hg）	0.1
Lead（Pb）	0.2
Total organic Compound（TOC）	30～1600（400）

6.4 Bioremediation system performance-forest

During past years，the forest trees planted in the system indicates the performance of using the treated produced water. The number of trees against water quantities and the different types of trees planted in the forest area were recorded. Plant health and growth is also used indication for the forest performance. Figure 20 shows forest area and reed bed progress during past years.

Table 3 Records of forest trees and water quantities

Location	Area	Number of trees planted	Types of forest trees
Baleela CPF forest	440000（m^2）	More than 112000 tree	Mahogany，Neem trees *Azadrichtaindica*，Eucalyptu，Damass，Hashab A.senegal，Talh A.seyal
Jake FPF forest	651000（m^2）	More than 162750 tree	
Moga FPF forest	672000（m^2）	covered by high density of different indigenous（local）species	Anogeissusleiocarpus，Combretumhartmannianum，Sclerocaryabirrea. Prosopisafricana，Tamarindusindica and Acacia polyacantha. Piliostigmareticulatum and Guierasenegalensis occur also in abundance. Adansoniadigitata，Dalbergiamelanoxylon and Diospyrosmespiliformis were common. Acacia seyal and Balanitesaegyptiaca

Figure 20 Progress of forest trees in Baleela CPF since 2012 until 2015

Figure 21　Progress of forest trees in Jake since 2012 until 2019

6.5　Bioremediation system performance-forest nursery

The first nursery was constructed in 2015 for production of 250000 seedlings per year inside Baleela CPF and nearby produced water bioremediation system. This nursery supplied the forest area with the required forest plants for around five years. Afterwards, it was recommended by project team to increase the nursery capacity. Accordingly, the construction of new nursery started and it was completed in 2020 with capacity to produce 750000 seedlings per year. Most of the planted trees have been produced in the first nursery, and there are some seedlings which were brought from other nurseries.

Major parts of the new and old nursery steel structures were build using the scrap metal ; used sucker rods, old tubes which were disposed off from drilling operations as well as the fencing material was used from same scrap to save cost and reuse waste material. The nursery also provides support with seedlings for other plantation activities for camps and facilities. Figure 21 shows some photos of old and new nursery in Baleela CPF.

Figure 21　Old and new nursery in Baleela CPF

7 Project challenges and opportunities

7.1 Challenges

The main Challenges of the project initiation, operation and monitoring are related to local community exposure to project ; their children and their livestock are difficult to control. During dry season, water is scarce in the region, therefore, local people push their livestock to drink from produced water and graze forest plants and reeds. The project team managed however, to strengthen the fence and provide patrolling around the project surroundings. Accordingly there has never been a case of drowning into evaporation ponds or canals although there are some ponds which are seven meters deep. During past years, there are two or three cases of animal slip and fall into ponds and the compensation is implemented for these cases according to government directives in such cases.

For plant health, termites, pests, spread of Typha and unwanted grass and weeds are highly affecting plants. Therefore, the forest officers are applying pesticides to protect plants during early plantation and continue spraying regularly. Manpower skills and competency is also a challenge for the operation and monitoring of the project especially among locals. For this purpose, the project management introduced in–field practical training programs for local labors to improve their competency under direct supervision of forest officers. Currently, there are adequate numbers of local labors who are highly trained to operate and monitor the project.

7.2 Opportunities

There are many opportunities and advantages for the project, which are related to the suitable climate conditions. The region temperature is around 30℃ to 40℃ which is good for biological activities. The long duration of sunshine in the region is also suitable for biological activities as well as for the forest plants and reeds. The long rainy season in the region improve the water quality and provide rainwater for forest plants and reeds.

In this project, the main pollutant is the high oil content in produced water and there are no high traces of heavy metals, pH values, salts or hazardous substances ; such as radioactive materials. As a matter of fact, the oil pollution is easy to be treated through the physical and biological treatment processes. In some project, the presence of heavy metals, high concentration of salts and extreme pH values even make it very difficult to plant trees and reeds and it is also hard and costly to remove high salts content from water.

One of the opportunities is the availability of land space to build the project considering the remote area of the fields. In some countries it is quite hard to secure land for building ponds, reed beds and forest area. Also the land is flat land and there are no sudden sharp slopes or high lands ; this is suitable for the water flow and irrigation design.

Soil of the project area is fertile soil by nature and good for plantation of reeds and forest trees with the need for synthetic fertilizer or soil conditioners. On the other hand, soil is also has low permeability which is good to keep the water in surface evaporation ponds without the risk of water seepage into groundwater. A third party seepage study conducted for the different project locations after six years of project operation to evaluate the vertical and horizontal wet front. The study used geophysical, geological investigations and chemical analysis and concluded that the risk of horizontal and vertical seepage is very low and scarce.

In addition to the low permeability of soil, it was observed that the groundwater in the region is very deep (around 200 meters) and this reduces the risk of groundwater contamination. Similarly, there are no rivers or water streams nearby project locations and the locations were selected to be far from these water bodies to avoid contamination of surface waters.

All these opportunities and advantages resulted in low cost capital investment and low cost of operation, monitoring and maintenance.

8 Conclusion

Based on the past ten years of operation in Petro-Energy project it is concluded that produced water bioremediation system is efficient for the treatment of oil content through the biological activities in the reed bed-root zone. The system is capable to treat oil content up to 200 ppm and could treat higher oil content up to 400 ppm, when it reach system maturity under certain operation procedures.

Additionally, when comparing the inlet and outlet water qualities it is observed that some parts of heavy metals are consumed in the reed bed and in the forest area through plant uptake. Moreover, the system is sustainable and the treatment efficiency increases with time.

The produced water bioremediation system proven to be cost effective compared to evaporation ponds or the mechanical and chemical treatment processes. Before bioremediation system, company used to construct evaporation ponds to store PW; one pond/year which costs (about 250K$). Since 2013 no more ponds were constructed and the system is consuming produced water through the forest. Some parts of the ponds are dry now (Pond 7, 8, 9 and 11) and used as reed beds and back up storage.

In addition to the essential environmental benefits of the system, it remains as attractive green area for wildlife and birds.

The system is sensitive to high TDS values or extreme pH values which risk the system viability unless these values are adjusted first before passing through the system.

Based on available health records; workers who worked in the system for the past 10 years have not been subject to occupational health diseases. The frequent air quality measurements for NO_x, SO_x, H_2S, CH_4, CO_2 and VOCs have shown low levels (below standard emission limits) around and inside the system.

Nevertheless of system efficiency, the use of the treated water for irrigation of fruit plants or edible seeds is not recommended due to legal complications although the treated water has shown safe potential to be used for these purposes. Some studies and analysis started for the fishes which live inside the treated water ; the initial investigations have shown no signs of toxic accumulation in the fish flesh of four samples, however, further investigations are required.